MANUAL DO OFICIAL DE PROTEÇÃO DA INFÂNCIA E DA JUVENTUDE

Nº 842

© Fernando Machado, 2000

Revisão
Rosane Marques Borba

Capa, projeto gráfico e diagramação
Livraria do Advogado Editora

Desenho da capa
Fernando Machado

Direitos desta edição reservados por
Livraria do Advogado Ltda.
Rua Riachuelo, 1338
90010-273 Porto Alegre RS
Fone/fax: 0800-51-7522
E-mail: info@doadvogado.com.br
Internet: www.doadvogado.com.br

Impresso no Brasil / Printed in Brazil

Fernando Machado

Manual do Oficial de Proteção da INFÂNCIA E DA JUVENTUDE

ANTIGO COMISSÁRIO DE MENORES

Porto Alegre 2000

© Fernando Machado, 2000

Revisão
Rosane Marques Borba

Projeto gráfico e diagramação
Livraria do Advogado Editora

Capa
Desenho do autor

Direitos desta edição reservados por
Livraria do Advogado Ltda.
Rua Riachuelo, 1338
90010-273 Porto Alegre RS
Fone/fax: 0800-51-7522
E-mail: info@doadvogado.com.br
Internet: www.doadvogado.com.br

Impresso no Brasil / Printed in Brazil

A criança é a nossa mais rica matéria-prima.
Abandoná-la à sua própria sorte ou desassisti-la nas suas necessidades de proteção e amparo é crime de lesa-pátria.
É dever de todos recuperar para a sociedade crianças e adolescentes que o destino marginalizou, para fazer desses cidadãos e cidadãs prestantes, homens e mulheres úteis ao Brasil.
Negar-lhes a nossa solidariedade humana, patriótica e cristã é uma irreparável traição nacional.

TANCREDO DE ALMEIDA NEVES

A minha esposa, *Maria Helena Machado*.

Aos meus filhos: *Leonor Denise Machado, Sílvia Regina Machado, Sandro Luís Machado* e *Fernanda Machado*.

Aos meus netos: *Lucas Machado Paim, Guilherme Machado Paim,* aos gêmeos *Felipe Machado Guimarães* e *Gustavo Machado Guimarães*, esperança de um Brasil melhor.

Ao genro *Clóvis Guimarães* e, postumamente, ao genro *Luís Tadeu Mendes Paim* (ITI), que nos deixou prematuramente, mas sua passagem por este mundo ficou marcada por sua dignidade e honestidade.

Prefácio I

A função judicial no trato da questão da infância e da juventude, desde a introdução no ordenamento jurídico brasileiro da Doutrina da Proteção Integral, incorporada na Constituição Federal notadamente em seu art. 227, antecipando-se à Convenção das Nações Unidas dos Direitos da Criança, que consagrou universalmente esta postura, encontra-se estampada no Estatuto da Criança e do Adolescente.

Em conseqüência, estabeleceu-se um novo paradigma, uma nova referência, que, se fosse possível definir em uma linha, retirou o menor, do velho código, da antiga Doutrina da Situação Irregular, da condição de objeto do processo, para incluir a criança e o adolescente como sujeitos do processo.

Neste trabalho, seu autor, do alto de sua experiência de muitos anos, relata quais são as atribuições, na organização judiciária, deste órgão auxiliar do juiz, que no Estado do Rio Grande do Sul denomina-se Oficial de Proteção da Infância e da Juventude, substituindo não apenas a denominação do antigo Comissário de Menores, como, e especialmente, expondo, na nova ordem decorrente do texto do ECA, qual o efetivo conteúdo desta função.

O presente trabalho de Fernando Machado pontua as ações deste agente judicial, considerando os novos referenciais paradigmáticos introduzidos pelo Estatuto da Criança e do Adolescete, dando a dimensão não apenas do perfil deste profissional como, de forma didática, expõe aspectos próprios de procedimento judicial, onde desponta a atuação deste operador do sistema.

O autor mais uma vez oferece aos operadores da área do Direito da Infância e da Juventude, bem como a todos que se ocupam desta temática, louvando-se em sua experiência de muitos anos, importante contribuição, neste trabalho indispensável à consulta, considerando que neste ramo da ação estatal não basta apenas conhecimento técnico-jurídico, mas se faz indispensável comprometimento. E compromisso e comprometimento com a causa da infância e da juventude sempre foram as marcas de Fernando Machado.

Bastaria isso para se ver justificado o lançamento desta obra, um guia para atuação de homens e mulheres que desejam se ver comprometidos com nossa Infância e Juventude, um compromisso e um comprometimento que devem ser de toda a Nação Brasileira.

JOÃO BATISTA COSTA SARAIVA
Juiz de Direito

Prefácio II

Sinto-me, além de honrada, muito à vontade para apresentar o trabalho de Fernando Machado.

Primeiro, porque tive, como uma das áreas de atuação na Egrégia Corregedoria-Geral da Justiça na condição de Juíza-Corregedora, a atribuição da matéria sobre Infância e Juventude, o que possibilitou o contato estreito com magistrados e servidores que nela atuam, tendo participado inclusive da elaboração do anteprojeto de lei que resultou na Lei 10.720, de 13 de julho de 1996.

Segundo, porque em razão da designação para atuação como Diretora do Foro de Porto Alegre, Comarca de grande dimensão e com inúmeros servidores, serventias judiciais e setores, enriqueci a experiência administrativa e o grau de conhecimento do universo de atuação do Poder Judiciário, inclusive a densa e conflituosa área da Infância e da Juventude, possibilitando maior visão comparativa e crítica.

Todos nós, magistrados, temos plena consciência da importância social e comunitária do trabalho realizado nas questões da Infância e da Juventude.

Da repercussão direta da boa ou má atuação, das conseqüências marcantes dos atos praticados, da necessidade do esforço necessário para as soluções, reduzindo ao mínimo o risco de erros que aqui podem ser fatais.

Assim, é com grande satisfação que vejo à disposição de profissionais e da comunidade em geral o livro *Manual do Oficial de Proteção da Infância e da Juventude*, de Fernando Machado, Chefe do Setor da Comarca da Capital, elaborado de forma direta, objetiva e didática, contemplando os regramentos básicos sobre menores, inclusive aqueles específicos do setor de Porto Alegre, através de uma visão abrangente e que mostra a importância desta delicada, sensível e difícil área de atuação do Poder Judiciário e órgãos afins.

O servidor Fernando Machado demonstra, com mais esta iniciativa renovadora, que integra o grande grupo dos excelentes servidores do Poder Judiciário gaúcho.

Mas não só isso, tem a preocupação de contribuir para o aprimoramento de seus pares, de facilitar à comunidade, através do conhecimento técnico-prático, o acesso e a fiscalização do bom serviço e, ainda, de tornar este significativo ramo de atuação qualificado e engrandecido.

A Direção do Foro da Comarca de Porto Alegre orgulha-se do presente trabalho de seu Chefe do Setor de Oficiais de Proteção da Infância e da Juventude, recomendando-o.

HELENA CUNHA VIEIRA
Desembargadora do Tribunal de Justiça do RS

Sumário

Nota do autor 15
Apresentações 17
   1. Mandamentos do Oficial de Proteção 21
   2. Breve histórico sobre o Comissário de Menores 22
   3. Criação do Cargo de Oficial de Proteção da Infância e da Juventude no Estado do Rio Grande do Sul 23
   4. Atribuições dos Oficiais de Proteção (Lei 10.720, de 18.01.1996 - COJE) 25
   5. Projeto justiça instantânea 28
   6. Desempenho da função 35
   7. Caráter das atribuições 36
   8. O lado humano das atribuições 37
   9. Sindicância 38
   10. Quem é quem na justiça da infância e da juventude 45
   11. Disposições gerais 48
   12. Menores de 21 anos 54
   13. Do processo do menor 56
   14. Infrações praticadas por menores 57
   15. Fluxograma do desenvolvimento do processo das penalidades 62
   16. Direitos dos adolescentes privados de liberdade 63
   17. Garantias dos direitos 63
   18. Causas sociais e biopsicológicas da ação anti-social do adolescente autor de ato infracional 69
   19. Da proteção do trabalho do menor 71
   20. Dos direitos e deveres 74
   21. Direito ao voto 77
   22. Pedidos para colocação em famílias substitutas 79
   23. Da guarda 80
   24. Do pátrio poder 81
   25. Da tutela 88
   26. Da adoção 99
   27. Da apuração de infração administrativa 111
   28. Mandados judiciais 118
   29. Cumprimento de mandados 121
   30. Mandados judiciais na Justiça da Infância e da Juventude 127

31. Procedimento do Oficial de Proteção 131
32. Outros tipos de mandados 134
33. Penhora de bens 137
34. Auto de busca, apreensão e entrega de criança e adolescente 140
35. Resistência 143
36. Porte de arma 150
37. Modelo de Carteira Funcional utilizada pelo Oficial de Proteção 153
38. Modelo de Colete utilizado pelos Oficiais de Proteção em diligências fiscalizadoras 153
39. Da lesão corporal 154
40. Dos crimes contra os costumes 155
41. Do ultraje público ao pudor 163
42. Dos crimes contra a assistência familiar 164
43. Redação oficial 168
44. Tóxicos 179
45. As drogas mais usadas: informações médicas de abuso de drogas 186
46. AIDS 192
47. Pequeno vocabulário jurídico de interesse do Oficial de Proteção 198
48. Bibliografia 205

Nota do autor

Este Manual, de cunho prático, de linguagem simples, é destinado àqueles que se dedicam à nobre carreira de Oficial de Proteção (antigo Comissário de Menores), e que carecem de maiores elementos informadores de sua atividade, principalmente com o advento, no Rio Grande do Sul, da Lei 10.720, de 18 de janeiro de 1996, que acresceu consideralvelmente suas atribuições e deveres.

A obra está acrescida de novos capítulos, atualizados pela Constituição Federal de 1988 e pela Lei 8.069, de 13 de julho de 1990 (Estatuto da Criança e do Adolescente).

Nossa contribuição, ainda que modesta, pretende juntar-se a outras obras do gênero como uma centelha neste tenebroso e complicado mundo do menor.

Tivemos como propósito fornecer aos colegas que labutam na área menorista em nosso País, subsídios de orientação, sem contudo afrontar a autonomia que deve nortear a sua atividade.

É uma obra simples e objetiva, que temos a honra de passar às mãos de todos aqueles que se interessam pela problemática de crianças e adolescentes.

Um agradecimento especial ao Desembargador Antônio Carlos Stangler Pereira, que me levou para o Juizado de Menores em 1980, década que atuei como Comissário de Menores Voluntário até aprovação em concurso, onde assumi como Comissário de Menores efetivo em 18/janeiro/1987.

Aos Juízes com quem tive a honra de servir, e os que enriqueceram este manual com suas apresentações, aos Promotores de Justiça e aos advogados pelo apoio e sugestões.

Finalizando, através do colega, Oficial de Proteção Carlos Alberto Balbinot, que me deu a honra de uma das apresentações, homenageio os meus colegas do Rio Grande do Sul, extensivos aos colegas de outros Estados da Federação, que tive a honra e o privilégio de conhecer nos simpósios em encontros menoristas de que participamos.

A todos, o meu muito obrigado.

Apresentações

O fato de ser esta a terceira edição do Manual do Oficial de Proteção, que é uma continuidade da 2ª Edição do Guia do Comissário de Menores, diz bem do imenso interesse com que vem sendo recebida, por alunos, curiosos e por todos aqueles dedicados à esfera que diz com a atuação junto aos menores, da obra escrita por Fernando Machado.

Tal interesse constitui interesse cabal de que o autor tem sabido corresponder plenamente a preferência de quantos o escolheram e, também, dos que buscam uma orientação e não encontram similares, seja para estudo, seja para referência.

Conforme confidenciou em edições anteriores, não sem modéstia, buscou o autor se valer de suas experiências do cotidiano, enquanto Comissário de Menores e, agora Oficial de Proteção da Infância e da Juventude, para colaborar com uma obra que forneça subsídios de orientação sem afrontar a autonomia que deve nortear a atividade dos colegas.

Trata-se, contudo, de um guia que orienta aqueles que percorrem, no dia-a-dia, o íngreme caminho de acompanhamento dos menores que, de alguma forma ou outra, necessitam, modo urgente, da tutela do Poder Judiciário que, no caso concreto, se faz representar pelos Oficiais de Proteção da Infância e da Juventude.

O autor, mantendo-se distante da erudição e da simplificação, soube como poucos levar a cabo sua tarefa de transmissor das experiências diuturnas com notável senso de equilíbrio e logrou assim escrever um Manual que se recomenda, seja pela idoneidade do aparato informativo, seja pela justeza da interpretação dos problemas diários que angustiam os profissionais da área.

Com objetividade e clareza, os alunos e profissionais que se dedicam ao Direito Menorista encontrarão, sem dúvida, uma obra decisiva para atender às suas preocupações.

Honrada, subscrevo mais esta apresentação da obra de Fernando Machado que, com certeza, se tornará livro de consulta e estudo indispensável àqueles que dedicam suas vidas a temperar o cotidiano dos menores abandonados pela sorte.

ANA MARIA NEDEL SCALZILLI
Desembargadora do TJRS

Num mundo conturbado e com flagrante perda dos paradigmas, a figura daqueles que se envolvem com a problemática da Infância e da Juventude é indispensável.

Nisso se vê a importância de cidadãos do quilate do autor que está comprometido com o atuar para garantir a cidadania e implementar o Estatuto da Criança e do Adolescente.

Tecer comentários acerca da educação, afinco, contração e disposição de Fernando Machado à causa que envolve crianças e adolescentes é repetir o óbvio.

A presente edição do Manual do Oficial de Proteção, cujas linhas mestras seguem o consagrado Guia do Comissário de Menores, está a demonstrar a atualização de seu autor no sentido de se adequar ao "Princípio da Proteção Integral" que está esculpido no Estatuto da Criança e do Adolescente.

O Manual é obra específica para os seus operadores com reais vantagens de obter o conhecimento, a sabedoria e a experiência de seu autor.

A orientação segura e lapidar está a ensejar ao leitor mais arguto a compreensão da atividade do Oficial de Proteção da Infância e da Juventude com todas as suas nuanças e perspectivas.

Não é o meio cumpridor de determinações judiciais, porém agente essencial para que as crianças e os adolescentes tenham seus direitos de cidadãos respeitados como se infere no capítulo da Função Fiscalizadora do Juizado da Infância e da Juventude.

Há que se consignar, ainda, a estrutura operacional do Juizado Regional da Infância e da Juventude de Porto Alegre/RS.

A obra traça o roteiro indispensável para que o leitor possa se situar na problemática da Infância e da Juventude onde as decisões jurisdicionais perpassam e se amalgam numa atividade interligada e indissolúvel com outros da cena judiciária.

Enfim, o livro retrata a preocupação de Fernando Machado, profissional competente, em apresentar à comunidade o rumo seguro de uma atividade indispensável, ou seja, o Oficial de Proteção da Infância e da Juventude.

EDUARDO JOÃO LIMA COSTA
Juiz da Infância e da Juventude em Porto Alegre/1998
Atual Juiz-Corregedor

Ao longo de nossa existência, temos a oportunidade de conhecer homens que se distinguem dos demais pela sua tenacidade, denodo e profundo amor pelas coisas da cidadania e do trabalho.

Assim é Fernando Machado, profissional exemplar, leal e dedicado.

Cumpre verdadeiro sacerdócio no exercício de sua função de Oficial de Proteção da Infância e da Juventude, na comarca de Porto Alegre/RS, dedicando-se de forma integral à causa da Infância.

Sua atividade sempre constitui-se em doação plena e integral aos princípios que regem a proteção integral da criança e do adolescente, sobretudo, àqueles menos afortunados e esquecidos de nossa sociedade.

A presente obra, já em sua terceira edição, apresenta-se perfeitamente adequada ao Estatuto da Criança e do Adolescente, Lei 8.069/90, bem como aos princípios constitucionais vigentes a partir de 1998.

É material de consulta obrigatória a todos os profissionais militantes nas mais diferentes esferas do atendimento à Infância e à Juventude.

Da mesma forma, matéria fundamental no estudo e compreensão das atividades específicas desenvolvidas pelos Oficiais de Proteção da Infância e da Juventude, cargo efetivo do Poder Judiciário do Rio Grande do Sul, criado pela Lei Estadual 10.720/96, em substituição ao antigo Comissário de Menores.

Este manual não apenas esclarece todas as questões práticas e atributivas dos Oficiais de Proteção, como estabelece amplo debate esclarecedor de temas extremamente atuais, sejam a questão da drogadição e da proliferação da epidemia de AIDS, temáticas fundamentais no sério enfrentamento da problemática de nossa infância e juventude.

Honra-me, profundamente, em nome de todos os colegas de profissão, a oportunidade ímpar de oferecer esta modesta contribuição à reedição desta obra importantíssima.

Um profundo abraço dos colegas gaúchos ao amigo Fernando Machado, deixando a certeza de uma excelente aquisição a todos que vierem manusear ou consultar o presente manual.

CARLOS ALBERTO BALBINOT
Oficial de Proteção na Comarca de Caxias do Sul

No ano em que o Estatuto da Criança e da Juventude, legislação de invulgar sabedoria, está por completar 10 anos de vigência no Brasil, Fernando Machado, antigo comissário de menores, atualmente, pelas normas de organização judiciária do Estado do Rio Grande do Sul, estando a exercer as funções de Oficial de Proteção, lança obra doutrinária expondo seus pensamentos e suas reflexões acerca da atividade que exerce, matéria esta que até então estava carente de trabalhos nesse sentido.

Trata-se o *Manual do Oficial de Proteção da Infância e da Juventude*, obra de fácil leitura, que viabiliza a todos aqueles que operam no meio jurídico, ou mesmo fora dele, terem pleno conhecimento dos comandos legais que regem a atividade, assim como, na efetiva realidade, fora do ambiente forense, são cumpridas as determinações editadas nos prédios que abrigam o Poder Judiciário, as quais, não raras vezes, apresentam-se com dificuldade de efetivação, e que exigem do profissional, além do saber jurídico e disponibilidade, *sensibilidade* para o fato em concreto, virtude esta que atesto, por experiência própria, sempre presente no trabalho de Fernando Machado.

Quando se sabe que as obras que envolvem a matéria sobre Infância e Juventude são quase inexistentes, pois quase que invariavelmente seus agentes jurídicos são oriundos do Poder Público - Juízes, Promotores, Defensores Públicos e servidores da Justiça - e suas ações, diferente de quase tudo que move a feroz economia capitalista em que nos encontramos, não envolvem recursos financeiros, o que retira o interesse comercial da matéria, é com satisfação que se vêem iniciativas como a presente, que dirige o seu trabalho e conhecimento não para o proveito pessoal, mas como forma de reforçar a idéia da completa implementação dos direitos humanos, o crescimento da cidadania e a busca de uma sociedade mais justa.

JOSÉ ANTONIO DALTOÉ CEZAR
Juiz da Infância e da Juventude

1. Mandamentos do Oficial de Proteção

Baseado nas considerações de Carnelutti, e com pequenas modificações dos Mandamentos do Juiz, adaptamos para os Oficiais de Proteção da Infância e da Juventude, que, como agentes da autoridade judiciária e membros do Poder Judiciário, devem pensar e agir como o magistrado.

I - SÊ HONESTO - Deves encarnar a honestidade, que é a primeira e essencial virtude à tua missão.

II - SÊ SÓBRIO - A sobriedade é uma exigência de teu cargo. Para que sejas um verdadeiro Oficial de Proteção e alcances o respeito de teu semelhante, hás de ser necessariamente exemplar em tua vida pública e privada.

III - SÊ PACIENTE - Quem te procura no teu local de trabalho ou mesmo particularmente leva atribulações e ansiedades que hás de compreender. Esta é a parte mais sensível e humana da tua missão.

IV - SÊ TRABALHADOR - Deves esforçar-te, trabalhando no pleito mais insignificante com a mesma devoção que empreenderias no mais importante.

V - SÊ IMPARCIAL - Nunca te deixes levar por simpatias ou antipatias, por conveniência ou pena; a imparcialidade implica coragem.

VI - SÊ RESPEITOSO - Sê respeitoso da dignidade alheia e da tua própria dignidade, respeitoso nos atos e nas palavras. Todo direito está dirigido à dignidade da pessoa humana. Não te esqueças da imensa responsabilidade do teu cargo; és um agente do magistrado.

VII - SÊ JUSTO - Antes de mais nada averigua nos conflitos onde está a justiça.

VIII - AMA TUA PROFISSÃO - O Oficial de Proteção é um apóstolo; tua função exige uma devoção muito grande; exerce-a com dignidade.

IX - SÊ LEAL - Não macules tuas ações com o emprego de meios condenados pela ética dos homens de honra.
X - SÊ DIGNO DE TUA MISSÃO - Lembra-te que pertences ao Poder Judiciário, que fala em nome da lei, da justiça e da sociedade.

2. Breve histórico sobre o Comissário de Menores

Necessário se torna para um melhor entendimento das colocações, um breve histórico das atividades e atribuições desenvolvidas pelo "Comissário de Menores" ao longo dos anos desde a criação do cargo.[1] O Código Mello Mattos, como ficou conhecido o Decreto-Lei nº 17.493-A, de 12 de outubro de 1927 (o primeiro Código de Menores do Brasil), já contemplava, no § 3º do artigo 126, a relevante função[2] que o Código de Menores de 1979, em seu artigo 7º, parágrafo único, nominou de Comissário de Menores.

O Estatuto da Criança e do Adolescente (Lei.8.069/90-ECA), diferentemente do Código renovado, não tratou com a mesma precisão da função dos Comissários de Menores ou Agentes da Infância e da Juventude, que na prática, têm essa importante função judiciária nas atividades do juizado de menores. Timidamente, a lei se refere, no artigo 194, a servidor efetivo ou voluntário,[3] conferindo-lhe atribuições de fiscalização[4] sobre o cumprimento das decisões judiciais na apuração de infração administrativa às normas de proteção à criança e ao adolescente, que houver o Juiz tomado. O projeto de lei que deu origem ao Estatuto da Criança e do Adolescente (PL nº 193/89 do Senado Federal) tratava, em seu artigo 164, do chamado Comissário de Menores sob a denominação de "Agentes de Proteção da Infância e da Juventude", com a incumbência de exercer as atividades que lhes forem atribuídas pela autoridade judiciária, podendo compor quadro próprio da administração.

---

[1] O Juizado de Menores de Porto Alegre foi criado pelo Decreto nº 5.307, de 1º de julho de 1933, tendo como base o Código de Menores de 1927 (conhecido como Mello Mattos)

[2] As funções de vigilância e inspeção podem ser exercidas por funcionários especiais sob a direção da autoridade judiciária.

[3] A fiscalização poderá ser desempenhada por Comissário de Menores, nomeado pela autoridade judiciária, a título gratuito, de três pessoas idôneas, merecedoras de sua confiança.

[4] Art. 194 (ECA). O procedimento para imposição de penalidade administrativa por infração às normas de proteção à criança e ao adolescente terá início por representação do Ministério Público, ou do Conselho Tutelar, ou auto de infração elaborado por servidor efetivo ou voluntário credenciado e assinado por duas testemunhas, se possível.

Embora suprimido esse dispositivo, o Poder Judiciário do RS, bem como de outros Estados da Federação, manteve quadro próprio para exercer, por delegação da autoridade judiciária, o cumprimento das determinações judiciais, o que o Comissário de Menores da Comarca de Porto Alegre e interior do Estado do RS, têm exercido suas atribuições na maior qualificação, sendo inclusive, exemplo para outros Estados.[5]

O artigo 153 do ECA deixa claro, porém, que à autoridade judiciária foram conferidos poderes para "investigar dos fatos e ordenar de ofício as providências necessárias", sendo o art. 194 do mencionado, o que trata da apuração de infração administrativa às normas de proteção à crianças e adolescentes.[6]

Estes dois dispositivos afastaram de vez a dúvida inicial quanto à permanência ou não nos Juizados da Infância e Juventude da tradicional figura do Comissário de Menores. Pelo Projeto de Lei nº 555/95 enviado à Assembléia Legislativa do Estado e transformado na Lei Estadual nº 10.720, de 18 e janeiro de 1996, transformou o cargo de Comissários de Menores, dando-lhe nova denominação de "Oficiais de Proteção da Infância e da Juventude", inclusive, com aumento de suas atribuições, como veremos no segmento deste capítulo.

"No trato com crianças e adolescentes há de existir, tratamento condigno por profissionais especializados, com conhecimentos básicos de psicologia, sociologia, assistência social, sociologia, direito do menor e família, métodos psico-pedagógicos,etc. É de todo necessário e conveniente a especialização desses profissionais, cuja preparação adequada e admitidos por concurso público".

3. Criação do Cargo de Oficial de Proteção da Infância e da Juventude no Estado do Rio Grande do Sul

O Oficial de Proteção da Infância e da Juventude é a figura jurídica criada pela Lei Estadual nº 10.720/96, substituindo a antiga figura do Comissários de Menores.

---

[5] Art. 150 (ECA). Cabe ao Poder Judiciário, na elaboração de sua proposta orçamentária, prever recursos para manutenção de equipe interdisciplinar, destinada a assessorar a Justiça da Infância e da Juventude.

[6] Se a medida judicial a ser adotada não corresponder a procedimento previsto nesta ou em outra lei, a autoridade judiciária poderá investigar os fatos e ordenar de ofício as providências necessárias, ouvido o Ministério Público.

No quadro de Organização Judiciária do Estado do RS, estão explícitas as atribuições e tarefas dos Oficiais de Proteção da Infância e da Juventude, após a implantação da Lei 10.720/96.

Os Oficiais de Proteção, com o advento da Lei acima mencionada, tornaram-se servidores altamente qualificados; os resultados obtidos demostram claramente a imprescindibilidade desses profissionais da área e uma perfeita harmonia com os magistrados das Varas da Infância, para a boa e eficaz aplicação da justiça.

O Oficial de Proteção no Rio Grande do Sul inclui-se no pessoal especializado, devendo submeter-se à rigorosa seleção por concurso e carreira, o que é precedido de cursos de formação contínua e estágio, também exigidos ao longo da profissão.[7]

São auxiliares dos magistrados da Infância e da Juventude, encarregados do cumprimento de atos processuais que se realizam dentro e fora do recinto dos cartórios.

Realizam as comunicações de atos e efetivam as determinações dos atos que irão acontecer fora do recinto da Vara (cumprimento de mandados, citações, intimações, notificações, afastamento do lar, apreensão, internação, averiguação, condução, sindicâncias, penhora, etc.).

Equiparou-se, por Lei Estadual, ao Oficial de Justiça em vista da semelhança das funções, sendo as suas atribuições com a *maxima venia*, inclusive portadora de grau de complexidade maior em relação à função do Oficial de Justiça.

O Oficial de Proteção atua alicerçado em mandados judiciais (isso desde a promulgação da Lei 8.069, em 13 de julho de 1990), se não pelas sínteses de deveres e comportamento permanente e incessante de caráter fiscalizador, executivo, preventivo, procedimental e investigativo.

As atribuições pertinentes aos Oficiais de Proteção envolvem crianças e adolescentes, seus pais, tutores e/ou responsáveis. Reclama-se desse profissional enorme dose de conhecimento da matéria.

Possuem fé pública (presunção de verdade). Usualmente, com as expressões "certifico e dou fé", presumem-se verdadeiros os atos praticados pelos Oficiais de Proteção.

Há de possuir formação especializada com base nas disciplinas jurídicas e ciências humanas. Enfatiza-se a necessidade de contribuição deste servidor, com a condição de sua formação especializada.

São fundamentais para o Oficial de Proteção os requisitos de idoneidade moral, equilíbrio psíquico e, principalmente, vocação para a sua função, pois na tramitação do processo realizará, além do

---

[7] Lei Estadual 10.720, de 18 de janeiro de 1996.

cumprimento de mandados, diligências e sindicâncias por determinação do Juiz da Infância e da Juventude.

Realiza suas atribuições na fase pré-processual e na execução da medida tutelar. Poderá proceder investigações (através de sindicâncias) sobre a personalidade da criança ou adolescente e sua família e meio circundante.

Na tramitação do processo, realizará diligências (cumprimento de mandados) por determinação da autoridade judiciária através de mandados.

Poderá colaborar com o seguimento da execução da medida socioeducativa, no tratamento tutelar em semiliberdade e em meio livre, para fiscalizar o cumprimento da decisão do Juiz, podendo ainda, entre tantas atribuições, colaborar com os técnicos especializados na fiscalização do cumprimento das medidas de proteção previstas nos incisos I a VII do art. 101 do ECA.

4. Atribuições dos Oficiais de Proteção (Lei 10.720, de 18.01.1996 - COJE)

Verbete: atribuição (u-i) [Do lat. *Attributione.*] 1. Ato ou efeito de atribuir. 2. Prerrogativa, apanágio, privilégio. 3. Faculdade inerente a um cargo.[8]

A Lei 10.720/96, em seu texto, traz as especificações sobre as novas atribuições e tarefas dos Oficiais de Proteção da Infância e da Juventude. Tais atribuições, altamente relevantes, coloca os Oficiais de Proteção em posição de *longa manus* do magistrado. Se na vigência do antigo Código de Menores, o Comissário de Menores era considerado os braços e olhos do Juiz, com a promulgação da Lei 8.069/90(ECA), o Oficial de Proteção, tornou-se todos os órgãos sensitivos do magistrado.

As novas atribuições, aliadas às novas diretrizes do Conselho da Magistratura, e ao crescimento do número de demandas, geraram um aumento considerável das tarefas.

A promulgação do Estatuto da Criança e do Adolescente, Lei Federal nº 8.069, de 13 de julho de 1990, regulamenta dispositivos constitucionais da Constituição Brasileira de 05 de outubro de 1988.

Introduziu novas medidas no atendimento e revogou o Código de Menores, marcando a ruptura com as práticas anteriores e as mudanças no tratamento legal da problemática menorista.

---

[8] Buarque de Holanda. *Novo Dicionário Aurélio.* Editora Nova Fronteira.

Diante de tais aspectos, fizeram-se necessárias mudanças dinâmicas de trabalho dos profissionais que atuam no atendimento de crianças e adolescentes em todos os segmentos da sociedade, reformulando-se práticas e funções, adequando-as aos dispositivos da nova Lei.

Dentro do Poder Judiciário do Estado do Rio Grande do Sul, o Tribunal de Justiça, através de Projeto de Lei, transformado na Lei 10.720, de 18 de janeiro de 1996, criou o cargo de Oficial de Proteção da Infância e da Juventude, como agente especializado na execução das determinações do Juiz da Infância e da Juventude.

Para melhor compreensão da função, apresentamos neste Manual uma análise ao Estatuto da Criança e do Adolescente, onde se encontram inseridas as principais atribuições dos Oficiais de Proteção da Infância e da Juventude.

Na Lei 10.720/96 (COJE), estão explícitas as atribuições do Oficial de Proteção,

O Oficial de Proteção auxilia o Juiz a dinamizar os dispositivos legais do Estatuto, cujas atribuições compreendem a execução das medidas e determinações legais do magistrado, com enfoque especializado da Justiça da Infância e da Juventude.

Com o advento da Lei Federal 8.069/90 (ECA) e agora com a Lei Estadual 10.720/96, os Oficiais de Proteção tornaram-se profissionais altamente qualificados, pois atuam numa justiça especializada cujas atribuições se voltam à proteção integral das crianças e dos adolescentes, assegurando-lhes, por lei e por outros meios, todas as oportunidades e facilidades a fim de lhes facultar o desenvolvimento físico, mental, moral, espiritual e social, em condições de liberdade e dignidade.

Para melhor conhecimento e uniformização das atribuições dos Oficiais de Proteção, a seguir apresentamos na íntegra as diretrizes traçadas pela Lei 10.720, publicada no Diário da Justiça de 18 de janeiro de 1996 (COJE):

Oficial de Proteção da Infância e da Juventude

CÓDIGO - 1.2.1.
CLASSE - Oficial de Proteção da Infância e da Juventude
CATEGORIA - Servidores Judiciais
GRAU DE COMPLEXIDADE - Médio Superior
ENTRÂNCIA - Todas

1 - SÍNTESE DE DEVERES:
Proceder a todas as diligências previstas na legislação especial de crianças e adolescentes e executar as determinações legais do respectivo Juiz.

2 - EXEMPLO DE ATRIBUIÇÕES:
Proceder a todas as investigações relativas à criança e ao adolescente, seus pais, tutores ou encarregados de sua guarda; recolher ou conduzir, quando ordenado pelo Juiz, as crianças e adolescentes abandonados ou autores de atos infracionais, levando-os à presença do mesmo; vigiar as crianças e adolescentes que.lhes forem indicados; fiscalizar as condições de trabalho dos adolescentes e investigar denúncias de maus-tratos infligidos aos mesmos; de locais clandestinos por estes freqüentados ou em que estejam homiziados; cumprir, quando determinado, mandados judiciais e outras diligências; fazer pregões; exercer outras atribuições que, não definidas em lei, sejam especificadas em Provimento da Corregedoria-Geral da Justiça.

3 - CONDIÇÕES DE TRABALHO:
a) GERAL - Regime normal de trabalho de 40 horas semanais.
b) ESPECIAL - A prestação de serviço obedecerá à escala estabelecida pelo Juiz de Direito a que estiver subordinado.

4 - REQUISITOS PARA APROVEITAMENTO
a) Instrução: segundo grau[9].
b) Habilitação funcional: curso de treinamento específico ministrado após a nomeação durante o período de estágio probatório.
c) Idade mínima: 21 anos.
d) outros: conforme instrução reguladora do processo seletivo.

4 - RECRUTAMENTO
Nos termos da Lei.

5 - LOTAÇÃO
Cartórios Judiciais das Varas da Infância e da Juventude.

---

[9] Há tratativas junto ao Tribunal de Justiça do Estado para, nos próximos concursos, ser exigido nível superior nas áreas humanísticas.

5. Projeto justiça instantânea[10]

I - Resolução nº 171/96-CM

O Exmo. Sr. Des. Adroaldo Furtado Fabrício, Presidente do Conselho de Magistratura, no uso de suas atribuições:

Considerando o disposto no art. 88 inc. V da Lei 8.069/90-ECA.

Considerando que o projeto Justiça Instantânea anteriormente desenvolvido, embora com pleno êxito e recomendável, não teve continuidade em razão de falta de condições dos magistrados da Vara da Infância e da Juventude em conciliar suas atividades normais com a demanda própria do projeto, que requer deslocamento diário para atendimento dos atos infracionais, juntamente com os demais órgãos participantes.

Considerando, ainda, que o deslocamento específico ao Projeto, através de Juiz próprio, ensejará diminuição de demanda da Vara da Infância e da Juventude, em seus três Juizados.

RESOLVE:

Art. 1º. Fica instituída a figura do Juiz Plantonista da Infância e da Juventude, que receberá um Juiz de Direito Substituto de entrância final.

Art. 2º. O Juiz designado como Plantonista da Infância e da Juventude atuará com exclusividade junto ao Projeto Justiça Instantânea, que segue a diretriz estabelecida no art. 88, inc. V do ECA, desenvolvendo-se o Projeto durante o expediente e horário forense regular.

§ 1º. A designação do magistrado será feita pelo Presidente do Tribunal de Justiça, por prazo indeterminado e enquanto se desenvolver o Projeto, observada a indicação do Corregedor-Geral da Justiça.

§ 2º. O Juiz Plantonista da Infância e da Juventude atenderá o Projeto no local onde este estiver destinado a se desenvolver.

§ 3º. Esta resolução entrará em vigor na data de sua publicação, revogadas as disposições em contrário.

Publique-se
Cumpra-se
Porto Alegre, 22 de fevereiro de1996.

---

[10] Dados Sobre: O juizado da Infância e da Juventude (Projeto Justiça Instantânea-JIJ/POA)

II - Adolescentes em conflito com a Lei

Depoimento do Dr. Marcel Esquivel Hoppe[11]

No Brasil, os adolescentes autores de ato infracional são um dos grupos mais expostos a todo o tipo de violência, extermínio, tortura, ameaças de morte, segregação em instituições fechadas, são formas comuns e persistentes de lidar com esse problema em nosso País.

A situação chega a tal ponto que o total de infrações e irregularidades de que são vítimas os adolescentes supera o total de infrações graves cometidas por eles.

Segundo dados da Polícia Federal, entre 1988 e 1990, 4.610 crianças e adolescentes foram assassinados no Brasil, isto dá uma média anual de 1.533 ocorrências.

A raiz dos problemas de violência e criminalidade no País está, principalmente, na carência de políticas públicas eficientes, na ainda insuficiente participação direta dos setores produtivos no suporte a iniciativas sociais e na escassez de recursos destinados aos Fundos dos Direitos da Criança e do Adolescente. Tudo isso leva a questão social a um estado de dramático abandono. Setores irresponsáveis se aproveitam disso para tratar, mais uma vez, assuntos sociais como caso de polícia. Inscreve-se aí, por exemplo, a tentativa de reduzir a maioridade penal dos 18 anos para apenas 16 anos. Projetos com essa intenção já tramitam na Comissão de Constituição e Justiça (CCJ) da Câmara Federal, o que significa que o tema poderá ser levado à votação no Plenário da Câmara a qualquer momento, rezemos, para que estes representantes da sociedade, tenham no dia da votação um momento de lucidez.

> Daqui há alguns anos, esses defensores da sociedade estarão defendendo baixar a idade penal para 14 anos.[12]

> "Tendo o Criador imposto severos limites à inteligência dos homens, é profundamente injusto que não lhes tenha, igualmente, limitado a estupidez". Adenauer

O ECA trouxe instrumentos mais precisos para enfrentar o problema.

Se, por um lado, responsabiliza o adolescente autor de ato infracional estabelecendo deveres, sob a forma de medidas socioedu-

---

[11] Na época, Juiz titular do Juizado da Infância e da Juventude; hoje, Des. do TJRS, que pelo seu alto conhecimento jurídico e administrativo, transformou o Juizado da Infância de Porto Alegre em um exemplo para outros Estados e Países da América do Sul.

[12] Opinião do autor.

cativas, por outro, introduz também direitos que são garantias constitucionais de todo cidadão brasileiro.

Segundo o art. 110 do ECA, nenhum adolescente será privado de sua liberdade sem o devido processo legal.

Não há mais, como permitia a legislação anterior, a internação como "medida de proteção".

Outra mudança do ECA envolve a família e a comunidade no esforço de superação do problema.

Ao responsabilizar o adolescente, dá preferência ao trabalho, realizado em meio aberto (PSC), Prestação de Serviço à Comunidade.

Dentro desta nova abordagem, o município deve fazer a sua parte; o jovem, sempre que possível, precisa encontrar outras colocações no seu lugar de origem.

Os Conselhos de Direitos e Tutelares, os municípios e a comunidade podem desempenhar um grande papel se começarem a se mover com mais coragem e abertura diante dos problemas surgidos em nosso tempo, assumindo de fato sua responsabilidade na recuperação dos jovens.

III - Aprendendo com a experiência. (a justiça instantânea)

A morosidade do Judiciário produz um enorme descrédito com a Justiça em nosso País, mas o Poder Judiciário do RS cria um projeto inovador voltado para o adolescente, fazendo a Justiça da Infância e da Juventude funcionar com eficiência e rapidez.

Uma ação conjunta de Juizado da Infância e da Juventude, Ministério Público, Defensoria Pública e Delegacia Especializada no Atendimento ao Adolescente (DECA), instituiu, em 1993, a Justiça Instantânea, em atenção ao adolescente autor de infração.

Trata-se da execução de todos os procedimentos necessários à responsabilização do adolescente (ocorrência, apuração do ato, inquérito, julgamento e sentença), no mesmo dia do cometimento da infração, através do trabalho articulado entre delegacia e juizado (exceção a casos mais graves que venham a exigir elaboração de parecer técnico, trabalho de investigação pela polícia) e outros setores como o DML e sindicâncias através do Oficial de Proteção.

Dois grandes aprendizados já podem ser tirados desta experiência, apesar de sua criação recente:

- A melhor forma de evitar a impunidade e diminuir a prática de infrações entre os adolescentes é levar agilidade e eficiência ao funcionamento da Justiça, aliadas ao cumprimento do ECA (garantia de direitos e adequada utilização da medida socioeducativa).

- A partir da vontade política de implementação do ECA, da disposição em romper com o imobilismo e de experimentar coletivamente novas formas de trabalho é possível promover soluções criativas e resolutas na área de atenção ao adolescente autor de ato infracional.

IV - Agilidade e eficiência

Apesar de o Judiciário não ser culpado pela demora nas decisões judiciais, a lentidão dos trabalhos trazia um enorme descrédito especialmente entre a opinião pública e a polícia.

O discurso do "que adianta apreender o adolescente num dia se no dia seguinte ele está na rua?" era uma constante.

A instantaneidade da Justiça resgata este crédito e conseqüentemente contribui para evitar o aparecimento de formas ilegais e ilegítimas de resolução do problema justiceiros, extermínios, etc.

Além disso, a agilidade no atendimento de todos os atos infracionais no âmbito da lei e do Poder Judiciário produz mudanças significativas também para o adolescente:

- A proximidade entre o ato infracional e o julgamento fortalece a responsabilização e conseqüentemente a eficácia da medida. O atendimento imediato evita que a passagem do tempo atue como fator de desresponsabilização do adolescente.

- Atendimento imediato a todo ato infracional ajuda a evitar uma possível trajetória de marginalização

"É muito raro um jovem começar sua história infracional de forma violenta ou grave" (Juiz Marcel Esquivel Hoppe).[13] O atendimento igualitário (ou universal) no âmbito jurídico contribui para desfazer a ligação pobreza-criminalidade, na medida em que amplia o perfil do infrator. Adolescentes de classes média e alta passam pelos mesmos procedimentos.

A raiz dos problemas de violência e criminalidade no país está, principalmente, na carência de políticas públicas eficientes, na ainda insuficiente participação direta dos setores produtivos no suporte a iniciativas sociais e na escassez de recursos destinados aos Fundos dos Direitos da Criança e do Adolescente. Tudo isso leva a questão social a um estado de dramático abandono. Setores irresponsáveis se aproveitam disso para tratar, mais uma vez, assuntos sociais como caso de polícia. Inscreve-se aí, por exemplo, a tentativa de se reduzir a maioridade penal dos atuais 18 anos para apenas 16 anos, e como já comentamos anteriormente, até para 14 anos. Projetos com essa

---

[13] Ex-Juiz do Juizado da Infância e da Juventude de Porto Alegre, hoje, Des. do TJRS.

intenção já tramitam na Comissão de Constituição e Justiça da Câmara Federal, o que significa que o tema poderá ser levado à votação no Plenário da Câmara a qualquer momento.

- O reconhecimento de seus direitos de cidadania (em especial o julgamento com direito à defesa) tem reflexo direto no trabalho socioeducativo. A clareza e visibilidade do processo legal produz no adolescente um maior sentimento de justiça e diminui as desconfianças nas medidas propostas.

V - Articulação e soluções criativas

Uma iniciativa fundamental para o sucesso da experiência foi incentivar o relacionamento e a cooperação entre Juizado da Infância e as entidades ligadas ao atendimento da infância e da adolescência: DECA, Febem e outras instituições que lidam com menores.

No início, o Juizado enfrentou (e teve de resolver) dois grandes problemas: burocracia e desarticulação entre os setores envolvidos no atendimento ao adolescente infrator.

As reuniões e o próprio trabalho conjunto permitiu que se desfizessem as posições cristalizadas, preconceitos e corporativismo.

O Juiz saiu de seu gabinete para dar plantão na delegacia.

A delegacia criou um clima de respeito condizente a alguém que a ciência diz estar em desenvolvimento, como o adolescente.

Atualmente, no prédio da Administração Central da Febem em Porto Alegre, funciona uma sala de audiência onde o Juiz despacha as suas tarefas todas as tardes.

No mesmo prédio funcionam a Delegacia da Infância e Juventude e o Ministério Público.

A integração entre os setores implicados resultou no estabelecimento de critérios de confiança e numa concepção de trabalho articulado; ninguém se sobrepõe a ninguém, mas cada um faz o que sabe e lhe compete da melhor forma possível.

A imagem é de uma "corrida de revezamento", várias soluções criativas resultam desse trabalho coletivo.

Informatização do Juizado para integrar e dar agilidade aos diferentes setores (cartório, sala de audiências, um técnico, um oficial de proteção, dois oficiais escreventes, um oficial ajudante e um oficial de transportes).

Passagem do adolescente pelo DML - Departamento Médico Legal como rotina, o que garante que toda violência seja registrada e apurada. Só esta providência já coíbe possíveis violências e garantia de direitos.

Definição clara do andamento do processo e das atribuições e tarefas dos diferentes setores do Juizado da Infância e da Juventude. O conjunto dos servidores foi envolvido na realização destas tarefas, através de capacitação e treinamento e de reuniões constantes de avaliação e planejamento.

VI - Desnundando

A agilização da justiça tornou explícita a escassez de programas de proteção e de assistência no município.

Prova disso é a inexistência de unidades de internação em diferentes regiões do Estado, fazendo com que os adolescentes do interior sofram uma espécie de exílio (em geral são encaminhados para a Capital).

A regionalização do atendimento, portanto, precisa ser priorizada pelo juizado.

É importante, inclusive, respeitar as características culturais da região de origem do adolescente.

Também ficou evidente a necessidade de se pensar em alternativas no acompanhamento do adolescente com ato infracional leve.

Embora não precisem de internação, muitos não encontram na família apoio para o trabalho socioeducativo.

O abrigo, como medida de proteção, nem sempre garante o controle necessário ao adolescente.

Na repetição do ato infracional, ele acaba sendo um sério candidato à privação de liberdade

Este acúmulo de falhas indica a necessidade de programas destinados ao adolescente e de abrigos condizentes com as características da população atendida.

E isto só será possível com o envolvimento de setores do Poder Executivo na criação de programas socioeducativos dirigidos aos jovens.

VI - Composição da justiça instantânea

a) Um Juiz de Direito;
b) Um Promotor de Justiça;
c) Um Defensor Público;
d) Um Oficial Ajudante;
c) Um Oficial de Proteção;
e) Dois Oficiais Escreventes;
f) Um Oficial de Transportes.

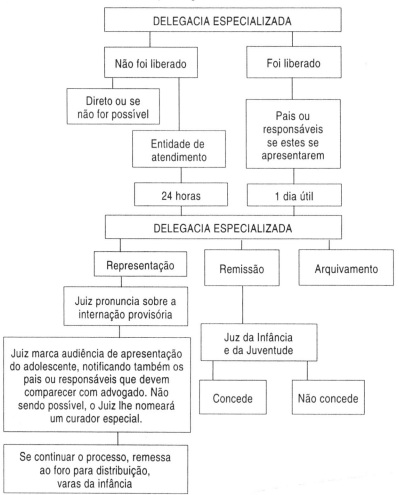

Seqüência de procedimentos referentes à detenção do adolescente autor de ato infracional

1 - O adolescente preso em flagrante delito de ato infracional pela Polícia Civil ou pela Brigada Militar é encaminhado ao Departamento Estadual da Criança e do Adolescente (DECA), ou à delegacia de polícia distrital para registro da ocorrência.

2 - Depois do registro da ocorrência, o adolescente é encaminhado, com os pais ou responsáveis, ao Ministério Público, onde o

Promotor da Infância e da Juventude procederá imediata e informalmente à sua oitiva e, em sendo possível, de seus pais ou responsáveis, vítima e testemunhas. O MP poderá: I) promover o arquivamento dos autos; II) conceder a remissão; III) representar à autoridade judiciária para aplicação de medida socioeducativa.

3 - Depois da oitiva do adolescente, o expediente é encaminhado para decisão do Juiz da Infância e da Juventude, que confirmará ou não o pedido do MP.

As medidas socioeducativas são solicitadas pelo Promotor da Infância, cujo Juiz da Infância confirmará ou não o pedido de acordo com a gravidade, com as circunstâncias e com os antecedentes do adolescente infrator.

Para os atos infracionais mais graves, o adolescente infrator responderá a um processo especial (o mesmo que um processo judicial que responde um adulto autor de um delito criminal), que pode determinar alterações da medida inicial.

Se o adolescente pratica um ato infracional leve e não tem antecedentes, recebe medida de advertência; se o ato é leve e possui antecedentes, recebe medida de liberdade assistida, ou prestação de serviço à comunidade ou ainda, reparação do dano; se o ato é grave sem antecedentes, a medida poderá ser de liberdade assistida, prestação de serviços à comunidade ou reparação do dano; se o ato é grave com antecedentes, poderá receber medida de liberdade assistida, prestação de serviços à comunidade, reparação do dano e, até, internação provisória de 45 dias.

Liberdade assistida - Se receber esta medida, o adolescente e sua família recebem acompanhamento de técnicos do Juizado da Infância e da Juventude no Foro Central (assistentes sociais, psicólogos, pedagogos).

Internação provisória - O adolescente cumpre em instituição da Febem enquanto responde a processo especial.

A pena máxima, determinada pelo Juiz da Infância e da Juventude no processo, chega a três anos sempre com avaliações semestrais por parte de técnicos do Juizado da Infância e da Juventude. Existem dois tipos de intervenção: a semiliberdade na qual o adolescente pode ter atividades externas e dormir na instituição onde cumpre pena, e a internação sem atividade externa. Ambas têm duração mínima de seis meses.

6. Desempenho da função

No desempenho da função, é importante que o Oficial de Proteção cumpra suas atribuições com a observância da Lei, visando sempre aos princípios do Estatuto da Criança e do Adolescente com primazia de atendimento especializado e o caráter de absoluta prioridade à garantia dos Direitos e a Doutrina da proteção integral.

Dentro da Justiça Menorista, a maioria dos atos processuais necessita da participação do Oficial de Proteção para seu cumprimento.

Em muitas vezes, a participação desse servidor, profissional especializado, é necessária, sob pena de invalidade dos atos, cuja parte executória é cumprida por meio de mandados, desde citação, busca e apreensão, intimação, sindicâncias, fiscalização, etc. Como dissemos anteriormente, se na vigência do Código de Menores o Comissário de Menores era os olhos, braços e pernas do Juiz, hoje com as Leis 8.069/90 e 10.720/96, o Oficial de Proteção tornou-se todos os órgãos sensitivos do magistrado (*longa manus*).

É importante que o Oficial de Proteção cumpra as suas atribuições, espelhadas nos Mandamentos do Oficial de Proteção.[14]

Deve o Oficial de Proteção agir com serenidade nas situações que exigirão bom-senso e cautela, mas com sua capatacitação profissional saberá vencer as barreiras que se antepõem.

A ordem judicial deve ser cumprida, e não discutida e, muitas vezes, dependerá exclusivamente da atuação firme e serena do Oficial de Proteção.

7. Caráter das atribuições

Atribuições: a) Direitos, prerrogativas; b) Poderes; c) Jurisdição pertencente a uma autoridade ou agente da autoridade.

De modo geral e aleatoriamente, exemplificaremos as atribuições dos Oficiais de Proteção delineadas pela Lei 10.720/96.

I - Atribuições de caráter fiscalizador
1) Fiscalizar as condições de trabalho dos adolescentes.

2) Fiscalizar locais clandestinos, impróprios para crianças e adolescentes e por estes freqüentados ou que estejam homiziados.

3) Fiscalizar o descumprimento dos artigos 74 a 83, 149 e 194 da Lei 8.069/90 (ECA), efetuando diligência fiscalizadoras quando determinada pelo juiz.

4) Fiscalizar as medidas de PSC (Prestação de Serviço à Comunidade) e LA (Liberdade Assistida).

---

[14] Ver capítulo 1.

II - Atribuições de caráter executivo
1) Encaminhar ao juiz notícia de fato que constitua infração administrativa ou penal contra os direitos de crianças e adolescentes.
2) Fazer pregões.
3) Exercer outras atribuições que não estão definidas na Lei, sejam especificadas em Provimento da Corregedoria-Geral da Justiça.
4) Vistorias e inspeções em casas que estejam relacionadas com procedimento de menores (instituições da Febem, casa de abrigos, creches, etc.).

III - Atribuições de caráter preventivo
1) Investigar denúncias de maus-tratos infligidos a crianças e adolescentes.
2) Recolher ou conduzir, quando ordenado pelo juiz, crianças e adolescentes que estejam em perigo moral e de vida.
3) Cumprir mandados de: intimação, citação, notificação, apreensão, condução, penhora, averiguação, internação, etc.

IV - Atribuições de caráter procedimental
1) Realização de sindicâncias (com cumprimento de mandados de averiguação).
2) Exercer outras atribuições que não definidas em lei, sejam especificadas em provimento da Corregedoria-Geral da Justiça.

V - Atribuições de caráter investigativo
Proceder a investigações (sindicâncias) sobre denúncias de maus-tratos contra crianças e adolescentes e/ou outras situações que estejam em perigo moral ou de vida, sempre munidos de mandados expedidos pela autoridade judiciária.

8. O lado humano das atribuições

O crescimento do ser humano é um dos resultados da qualidade, não apenas a melhoria dos serviços, para atender às necessidades da sociedade, que são obtidos com a mudança de comportamento proporcionada pela qualidade.

Também a satisfação no trabalho é alcançada quando se internalizam e se praticam os princípios da qualidade.

Vicente Falconi Campos, em seu livro *Controle da Qualidade Total*, define com muita clareza o conceito de crescimento do ser humano:

"O conceito de crescimento do ser humano está baseado na intenção de que as pessoas devem fazer sempre serviços de valor agregado cada vez mais alto.
Maior valor agregado para pessoas significa trabalho no qual se escreve, fala, mostra, instrui, etc., ao invés de mover, copiar, seguir, obedecer, etc.
Crescimento do ser humano significa utilizar cada vez mais a mente do indivíduo, e não somente a força braçal, para isto o indivíduo deve ser preparado durante toda a vida".

Com esta concepção, os Oficiais de Proteção estão comprometidos, temos ainda um longo caminho pela frente, mas já foi dado o primeiro passo com as novas orientações da Direção do Foro.

É preciso estar consciente de que a qualidade em uma organização não se faz em curto prazo, justamente porque está intimamente relacionada com mudança comportamental.

Outra coisa importante é termos consciência de que no cumprimento das novas atribuições e tarefas a responsabilidade é de todos, e, para se tornar uma realidade, é preciso haver envolvimento e o comprometimento de todos.

O princípio da qualidade é essencialmente participativa e por isso tem como pressupostos básicos:

9. Sindicância

Definição. "Sindicância", de síndico, de que igualmente se derivou sindicar (examinar, inquirir, tomar informações), exprime ação e efeito de sindicar. Mas, a técnica jurídica, a sindicância se revela o procedimento que tem o objetivo de, por meio de um exame, ou de uma pesquisa, determinar a exata situação de uma coisa, ou de um fato. (*perquirição*)

Assim, a sindicância se realiza através de diligências, ou de medidas tendentes a colher as informações desejadas e necessárias a seu objetivo, feitas, determinadas e dirigidas por uma pessoa, a quem se comete o encargo, sob a designação do síndico. Praticamente, a sindicância resulta num processo de informação, acerca de fatos que se quer apurar, tendo assim, significação equivalente à investigação, ou à devassa. Equivale a inquérito.[15]

"AVERIGUAR" [De a + lat. verificasse; verificar] 1- Indagar, inquirir, investigar: mandou averiguar a situação da criança. Determinar a verdade de; certificar-se de; verificar; apurar:

---
[15] Plácido e Silva. *Vocabulário Jurídico.* Editora Forense. V. 4. p. 1455.

conseguiu averiguar o fato em sua exatidão- Inquirir, investigar, indagar: Averiguou das pessoas o que desejava.[16]

1 - Averiguação

a) Ato ou efeito de averiguar. b) Investigação, inquérito.

No Juizado da Infância e da Juventude, sindicância e averiguação têm sentido diferenciado. Quando é determinado ao Oficial de Proteção proceder uma sindicância (que é determinada por despacho no processo), esta deverá ser elaborada tecnicamente. O Oficial de Proteção deverá colher o maior número de dados possíveis, pois, os dados colhidos serão úteis no relatório final ao juiz. Com referência ao mandado de averiguação (comando judicial), o Oficial de Proteção, ao cumpri-lo, deverá verificar o solicitado pelo magistrado, onde, após, certificará no verso, os dados colhidos.[17]

2 - Finalidade

No Juizado da Infância e da Juventude, a sindicância são inquisições de alegações, circunstanciadas ou relacionadas, de modo a obter informações sobre fatos envolvendo crianças e adolescentes por ordem do Juiz, tanto na área cível como na criminal.

Para que o Oficial de Proteção torne um sindicante competente, deverá empregar com perfeição os preceitos fundamentais.

Este capítulo apresenta alguns aspectos e os requisitos exigidos para a elaboração de uma boa sindicância.

Obedecendo às diretrizes traçadas a seguir, o Oficial de Proteção cumprirá a diligência com eficiência, objetivando apresentar um trabalho altamente qualificado que servirá de subsídio para decisão do magistrado.

Estes princípios básicos podem ser considerados o ABC da sindicância, podemos dizer, que a sindicância, guardadas as suas devidas proporções, assemelha-se a um laudo que é uma peça escrita, fundamentada, que expõe as observações e informações colhidas pelo Oficial de Proteção.

3 - Diretrizes

Normalmente, no Juizado da Infância e da Juventude, as sindicâncias são determinadas através de despacho nos processos ou por Mandados de Averiguação.

I - Com o processo em mãos, deverá o Oficial estudá-lo; caso receba somente o Mandado de Averiguação onde vem explícito o tipo de sindicância a ser efetuada, deve solicitar o processo em carga.

---

[16] Aurélio Buarque de Holanda. *Novo Dicionário da Língua Português*. Ed. Nova Fronteira.
[17] Idem.

II - Não há substituto para uma sindicância eficiente. A boa sindicância é proporcional ao esforço despendido. Em todos os tipos de entrevista, explicar o motivo para tal encontro. O Oficial, ao registrar o conteúdo de uma entrevista, deverá ter cuidado com o relato, utilizando algumas palavras como "*sic*, refere, cita, diz, argumenta, etc.", para diferenciar a descrição do Oficial e o relato do entrevistado.

III - Faça quantas perguntas forem necessárias. Na busca de informações, as respostas, algumas vezes, fornecem dados importantes. O Oficial de Proteção deverá definir os objetivos da entrevista, nunca perdendo o enfoque do objetivo traçado.

IV - Não se deixe enganar pelo *status* das pessoas. Muitas vezes o Oficial deverá efetuar sindicância nas camadas abastadas da sociedade.

V - Não tire conclusões apressadas. O Oficial deve se fundamentar nos fatos; quem dará a interpretação final será o Juiz. No momento da entrevista, saber ouvir e observar, deixando de lado valores e concepções pessoais, a fim de manter um diálogo isento, evitando prejulgamento, não criando nem reforçando estereótipos ou imagem negativa.

VI - O Oficial deve ter em mente que a sua sindicância será uma peça informativa ao Juiz e ao Promotor de Justiça, deve basear-se nos fatos colhidos.

VII - O Oficial não deve ser confiante demais, a superconfiança pode resultar numa condução errada da sindicância, deve ter a sensibilidade no agir.

VIII - Procure entrevistar, não se deixe entrevistar, o Oficial acomodado perderá o controle da sindicância ou no relatório informativo excessivo.

IX - Pode ainda a entrevista transformar-se em um monólogo, em que somente a pessoa inquirida fala. O Oficial de Proteção deverá tranqüilizar o entrevistado, no que se refere às declarações, a fim de que a entrevista possa ocorrer num clima de franqueza e confiança.

X - O Oficial não deve lançar-se em conclusões precipitadas, deve se basear nos fatos apurados. Importante que o Oficial detenha-se nos objetivos da entrevista, não questionando diretamente assuntos a respeito da intimidade da pessoa entrevistada, tendo em vista a construção do vínculo.

XI - Determine os passos preliminares que formarão a base de todo o trabalho. A seqüência de ação de uma sindicância é governada pela avaliação inicial dos fatos.

XII - Seja um bom observador. A importância da observação acurada dará ao Oficial oportunidade de coletar informações importantes; se possível, utilize-se de um pequeno gravador, este meio lhe ajudará na revisão dos escritos durante a oitiva.

XIII - Lembre-se, *entrevistar* não é *interrogar*. Entrevistar é conferência entre duas ou mais pessoas; interrogar é reduzir a escrito as respostas que dá o indiciado ou réu às perguntas feitas pela autoridade competente. As pessoas que o Oficial estará entrevistando não são réus, são quase como uma testemunha, são para fornecerem informações sobre algum fato. Segundo Jeremias Bentham, " as testemunhas são os olhos e ouvidos da justiça".

4 - Requisitos para uma boa sindicância

Em continuidade às diretrizes que mencionamos anteriormente, há outros atributos que o Oficial de Proteção deve possuir.

I - Suspeição: Deve o Oficial de Proteção ser cauteloso durante a sindicância. Na entrevista com crianças, o Oficial deverá estabelecer um bom vínculo e encontrar uma forma de comunicação com as mesmas, não devendo obrigá-las a colaborar para obter informações nem fazer promessa de benefícios.

II - Curiosidade: Curiosidade habitual conduz a fatos importantes, que não seriam obtidos facilmente.

III - Observação: O Oficial deve lembrar-se e associar os detalhes anormais, relativos à postura, à expressão, à vestimenta, ao maneirismo e outros aspectos. Na entrevista com adolescentes, o Oficial precisará ter presente a situação peculiar de desenvolvimento, ou seja, a busca e experimentação de modos de vida, variação de atitudes, a busca de identidade, e normalmente, a negação de qualquer tipo de autoridade.

IV - Memória: Na elaboração do relatório final, além dos fatos anotados ou gravados, deve o Oficial valer-se de sua memória, algumas vezes pontos fundamentais durante a entrevista escapam das anotações, mas ficam gravados na mente. Nenhum ponto deve ficar obscuro.

V - Conclusões precipitadas: O Oficial não deve formar conclusões baseadas em fatos colhidos em sindicâncias anteriores, mormente se há semelhança em fatos.

VI - Paciência e cortesia: O sindicante deve ser afável e educado com as pessoas inquiridas, muitas delas não desejam envolver-se nos fatos.

VII - Habilidade para ganhar confiança: Este requisito é muito importante e fundamental, pois fatores como integridade, caráter e sinceridade granjeiam confiança do entrevistado.

VIII - Persistência: A coleta de informações sobre os fatos às vezes requer persistência, mas deve lembrar o Oficial, que há prazo na apresentação do relatório.

IX - Conhecimentos básicos de psicologia, sociologia, ciência social: Um entendimento dos conceitos básicos destas áreas humanistas ajudará o Oficial no tratamento com as pessoas entrevistadas e a conhecê-las.

X - Auto-adaptação: Deve o oficial desenvolver a capacidade de adaptar-se a todos os tipos de situações. Deve lembrar que entrevistará pessoas das classes pobre, média e rica.

XI - Conhecimento de técnicas de entrevista e de investigação: Tal aprendizado proverá o Oficial de excelente base para melhor conduzir a sindicância. Como já nos reportamos anteriormente, *entrevistar* é uma conferência entre duas ou mais pessoas em local predeterminado e, *investigar* é seguir vestígios, fazer diligências para achar, pesquisar, indagar, inquirir, enfim, investigar as causas de um fato.

XII - Habilidade para conseguir cooperação: Bons contatos das pessoas são necessários para uma boa sindicância. Isto quer dizer que não fica vedado ao Oficial conseguir informantes, mas deve ficar bem descriminado, que ele não é policial.

XIII - Trato, autocontrole e sinceridade: Estas qualidades são essenciais para o Oficial. Deve ter cautela, prudência e tino, pois encontrará problemas delicados durante as entrevistas, e precisará ter equilíbrio, estabilidade mental e emocional. Deve ser moderado, prudente e com autocontrole, principalmente franco e leal.

XIV - Interesse no que faz: O sucesso verdadeiro é baseado genuinamente no que o Oficial se propõe, ser fiel no que faz.

5 - Tratamento com as pessoas que prestam informações

Geralmente, algumas pessoas inquiridas costumam ser hostis às entrevistas.

Argumentam que não querem se envolver, negando-se muitas vezes a responder qualquer pergunta.

É de bom alvitre o Oficial sindicante revelar sua condição de agente do Juiz da Infância e da Juventude (*pensar e agir como o juiz*).

Deverá identificar-se antes de iniciar a entrevista. As perguntas deverão ser objetivas, não deve ser passada ao entrevistado a impressão de alcagüete.

O entrevistado, conforme o rumo das perguntas a ele formuladas, poderá sentir-se influenciado.

As informações desejadas para o bom encaminhamento da sindicância dependem exclusivamente da habilidade do Oficial sindicante, certo ou não, é que a pessoa lhe dará respostas, as quais podem atingir ou desviar do objetivo proposto.

Deve tornar-se cauteloso para não tornar-se inamistoso, afinal é com estas pessoas que se poderá ou não colher importantes informações.

Durante a entrevista, o Oficial deve medir a sua capacidade de discernimento, imaginação e atenção, isto evitará colher informações sem nenhum significado para o que se propõe.

Deixe a pessoa à vontade, analise o seu relato, o que permitirá avaliar o seu grau de veracidade.

Dependendo do caso, há razões diversas que levam por exemplo um vizinho ou testemunha a cooperar, mentir, criar e até exceder-se em sua narrativa.

Algumas vezes, o fato a que assistiu ou tem conhecimento faz a pessoa ir além do acontecido.

O modo de proceder do Oficial sindicante junto à pessoa a que está colhendo informações é o único meio de levar a entrevista a um fim positivo.

O Oficial deve agir perante a pessoa entrevistada de maneira coerente, desenvolvendo um diálogo franco, elaborando perguntas seguras, orientando sempre que possível sobre o tipo de resposta que necessita.

Durante a entrevista, deve o Oficial procurar obter informações adicionais, pelo motivo de o entrevistado deixar sempre transparecer que está evitando revelar informações que sabe.

Faça-o sentir isso, o que por certo deixará o entrevistado mais afável, tornando-o mais suscetível.

Uma mesma pergunta deve ser repetida duas ou mais vezes, sempre em espaços intercalados e de maneira diferente, onde se poderá verificar se o entrevistado está mentindo ou não.

6 - Cuidados básicos

As regras básicas para desenvolver uma sindicância são:

I - Planejamento: Planeje a sindicância, selecione as perguntas pertinentes ao fato, faça quantas visitas forem necessárias.

II - Privacidade: Procure efetuar as entrevistas em grau de privacidade, evite lugares onde outras pessoas possam estar presentes nos quais o entrevistado possa ter a sua atenção distraída.

III - Motivo: O entrevista deve saber o motivo da visita.

IV - Dados: Tenha os dados disponíveis ao iniciar a entrevista, tal medida evitará perda de tempo e prevenirá quanto à disponibilidade de esquecer detalhes importantes.

V - Definição: Defina o que deseja extrair na entrevista, encoraje o entrevistado a expor o que sabe o mais claro possível.

VI - Administração: administre á entrevista, de acordo com as condições em que ela se apresenta.

VII - Cortesia: Seja cortês, eficiente, atencioso, calmo, astucioso e principalmente educado, isso lhe ajudará a tirar do entrevistado importantes informações.

7 - Planejamento

Planejamento é muito importante para o bom resultado de uma sindicância.

Devem-se observar os seguintes aspectos quando iniciar-se uma sindicância:

    a) defina claramente os objetivos que pretende alcançar;
    b) procure entrevistar pessoas ligadas aos fatos a ser diligenciados;
    c) escolha os estímulos adequados à motivação;
    d) prepare um roteiro de perguntas sobre a sindicância a ser realizada, o mais completo possível;
    e) não confie na sua memória, faça anotações durante a entrevista, se possível utilize-se de um gravador para registro;
    f) as perguntas devem ser bem formuladas e no momento oportuno, não esqueça que você está

8 - Entrevistando, e não interrogando

Na *entrevista*, as perguntas são feitas com o objetivo específico de obter informações determinadas com a implicação de que os dados são fornecidos voluntariamente.

No *interrogatório*, dá-se um passo mais à frente; nele também são feitas perguntas, porém sabe-se de antemão que será oferecida resistência pelo inquirido, e é essa resistência que deve ser vencida.

9 - Apresentação do relatório

Com os dados colhidos durante a sindicância, o Oficial de Proteção, quando na redação do relatório que será apresentado ao magistrado, deverá observar que dele deverá constar a exposição geral da diligência, incluindo desde a fase de planejamento até as conclusões.

O relato deve seguir a metodologia empregada, preocupando-se o Oficial de Proteção sempre com a precisão vocabular, com uma linguagem clara, simples e objetiva.

O relatório é a comunicação de fatos a alguém que deseja ser informado.

Aquele a quem é dirigido o relatório é o fator mais importante a ser considerado; no caso do Juizado da Infância e da Juventude, é ao Juiz da Infância, que após examinado, dará vista ao Ministério Público.

Torna-se necessário, portanto, elaborar corretamente e na maneira mais clara e simples possível o texto a ser relatado. Se os termos utilizados não forem compreensíveis, todo o trabalho será perdido.

As informações expostas devem descrever e explicar, e não convencer.

De modo geral, os relatórios de sindicâncias:
1) têm um objetivo predeterminado e específico;
2) não devem ser escritos com preocupações estilísticas, mas sim informativas;
3) deve ser evitado o tecnicismo;
4) têm a quem é dirigido a pessoa mais importante;
5) devem ser exatos e precisos;
6) devem ser redigidos em linguagem clara e objetiva.

10 - Conclusão

A base de qualquer relação profissional que se subordina aos padrões éticos é o compromisso com a verdade.

Com base no referido compromisso com a verdade e com a liberdade assegurada pelo Juiz, o Oficial de Proteção, detentor de fé pública, para bem e fielmente cumprir a determinação do Juiz, utilizará os meios oferecidos pela sua especialidade, a fim de descobrir os fatos e sobre eles relatar, que servirá de importantes subsídios ao magistrado para a sua decisão no processo.

10. Quem é quem na justiça da infância e da juventude

1 - *Criança*: Pessoa de até doze anos incompletos 1. Ser humano de pouca idade, menino ou menina; párvulo. Pessoa ingênua, infantil: Não desconfia de nada, é uma criança. (Dic. Aurélio Eletrônico).

Considera-se criança, para os efeitos da Lei 8.069/90 (ECA), a pessoa até 12 (doze) anos de idade incompletos.

2 - *Adolescente*: Pessoa dos 12 aos 18 anos (Paulo Lúcio Nogueira entende que "a fixação do início da adolescência pelo ECA aos 12 anos completos, principalmente para responder por ato infracional, através de processo contraditório com ampla defesa, não deixa, salvo melhor juízo, de ser uma temeridade, pois aos 12 anos a pessoa ainda é uma criança)".

Considera-se adolescente, para efeitos da Lei 8.069/90 (ECA), a pessoa entre 12 (doze) e 21 (vinte e um) anos de idade.

Os adolescentes de 16 (dezesseis) anos serão representados, e os maiores de 16 (dezesseis) e menores de 21 (vinte e um) anos assistidos por seus pais, tutores ou curadores, na forma da legislação civil ou processual.

3 - *Ato infracional*: Ação praticada por criança ou adolescente, caracterizada na Lei como crime ou contravenção penal. De acordo com a Lei 8.069/96(ECA) e com o Código Penal, os menores de 18 anos são penalmente inimputáveis, ou seja, não poderão ser condenados.

4 - *Juiz de direito*: Aquele que tem o poder de julgar. Aquele que julga; julgador. Membro de um júri. Membro do Poder Judiciário; Magistrado judicial que, em cada comarca, julga segundo a prova dos autos e segundo o direito; Magistrado da primeira instância, em oposição a desembargador, que é magistrado da instância superior; juiz togado.

5 - *Juiz da infância e da juventude*: Autoridade que decide em primeiro lugar sobre questões jurídicas referentes à infância e à juventude.

6 - *Desembargador*: Juiz do Tribunal de Justiça, ou de Apelação.

7 - *Ministério Público:* Tem a competência de zelar pelo efetivo respeito aos direitos e garantias legais asseguradas às crianças e aos adolescentes.

8 - *Curador especial*: Pessoa nomeada pela autoridade judiciária para defender a criança e o adolescente quando os interesses destes forem conflitantes com os dos seus pais ou responsáveis e sempre que for necessário representação legal, mesmo que eventualmente.

9 - *Procuração*: É o documento escrito que confere poderes a uma pessoa para que essa faça algo em seu nome. É dada, por exemplo, ao advogado quando alguém precisar de representação para propor ou se defender de uma ação judicial.

10 - *Usuário*: 1) Que possui ou desfruta alguma coisa pelo direito de uso; utente. 2) Que serve para o nosso uso. 3) Aquele que possui ou frui alguma coisa pelo direito de uso, utente; 4) Cada um daqueles que usam ou desfrutam alguma coisa coletiva, ligada a um serviço público ou particular; usuário dos transportes coletivos, CRT, etc.

11 - *Apreensão ilegal*: Ato de privar a criança e o adolescente de sua liberdade sem ordem escrita da autoridade judiciária ou sem flagrante de ato infracional. É crime punido com pena de detenção de 6 meses a 2 anos.

12 - *Competência*: Poder que é dado a certo juiz ou Tribunal para julgar um conflito ou tomar conhecimento de determinado caso. É sempre dado pela lei. Faculdade concedida por lei a um funcionário, juiz ou tribunal para apreciar e julgar certos pleitos ou questões. Qualidade de quem é capaz de apreciar e resolver certo assunto, fazer determinada coisa; capacidade, habilidade, aptidão, idoneidade. Oposição, conflito, luta.

13 - *Conselho Tutelar*: Órgão permanente e autônomo encarregado pela sociedade de zelar pelo cumprimento dos direitos da criança e do adolescente.

14 - *Oficial de Proteção*: No Rio Grande do Sul, substituiu o antigo Comissário de Menores com a aprovação do Projeto nº 355/95 e transformado na Lei 10.720, de 18/01/1996, levando a denominação de *Oficiais de Proteção da Infância e da Juventude*, cujas atribuições foram ampliadas, como veremos em capítulos "das atribuições".

15 - *Infração administrativa*: Procedimento para imposição de infração administrativa por infração às normas de proteção à criança e ao adolescente. Após representação do MP e CT, por determinação da autoridade judiciária, será realizada diligência fiscalizadora por Oficial de Proteção, se necessário, elaborará auto de infração, assinado por duas testemunhas se possível.[18]

16 - *Cartório*: Local onde se guardam e registram-se os documentos importantes (onde são formados os processos). Repartição onde funcionam os tabelionatos, os ofícios de notas, as escrivaninhas da justiça, os registros públicos, e se mantêm os respectivos arquivos.

17 - *Dos serviços auxiliares e órgãos de cooperação*: Os serviços auxiliares da Justiça Especializada Menorista devem ser encarados no próprio contexto de proteção oferecido pelo ECA, para um trabalho direcionado à criança e ao adolescente. Além do escrivão, o oficial escrevente (já referido acima), é necessária a existência de assistentes sociais, psicólogos, educador, psiquiatra e de Oficiais de Proteção.

O Juiz, voltado para as tarefas forenses e à aplicação da lei, não tem condições de apurar o contexto socioeconômico-cultural em que se encontram as crianças e os adolescentes. Deverá valer-se de pessoas com capacidade técnica que possam realizar o estudo social do caso com critério objetivo e científico.

18 - *Equipe interprofissional*: A equipe interprofissional definida é composta de assistentes sociais, psicólogos, educadores, psiquiatras e outros especialistas, entre eles os Oficiais de Proteção. São estes profissionais que levantarão a história da criança e do adoles-

---

[18] Artigo 194 do Estatuto da Criança e do Adolescente.

cente, sua vida com a família, o meio onde vive, a infração que cometeu, com a finalidade de detectar a causa que originou a situação de risco pessoal e de apresentar ao juiz relatório circunstanciado da situação. Os técnicos e os Oficiais de Proteção fornecerão subsídios por escrito ao Juiz (*técnicos mediante laudo, ou verbalmente, Oficiais de Proteção, após sindicâncias, relatórios circunstanciados*).

19 - *Escrivão*: Cabe ao Escrivão chefiar, sob a supervisão e a direção do Juiz, o cartório em que estiver lotado, e outras atribuições delineadas no art. 228 (COJE). Oficial público que escreve autos, termos de processo, atas e outros documentos de fé pública.

20 - *Oficial Escrevente*: Incumbe auxiliar o Juiz, inclusive realizando pesquisas de jurisprudência e doutrina e outras atribuições delineadas no art. 236 (COJE).

21 - *Processo administrativo*: Denominação genérica dada ao processo que se opera perante a autoridade administrativa quando não é de natureza contenciosa e provocado por iniciativa dela.

22 - *Processo civil*: Assim se diz do processo quando se refere, especialmente, à matéria de Direito Civil.

23 - *Processo de execução*: É a denominação vulgarmente dada ao que ritua ação executiva ou de execução.

24 - *Processo de conhecimento*: O processo de conhecimento pode andar de modo comum ou de modo especial, sendo que o comum se subdivide em ordinário e sumaríssimo, ou seja, em procedimento comum ordinário e procedimento comum sumaríssimo. Dá-se o nome de procedimento ao modo pelo qual anda o processo.[19]

25 - *Perinatal*: Período imediatamente anterior e posterior ao parto.

26 - *Nutriz*: Mulher que amamenta, que alimenta.

11. Disposições gerais

1 - Interrogatório se o acusado for menor de 21 anos

Art. 194, CPP - Se o acusado for menor, proceder-se-á ao interrogatório na presença do curador.

Como no inquérito policial, o interrogatório obriga que o réu com menos de 21 anos de idade seja interrogado na presença de um curador. Verificada a idade do acusado no inquérito policial ou na qualificação do interrogando, o juiz deverá nomear o curador a fim de que o menor seja orientado, antes do ato, e fiscalizar o interrogatório. Não será exigida necessariamente a nomeação de curador le-

---

[19] Maximiliano Cláudio Américo Führer. *Resumo de Processo Civil*. Editora Revista dos Tribunais.

galmente habilitado para a advocacia, podendo a nomeação recair em pessoa leiga, que deverá ser isenta e alfabetizada, que possa interpretar a redação do termo, onde será garantido o pleno exercício de defesa do menor. Não será adequado que o juiz nomeie curador de pessoa subordinada administrativamente a si próprio, diante da função fiscalizadora do interrogatório atribuída ao curador. Há decisão do STF, que tal nomeação não é irregular. A idade a ser considerada para os fins do art. 194 é a do acusado na data do interrogatório, porque ainda não é considerado plenamente capaz na órbita civil. A emancipação do réu menor de 21 anos não exclui a necessidade de curador.

2 - Falta de nomeação de curador

Prevê o art. 564, III, *e*, que há nulidade no processo na falta de nomeação de curador ao menor de 21 anos. Porém, o STF editou a Súmula 352, com o seguinte teor: "Não é nulo o processo penal por falta de nomeação de curador ao réu menor que teve assistência de defensor dativo". O defensor dativo tem as mesmas condições de zelar pelos interesses do interrogatório que o curador nomeado. Não é nulo o processo em que não lhe foi nomeado curador quando o réu tem assistência de defensor constituído, que se presume ser pessoa de inteira confiança do acusado ou de seu representante legal. STF: "A orientação do STF é no sentido de que, em juízo, tendo sido constituído defensor dativo para o réu menor, que foi nomeado também curador, não há nulidade absoluta a declarar".[20]

3 - Falta de nomeação de curador e defensor

Não nomeados ou ausentes o curador e o defensor quando do interrogatório do acusado menor de 21 anos, há nulidade absoluta do processo, presumindo a lei que houve prejuízo ao réu - STJ:

"A nulidade decorrente da falta de designação de curador ao interrogatório judicial do réu menor de 21 anos, não assistido por defensor, é de natureza absoluta, devendo ser pronunciada independentemente de caracterização do prejuízo à defesa" (RSTJ 17/352-3).

"A presença de curador do interrogatório de réu menor decorre de mandamento constitucional (§ 15 do art. 153). A omissão dessa formalidade constitui nulidade de caráter absoluto e insanável, nos termos dos arts. 564, III, *c*, e 572 do CPP" (RT 587/322).

---

[20] Revista dos Tribunais, nº 654/387.

"TJSP: A presença de curador, ou defensor, ao interrogatório do réu menor é indispensável, acarretando sua ausência a anulação do processo" (RT 595/350).

4 - Menores de dezoito anos

Art. 27 do CP: Os menores de 18 (dezoito) anos são penalmente inimputáveis, ficando sujeitos às normas estabelecidas na legislação especial.

Art. 228 da CF: São penalmente inimputáveis os menores de 18 (dezoito) anos, sujeitos às normas da legislação especial.

Art. 104 da Lei 8.069/90 (ECA): São penalmente inimputáveis os menores de 18 (dezoito) anos, sujeitos às medidas previstas nesta Lei. Parágrafo único - Para os efeitos desta Lei, deve ser considerada a idade do adolescente à data do fato.

a) Sistema biológico: Enquanto para os outros casos (doença mental, desenvolvimento mental retardado e desenvolvimento mental incompleto em relação aos silvícolas inadaptados) o Código adotou o sistema biopsicológico, foi adotado o sistema biológico quanto aos menores (exceção à regra).

b) Menor sábio: A presunção não admite prova em contrário. Suponha-se que um menor de dezoito anos de idade, sábio, pratique um fatídico e ilícito. Mesmo que tenha capacidade intelectiva e volitiva (é o caso, pois se trata de um prodígio) não responde por crime, pois o Código presume a inimputabilidade.

c) Menor casado: Se um adolescente de dezessete anos de idade, casado, pratica um ato infracional criminoso. Pelo casamento, o adolescente alcançou a maioridade civil. E em face do Código Penal, ele continua inimputável, pois não tinha dezoito anos de idade quando cometeu o ato infracional.

5 - Medidas socioeducativas

Verificada a prática de ato infracional, a autoridade competente poderá aplicar ao adolescente as seguintes medidas socioeducativas:

a) Advertência; b) Obrigação de reparar o dano; c) Prestação de serviço à comunidade; d) Liberdade assistida; e) Inserção em regime de semiliberdade; f) Internação em estabelecimentos educacionais; g) Qualquer uma das previstas no art. 101, I a VI.

1) A medida aplicada ao adolescente levará em conta a sua capacidade de cumpri-las, as circunstâncias e a gravidade da infração;

2) Em hipótese alguma e sob pretexto algum será admitida a prestação de trabalho forçado;

3) Os adolescentes portadores de doença ou deficiência mental receberão tratamento individual e especializado, em local adequado às suas condições.

O que são as medidas socioeducativas?

Sócio - Exprime a idéia de social. *Educativo* - Educacional, que concorre para a educação.

São aquelas impostas aos adolescentes, quando autores de atos infracionais.

O objetivo das medidas visa ao tratamento tutelar, a fim de reintegração do adolescente ao convívio social.

Os métodos e a orientação que devem nortear tais medidas deverão ser pedagógico, psicológico, psiquiátrico e social, voltados à reintegração do adolescente à sua família e ao convívio social.

A *primeira medida* a ser aplicada é a *advertência*, como bem define o verbete, *advertir* é observar com palavras, censurar, admoestar.

Consistirá em admoestação verbal, que será reduzida a termo e assinada.

Dependendo do ato infracional praticado, o adolescente receberá conselhos e orientação da autoridade competente.

Este primeiro encontro com o Juiz ou o Promotor de Justiça é muito importante para o futuro do adolescente, pois poderá ser o início de uma recuperação ou o início de uma carreira de atos infracionais.

A *segunda medida* é a *obrigação de reparar o dano*, também dependendo do ato praticado, a autoridade judiciária determinará ao mesmo compor os prejuízos causados a terceiros.

Entende-se nesta medida uma forma pedagógica, a fim de orientar o adolescente a respeitar os bens e o patrimônio alheio.

Em se tratando de ato infracional, com reflexos patrimoniais, a autoridade poderá determinar, se for o caso, que o adolescente restitua a coisa, promova o ressarcimento do dano, ou, por outra forma, compense o prejuízo da vítima.

O Código Penal, no seu artigo 43, I, define a prestação de serviço à comunidade como pena substitutiva da prisão.

A *terceira medida* é a de *prestação de serviço à comunidade*, ela consiste na prestação de serviços comunitários, na realização de tarefas gratuitas de interesse geral, por período não excedente a seis meses, junto a entidades assistenciais, hospitais, escolas e outros estabelecimentos congêneres, bem como em programas comunitários ou governamentais.

A medida reproduzida pelo Código Penal e pelo Estatuto da Criança e do Adolescente configura-se como ação alternativa da prisão ou da internação, dando oportunidade para que o infrator possa cumprir junto à sua família e à sociedade as restrições de seus direitos.

A *quarta medida* é a de *liberdade assistida*. Será adotada sempre que se afigurar a medida mais adequada para o fim de acompanhar, auxiliar e orientar o adolescente.

Será designada pela autoridade judiciária pessoa capacitada para acompanhar o caso, a qual poderá ser recomendada por entidade ou programa de atendimento.

O prazo mínimo para aplicação da medida será de seis meses, podendo a autoridade judiciária a qualquer tempo prorrogá-la, revogá-la ou substituí-la por outra medida, ouvidos o orientador, o Ministério Público e o defensor.

Ao orientador caberá, com o apoio e a supervisão da autoridade competente, promover ao seio de sua família e à sociedade o adolescente, onde fornecerá orientação e, se necessário, inserindo-o em programas oficial ou comunitário de auxílio e assistência social.

Deverá supervisionar a freqüência e o aproveitamento escolar do adolescente, providenciando inclusive na sua matrícula.

Procurar diligenciar no sentido da profissionalização do adolescente e de sua inserção no mercado de trabalho, devendo apresentar relatório do caso.

A *quinta medida* é a de *inserção em regime de semiliberdade* pode ser determinada desde o início, ou como forma de transição para o meio aberto, possibilitada a realização de atividades externas, independentemente de autorização judicial.

Será obrigatória a escolarização e a profissionalização, devendo, sempre que possível, ser utilizados os recursos existentes na comunidade.

Esta medida não comporta prazo determinado, aplicando-se, no que couber, as disposições relativas à internação.

A *sexta medida* é a de *internação em estabelecimento educacional*. Constitui medida privativa da liberdade, sujeita aos princípios de brevidade, excepcionalidade e respeito à condição peculiar de pessoa em desenvolvimento.

Será permitida a realização de atividade externa, a critério da equipe técnica da instituição onde o adolescente estiver recolhido, ressalvando-se expressa determinação do Juiz da Infância e da Juventude em contrário.

Esta medida não comportará prazo determinado, devendo sua manutenção ser reavaliada, mediante decisão fundamentada, no máximo a cada seis meses.

O período de internação não poderá, em nenhuma hipótese, exceder a três anos.

Quando for atingido o limite estabelecido pelo ECA, o adolescente deverá ser liberado, sendo colocado em regime de semiliberdade ou de liberdade assistida, sendo compulsória aos 21 anos de idade.

A desinternação somente poderá ser precedida de autorização judicial ouvido o Ministério Publico.

A medida de internação será aplicada ao adolescente quando tratar-se de ato infracional cometido mediante grave ameaça ou violência contra a pessoa, tendo o adolescente reincidido em atos infracionais graves e, por descumprimento reiterado e injustificável de medida anteriormente imposta.

O prazo de internação (art. 112, III), inclusive provisório, não poderá ser superior a três meses.

O adolescente deverá cumprir a medida aplicada de internação, deverá ser cumprida em estabelecimento próprio para adolescentes, em local destinado ao abrigo, obedecida rigorosa separação por critério de idade, compleição física e gravidade do ato infracional.

Durante o período em que estiver internado, mesmo que provisoriamente, o adolescente deverá receber atividades pedagógicas.

Os direitos dos adolescentes privados de liberdade estão fixados no artigo 124 do ECA.

A *sétima medida é qualquer uma das previstas no art. 101, I a VII.* Verificada qualquer das hipóteses previstas no art. 98, a autoridade competente poderá determinar, dentre outras, as previstas nos incisos I a VII.

O abrigo é medida provisória e excepcional, utilizável como forma de transição para a colocação em família substituta, não implicando privação de liberdade.

Competência para aplicação de Medidas de Proteção

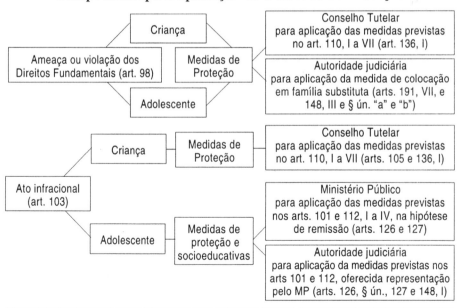

12. Menores de 21 anos

Os menores de 16 (dezesseis) anos serão representados, e os maiores de 16 (dezesseis) e os menores de 21 (vinte e um) anos assistidos por seus pais, tutores ou curadores, na forma da legislação civil ou processual.

Parágrafo único - A autoridade judiciária dará curador especial à criança ou adolescente, sempre que os interesses deste colidirem com os de seus pais ou responsáveis, ou quando carecer de representação ou assistência legal ainda que eventual.

1 - Até quando o adolescente permanece internado

Art. 121 da Lei 8.069/90 (ECA): A internação constitui medida privativa da liberdade, sujeita aos princípios de brevidade, excepcionalidade e respeito à condição peculiar de pessoa em desenvolvimento. § 5º - A liberação será compulsória aos vinte e um anos de idade.

2 - A menoridade absoluta

Artigo 27 do Código Penal: Os menores de 18 (dezoito) anos são penalmente inimputáveis, ficando sujeitos às normas estabelecidas na legislação especial.

Art. 228 da Constituição Federal: São penalmente inimputáveis os menores de dezoito anos, sujeitos às normas da legislação especial.

3 - Legislação especial

Lei 8.069/90 (ECA): Art. 104 - São penalmente inimputáveis os menores de dezoito anos, sujeitos às medidas previstas nesta lei. Parágrafo único - Para efeitos desta lei, deve ser considerada a idade do adolescente à data do fato.

3 - Prova de menoridade

Súmula 74 do STJ: "Para efeitos penais, o reconhecimento da menoridade do réu requer prova por documento hábil". Art. 155 (CPP): "No juízo penal, somente ao estado das pessoas, serão observadas as restrições à prova estabelecidas na lei civil".

4 - Tempo de crime

Leva-se em conta o momento da atividade, e não o momento de produção do resultado.

Assim, se o sujeito, faltando alguns dias para completar dezoito anos de idade, desfere golpes de faca na vítima, que vem a morrer depois de ele (autor da conduta) completar dezoito anos, não responde por crime.

5 - Fixação do limite de idade

a) Deve ser feita de acordo com a regra do art. 10, 1ª Parte. O dia do começo inclui-se no cômputo do prazo. Se o fato é cometido no dia em que o sujeito comemora seus dezoito anos, responde por crime, pois não se indaga a que hora completa a maioridade penal. A partir do primeiro instante do dia do aniversário surge a maioridade (RT 537: 336).

b) Alcança-se a maioridade penal no vencimento do dia do aniversário, no primeiro instante do dia seguinte ao em que se completa os dezoito anos de idade (RT 339: 232).

c) O sujeito alcança a maioridade penal no dia de seu aniversário, no momento em que completa os dias, horas e minutos. (RT 163: 142).

6 - Presunção de inimputabilidade

É absoluta. Acatado o critério biológico, não é preciso que, em decorrência da menoridade, o menor seja "inteiramente incapaz de entender o caráter ilícito do fato ou de determinar-se de acordo com esse procedimento". A menoridade (fator biológico) já é suficiente para criar a inimputabilidade: o Código presume de forma absoluta que o menor de dezoito anos "é inteiramente incapaz de entender o caráter ilícito do fato" e de "determinar-se de acordo com esse entendimento". No sentido do texto: STF, HC 48.169, RTJ, 55:598.

7 - Menoridade relativa

O menor de 21 (vinte e um) anos de idade que já completou dezoito, é imputável, gozando de alguns privilégios.

Art. 65 (CP) - São circunstâncias que sempre atenuam a pena:

I - ser o agente menor de 21 (vinte e um), na data do fato, ou maior de 70 (setenta) anos, na data da sentença;

II - o desconhecimento da lei;

III - termo agente:

a) cometido o crime por motivo de relevante valor social ou moral;

b) procurado, por sua espontânea vontade e com eficiência, logo após o crime, evitar-lhe ou minorar-lhe as conseqüências, ou ter, antes do julgamento, reparado o dano;

c) autoridade superior, ou sob a influência de violenta emoção, provocada por ato injusto da vítima;

d) confessado espontaneamente, perante a autoridade, a autoria do crime;

e) cometido o crime sob a influência de multidão em tumulto. se não o provocou.

Art. 115 (CP) - São reduzidos de metade os prazos de prescrição quando o criminoso era, ao tempo do crime, menor de 21 (vinte e um) anos, ou, na data da sentença, maior de 70 (setenta) anos.

8 - Maioridade relativa
A redução do prazo prescricional não é afastada quando o sujeito, tendo praticado o crime antes de completar vinte e um anos de idade, alcança a maioridade durante a persecução penal.[21]

13. Do processo do menor

Procedimento na Lei 8.069/90 (Estatuto da Criança e do Adolescente).

A maneira do encaminhamento das pretensões em juízo diz como o processo, que se pode ser de conhecimento, execução ou cautelar, além da chamada jurisdição voluntária mera administração de interesses feita judicialmente, por força de lei). O processo é de conhecimento, quando alguém pede para o Judiciário dizer o Direito, ou, com o Direito já firmado, para satisfação prática do mesmo (processo de execução); e ainda para assegurar a própria realização do direito que se busca em juízo (processo cautelar). O procedimento dizem respeito à forma de encadeamento dos atos processuais tendentes ao exercício de quaisquer processos, tendo em vista as peculiaridades dos Direitos envolvidos. O Estatuto da Criança e do Adolescente tem procedimentos específicos com regras próprias, e aproveita residualmente a legislação em vigor.

1) PROCESSO - [Do lat. *processu*] - 1) Ato de proceder, de ir por diante; segmento, curso, marcha. 2) Atividade por meio do qual se exerce concretamente, em relação a determinado caso, a função jurisdicional, e que é instrumento de composição das lides.(3). Pleito judicial; litígio.(4).conjunto de peças que documentam o exercício da atividade jurisdicional em um caso concreto; Autos.[22]
2) CAUTELAR - 1) O que acautela. 2) próprio para acautelar; cautelatório; cautelatório: "As medidas cautelares, ou preventivas, podem ser processuais penais ou processuais civis" (Noeemis Gueiros, *A Advocacia e o seu Estatuto*, p. 122).
3) EXECUÇÃO - [Do Lat. *executione*]. 1) O ato ou efeito de executar; 2). A fase do processo judicial na qual se promove a efetivação das sanções civis ou criminais, constantes de sentenças condenatórias.

---
[21] Celso Delmanto. *Código Penal anotado*. Editora Saraiva, p. 115

[22] Aurélio Buarque de Holanda. *Novo Dicionário da Língua Portuguesa*. Ed. Nova Fronteira.

4) CONHECIMENTO - 1) Ato ou efeito de conhecer. 2) Idéia, noção. 3) Informação, notícia, ciência. 4) Prática da vida; experiência. 5) Discernimento, critério, apreciação. O processo de conhecimento inicia-se com a petição inicial, subscrita por advogado, em que o autor indicará a sua pretensão e os fundamentos jurídicos do pedido.
5) ATO INFRACIONAL. a) ATO [Do lat. *Actu*] Aquilo que se fez; Todos os seus atos foram devidamente julgados. b) INFRAÇÃO [Var.de infração. lat. *infractione*]. Ato ou efeito de infringir, violação de uma lei, ordem ou tratado.[23]
6) PROCEDIMENTO NO ESTATUTO DA CRIANÇA E DO ADOLESCENTE procedimento básico, em matéria de processo de conhecimento, é o rito comum ordinário, o qual trata amplamente das regras para a formação e desenvolvimento do processo, incluindo as provas, até obtenção da sentença final. Disciplina a petição inicial e o andamento posterior: citação, resposta do réu (contestação, reconvenção, exceção) ou sua revelia, e a possibilidade do julgamento imediato, conforme o estado do processo. Caso não esteja o feito pronto para julgamento, regula os atos de preparação para tanto (saneamento e posterior de provas, inclusive perícias e audiências). Mesmo quando existem algumas particularidades no procedimento (normalmente na fase inicial), logo em seguida ele é ordinalizado, ou seja, retoma o andamento do rito comum.[24]

14. Infrações praticadas por menores

O menor de 18 anos não pratica crime, por quanto uma das características do "crime", ao lado da tipicidade e da antijuricidade, é a culpabilidade. E o "menor"não é culpável, sendo penalmente irresponsável, conforme diz expressamente o art. 27 do Código Penal. Entretanto, isto não quer dizer que não pratique conduta ilícita, tipificada tanto no Código Penal como na Lei das Contravencões Penais. Mas ao infringir qualquer daquelas normas estará praticando uma infração penal (ato infracional), e não crime ou contravenção. Infração penal praticará também se violar qualquer norma de lei penal especial.

Além das infrações penais, pratica também o "menor" de 18 anos infrações cíveis. Nesse caso, a responsabilidade civil não é do "menor", mas do pai (CC, art. 1.521, I).

Da mesma forma, é possível o cometimento de infrações administrativas e trabalhistas. Por exemplo, poderá acontecer a violação de determinada regra de circulação, infringindo a Lei de Trânsito.

Ao lado da infração praticada pelo "menor", existirá a do adulto que lhe entregou a direção do veículo, se for o caso. Nas infrações trabalhistas, como existe regulamentação do trabalho do menor (CLT), responderá ele nos termos da legislação específica.

---

[23] *Novo Dicionário Aurélio*. Editora Nova Fronteita.

[23] Idem

Aqui nos interessa apenas as infrações penais, notadamente as previstas no CP. O "menor" de 18 anos não pode ser classificado como criminoso, e a boa política condena até mesmo a expressão "delinqüente", sendo recomendável a terminologia "adolescentes infratores".

O CP usa a expressão "menor autor de infração penal" (arts. 2º, VI; 41; 88, § 1º, e 99). Portanto, enquanto perdurar a atual legislação, totalmente incorreta a alusão a crimes praticados por "menores".

O Estatuto da Criança e do Adolescente considera ato infracional a conduta descrita como crime ou contravenção penal. Na verdade, não existe diferença entre os conceitos de ato infracional e crime, pois, de qualquer forma, ambos são condutas contrárias ao Direito, situando-se na categoria de ato ilícito. Nesta mesma conceituação, Magalhães Noronha, na sua obra *Direito Penal*, p. 105, ensina que "crime é a conduta humana que lesa ou expõe a perigo um bem jurídico protegido pela lei penal". Heleno Fragoso, por sua vez, entende que "crime é a ação ou omissão que, a juízo do legislador, contrasta violentamente com valores ou interesses do corpo social, de modo a exigir seja proibida sob ameaça de pena, ou que considere afastáveis somente através da sanção penal" (Heleno C. Fragoso. 1986, p. 147). A contravenção penal é ato ilícito menos importante que o crime, e que só acarreta a seu autor a pena de multa ou prisão simples. De qualquer forma, o ECA englobou em uma só expressão, ato infracional, a prática de crime e contravenção penal por criança ou adolescente.

1 - Atribuído à criança e ao adolescente

Quando uma criança ou um adolescente for acusado de matar, roubar, estuprar, portar arma, etc., serão aplicadas as medidas do Capítulo II "Das medidas específicas de proteção".

2 - Se for criança

Deve ser encaminhada imediatamente ao Conselho Tutelar. Nas comarcas que não estiverem instalados os Conselhos Tutelares, a criança deverá ser encaminhada ao Juizado da Infância e da Juventude com comunicação imediata ao Juiz da Infância e da Juventude ou para aquele que exerça essa função, quando não houver Juiz especializado.

3 - Se for adolescente (em caso de flagrante)

Deve ser encaminhado à autoridade policial especializada, no Rio Grande do Sul denominada DECA (Delegacias da Criança e do Adolescente), antiga DIPAME (Delegacia Para o Menor).

4 - Sem flagrante com ordem judicial

Deverá ser encaminhado à presença da autoridade judiciária que expediu ordem escrita e fundamentada (Mandado de Busca de Apreensão, Condução ou Apresentação).

5 - Inimputabilidade infanto-juvenil

O art. 104 do ECA foi colocado para regulamentar o preceito maior, firmado no art. 227 da CF, que diz que "são penalmente inimputáveis os menores de 18 anos, sujeitos às normas da legislação especial". Deve ser considerada a idade do adolescente à data do fato. Nenhum adolescente será privado de sua liberdade se não em flagrante ato infracional ou por ordem escrita e fundamentada da autoridade judiciária competente. O Estado dispõe, pela Lei 8.069/90 (ECA), dos instrumentos necessários para punir os adolescentes autores de atos infracionais, afastando-os do convívio da sociedade, sem sua necessária submissão ao tratamento do delinqüente maior de 18 anos, expondo-o à degradação dos presídios, que na maioria dos Estados brasileiros, são verdadeiras masmorras medievais.

Quando a mídia apresenta reportagem envolvendo algum adolescente na prática de um ato infracional de gravidade, reacende-se a polêmica, dividindo opiniões. Alguns salientam que deve ser reduzida a idade penal para 16 anos, alegando a conquista de direitos políticos de votar (art. 14 § 1º, II, c, da CF); outros entendem que deve ser mantida a inimputabilidade penal abaixo dos 18 anos, já que os jovens não estão com a sua formação psicobiológica formada.

É certo que alguns adolescentes autores de atos infracionais revelam alto grau de periculosidade e delinqüência, mas os meios corretivos e reeducativos devem-se ater a objetivos pedagogos e tratamento médico-psicológico e outros meios terapêuticos, destinados a corrigir os "menores" não como criminosos, mas como merecedores de proteção e assistência. Também, infelizmente, nesse setor, o Estado está inteiramente desaparelhado para conduzir um tratamento reeducativo, condizente e eficaz. Desta forma, sem a necessária complementação das medidas aplicadas a menores, com terapia adequada ao desvio da conduta do adolescente, será inviável aos Juizados da Infância aplicar medidas de assistência, se essas medidas, na prática, não chegam a ser executadas.

Como define Anísio Garcia Martins (ex-Juiz de Menores de Roraima), na obra *O Direito do Menor*, Ed. LEUD: "O Estado se arroga uma tarefa que não pode vir a cumprir. Daí que, os ambientes inadequados em que os adolescentes sejam recolhidos ou internados, por carência de recursos, de pessoal especializado e de meios pedagógicos adequados, deterioramse em ambientes puramente repressivos e punitivos, que não conduzindo à recuperação de adolescentes. Ao contrário, contribuem para a revolta, resistência dos adolescentes, criando ambientes criminógenos, de corrupção dos mais experientes sobre os neófitos, de motins e de fugas, de violência repressiva, de que se tem constantes notícias pela imprensa".[25]

6 - Garantias processuais

A apreensão de qualquer adolescente e o local onde se encontra recolhido serão incontinenti comunicado à autoridade judiciária competente e à família do apreendido ou à pessoa por ele indicada. Será examinada, desde logo e sob pena de responsabilidade, a possibilidade de liberação imediata. A internação, antes da sentença, pode ser determinada pelo prazo máximo de 45 dias.

A decisão deverá ser fundamentada e basear-se em indícios suficientes de autoria e materialidade, demonstrada a necessidade imperiosa da medida. "Toda pessoa é inocente enquanto não for declarado culpado; se for necessário detê-lo, todo o rigor que não seja necessário para lançar mão de sua pessoa deve ser severamente coibido por lei". (Declaração dos Direitos do Homem e do Cidadão, adotada pela Assembléia Constituinte Francesa, em agosto de 1789, arts. 7º e 9º) Maluf, p. 417.

7 - Das medidas socioeducativas

Verificada a prática de ato infracional, a autoridade competente poderá aplicar ao adolescente as medidas já vistas no parte 11, item 5, deste livro (p. 50).

A imposição das medidas previstas nos incisos I a VI do art 112 do ECA pressupõe a existência de provas suficientes de autoria e da materialidade da infração, ressalvada a hipótese de remissão, nos termos do art. 127 do ECA. A advertência poderá ser aplicada sempre que houver prova da materialidade e indícios suficientes da autoria. As medidas enumeradas no art. 112 do ECA são ações que visam ao restabelecimento psicossocial-familiar do adolescente, em estado peculiar de desenvolvimento, que por algum motivo, praticou um ato infracional e por ele deve ser responsabilizado.

8 - Obrigação de reparar o dano

Em se tratando de ato infracional com reflexos patrimoniais, autoridade judiciária poderá determinar, se for o caso, que o adolescente restitua a coisa, promova o ressarcimento do dano, ou, por outra forma, compense o prejuízo da vítima. Havendo manifesta impossibilidade, a medida poderá ser substituída por outra adequada.

---

[25] Anisio Garcia. *Direito do Menor*. Ed Leud.

9 - Prestação de serviços à comunidade

A prestação de serviços comunitários consiste na realização de tarefas gratuitas de interesse geral, por período não excedente a seis meses, junto a entidades assistenciais, hospitais, escolas e outros estabelecimentos congêneres, bem como em programas comunitários ou governamental.

Diz Wilson Donizeti Liberati, *Comentários ao Estatuto da Criança e do Adolescente*, p. 85: "A medida proposta tanto pelo CP como pelo ECA, configura-se como ação alternativa da prisão ou da internação, permitindo que o infrator cumpra junto à família, no emprego e na comunidade, as imposições restritivas de seus direitos. No mesmo sentido, há que se entender que a medida socioeducativa de prestação de serviço comunitário deverá ser fiscalizada pela comunidade, que, em conjunto com os educadores sociais, proporcionará ao adolescente infrator uma modalidade nova de tratamento tutelar em regime aberto".

10 - Remissão

1) Ação ou efeito de remitir(-se); remitência; 2) Compensação, paga; satisfação; 3) Misericórdia, clemência, indulgência; perdão; 4) Perdão de ônus ou dívida; 5) Lenitivo, alívio, consolo.

Antes de iniciado o procedimento judicial para apuração de ato infracional, o representante do Ministério Público poderá conceder a remissão, como forma de exclusão do processo, atendendo às circunstâncias e conseqüências do fato, ao contexto social, bem como à personalidade do adolescente e sua maior ou menor participação no ato infracional. Iniciado o procedimento, a concessão da remissão pela autoridade judiciária importará na suspensão ou extinção do processo. A remissão não implica necessariamente o reconhecimento ou comprovação da responsabilidade, nem prevalece para efeito de antecedentes, podendo incluir eventualmente a aplicação de qualquer das medidas previstas em lei, exceto a colocação em regime de semiliberdade e a internação. A medida aplicada por força da remissão poderá ser revista judicialmente, a qualquer tempo, mediante pedido expresso do adolescente ou de seu representante legal, ou do Ministério Público.

11 - Defesa

A criança ou o adolescente, seus pais ou responsável, e qualquer pessoa que tenha legítimo interesse na solução da lide poderão intervir nos procedimentos de que trata o ECA, através de advogado, o qual será intimado para todos os atos, pessoalmente ou por publicação oficial, respeitado o segredo de justiça. A assistência judiciária será prestada gratuita e integralmente àqueles que dela necessitarem. O adolescente que se encontrar foragido ou ausente não pode ser processado sem a presença de um advogado. Se o adolescente não puder pagar um advogado, o Juiz lhe nomeará um, mas ficará ressalvado, a todo o tempo, o direito de se constituir outro advogado de sua preferência.

Se o advogado faltar a qualquer ato do processo, o Juiz não adiará, devendo nomear um substituto, ainda que apenas para aquele ato. Se o advogado for nomeado pelo Juiz ou indicado por ocasião de ato formal na presença de autoridade judiciária, será dispensada a procuração.

15. Fluxograma do desenvolvimento do processo das penalidades

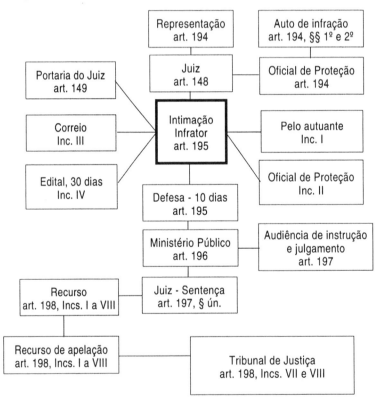

16. Direitos dos adolescentes privados de liberdade

Dos direitos e deveres individuais e coletivos
Art. 5º, incisos I a LXXVII, da Constituição Federal: Todos são iguais perante a lei, sem distinção de qualquer natureza, garantindo-se aos brasileiros e aos estrangeiros residentes no País a inviolabilidade do direito à vida, à liberdade, à igualdade, à segurança e à propriedade.

Direitos
Prerrogativas que alguém possui, de exigir de outrem a prática ou abstenção de certos atos, ou a respeito a situações que lhe aproveitam; faculdade concedida pela lei; per legítimo.

Estando o adolescente internado, deverão ser respeitados seus direitos como:
1) Entrevistar-se pessoalmente com o representante do Ministério Público.
2) Fazer petições diretamente a qualquer autoridade.
3) Conversar reservadamente com seu defensor.
4) Receber todas as informações sobre a sua situação processual.
5) Permanecer internado na mesma localidade ou naquela mais próxima ao domicílio de seus pais ou responsáveis.
6) Receber escolarização e profissionalização.

É vedada a divulgação dos atos judiciais, administrativos e policiais referentes às crianças e aos adolescentes, bem como sua identificação em noticiários sobre o ato infracional através de fotografia, nome, apelido, filiação, parentesco e residência.

17. Garantias dos direitos

1 - Definição de garantia
São os meios que destinam a fazer valer os direitos das crianças e dos adolescentes. De nada adiantará alguém ter direitos se não tiver, também, os instrumentos para assegurar esses direitos.

2 - Classificação - Garantias Constitucionais.
São todas aquelas inseridas na Constituição Federal, servindo a todos os cidadãos brasileiros, não só à criança e ao adolescente (salvo as inaplicáveis a elas, como algumas garantias penais).

O *Habeas Corpus*, o juiz natural, direito de petição são direitos de todos, adultos, crianças e adolescentes.

3 - Garantias estatutárias.
São aquelas inseridas no Estatuto da Criança e do Adolescente (Lei 8.069/90), como:

a) Pleno e formal conhecimento da atribuição do ato infracional mediante citação ou meio equivalente;

b) Direito de ser ouvido pessoalmente pela autoridade competente;

c) Solicitar a presença de seus pais ou responsáveis, em qualquer fase do procedimento.

4 - Garantias comuns
São aquelas inseridas na Constituição Federal e no Estatuto da Criança e do Adolescente, como:

a) Mandado de segurança (individual e coletivo);

b) Devido Processo Legal;

c) Acesso à Justiça.

d) Princípio do Contraditório (defesa), ampla defesa com os meios e recursos a elas inerentes.

5 - Devido processo legal
Toda a decisão a ser tomada diante de uma controvérsia está baseada num conjunto de atos ordenados chamados processo, e todo processo tem uma lei específica que deve ser obedecida. Se um desses atos não obedecer à lei, causando prejuízo a alguém, a decisão será nula. É esse princípio que assegura a regularidade processual, e até mesmo, o controle do Poder Público.

6 - Princípio de ampla defesa
É a garantia de agir em juízo e se defender por todos os meios de qualquer acusação. Decorre do devido processo legal. Aqui é permitido o direito de recorrer a uma sentença. Nenhuma decisão pode ser única e absoluta. Em vários dispositivos do ECA, encontramos estas garantias, como:

a) Igualdade na relação processual, podendo afrontar-se com vítimas e testemunhas, produzindo todas as provas necessárias para a sua defesa;

b) Defesa técnica por advogado;

c) Assistência judiciária gratuita e integral aos que dela necessitam;

d) Recursos.

7 - Direito de petição

É a garantia que qualquer pessoa física ou jurídica possui de pedir a atenção dos Poderes (qualquer autoridade do Executivo, Legislativo ou Judiciário) sobre determinada situação. Apresentam-se dois aspectos:

a) Pode ser uma reclamação às autoridades;
b) Pode ser uma informação ou aspiração dirigida à autoridade.

> Vê-se, então, que a petição é um meio eficaz para qualquer pessoa (não é uso exclusivo de advogado) requerer que se apure um crime contra criança ou adolescente. Apesar de esses crimes serem de ação pública incondicionada, ou seja, crimes que as autoridades têm o dever de apurar e julgar, independentemente de pedido, é sempre bom que se utilize esta garantia para que se possa assegurar a sua apuração e julgamento. Se a petição visa a corrigir abuso de autoridade, pode dar, também, início ao processo de responsabilidade administrativa criminal. Neste caso, a petição deve conter o nome do acusado, as testemunhas (três no máximo), ser endereçada ao superior do acusado ou Promotor de Justiça. A autoridade tem o dever de responder; caso não responda, o advogado pode impetrar mandado de segurança, pois a omissão ofende direito líquido e certo do peticionário. Não esquecer de mencionar o Art. 5º, inciso XXXIV, letra a, da Constituição Federal para ficar claro que se trata de "Direito de Petição".

8 - Garantia de direitos

Garantia constitucional outorgada em favor de quem sofre ou está em iminência de sofrer coação ou violência na sua liberdade de locomoção por ilegalidade ou abuso de poder. Esta garantia é impetrada toda a vez que criança, adolescente ou qualquer outra pessoa sofra ou se ache ameaçada nos seus direitos constitucionais, ou seja, na sua liberdade de ir e vir, atingindo duas situações:

a) Quando alguém estiver ameaçado de perder a sua liberdade; (*Habeas Corpus preventivo*).

b) Quando alguém estiver preso ou apreendido; (*Habeas Corpus liberatório*)

Qualquer pessoa (não é exclusivo do advogado) poderá impetrar *habeas corpus* à autoridade judicial, a fim de que uma apreensão ilegal de criança ou adolescente cesse. Pode ser escrita à mão ou à máquina.

9 - Mandado de segurança

Garantia constitucional para proteção de direito líquido e certo não amparado por *habeas corpus*, contra ilegalidade ou abuso de poder, seja qual for a autoridade que os cometa. Pode ser impetrado individual ou coletivamente.

10 - São prioridades absolutas

Crianças e adolescentes possuem os mesmos direitos de qualquer pessoa humana, tais como o direito à vida e à saúde, à educação, à liberdade, ao respeito e à dignidade, à convivência familiar e comunitária, à cultura, ao lazer e ao esporte, à profissionalização e à proteção no trabalho.

Esses direitos são garantidos na Constituição Federal (art. 5º) e consignados no Estatuto da Criança e do Adolescente (art. 4º).

A Convenção Internacional dos Direitos da Criança e do Adolescente já faz esta afirmação. O artigo 4º do ECA praticamente transcreve o art. 227 da CF, que determina que, primeiro, a família e, supletivamente, o Estatuto e a sociedade têm o dever de assegurar, por todos os meios, de todas as formas e com absoluta prioridade, todos os direitos inerentes à constituição de um homem civilizado. Por absoluta prioridade entende-se que a criança e o adolescente deverão ter prioridade na escala de preocupação dos governantes.

Art. 4º. É dever da família, da comunidade, da sociedade em geral e do Poder Público assegurar, com absoluta prioridade efetivação dos direitos referentes à vida, à saúde, à alimentação, à educação, ao esporte, ao lazer, à profissionalização, à cultura, à dignidade, ao respeito, à liberdade e à convivência familiar e comunitária. Parágrafo único. 1) Primazia de receber proteção e socorro em qualquer circunstâncias; 2) Precedência de atendimento nos serviços públicos ou de relevância pública; 3) Preferência na formulação e na execução das políticas sociais públicas; 4) Destinação privilegiada de recursos públicos nas áreas relacionadas com a proteção à infância e à juventude.

11 - São sujeitos de direito

Crianças e adolescentes são sujeitos de direitos civis, humanos e sociais. Os direitos da criança e do adolescente são, pois, dever da família, da sociedade e do Estado. Assim, é possível e necessário exigir, por mecanismos concretos, a realização dos direitos consagrados na Normativa Internacional, na Constituição Federal, no Estatuto da Criança e do Adolescente e nas leis vigentes.

12 - Tem garantia de defesa

O Estado, a família e a sociedade têm o dever de colocar a salvo de toda e qualquer forma de negligência, exploração, violência, crueldade e opressão, crianças e adolescentes. Este conjunto de situações de risco pessoal e social exigem a defesa de direitos, prevenindo e coibindo as omissões e transgressões

13 - Tem cidadania garantida

CIDADANIA - Qualidade ou estado de cidadão; cidadania brasileira.
CIDADÃO - Indivíduo no gozo dos direitos civis e políticos de um Estado, ou no desempenho de seus deveres com este.

Com a Constituição Federal e o Estatuto da Criança e do Adolescente, houve o reconhecimento da cidadania de crianças e adolescentes no Brasil: *"ter direito de ter direitos"*. A Lei 8.069/90 (ECA), como preceito constitucional, estabelece assim a mudança de abordagem assistencialista para um enfoque emancipador no atendimento de quem está privado de direito.

O que interessa é o direito à dignidade, e não favor demagógico. Para os adolescentes autores de atos infracionais, o ECA propõe a superação das práticas correcionais repressivas por encaminhamento de acordo com garantias individuais constantes no art. 5º da CF.

14. Hierarquias das políticas

Políticas sociais básicas para crianças e adolescentes são direitos de todos e dever do Estado, como: saúde, educação e profissionalização. Políticas assistenciais, são aquelas que garantirão condições mínimas de dignidade para quem não tem asseguradas suas necessidades básicas: Alimentação, abrigo, vestuário, educação, etc. são algumas delas. Política de proteção integral dará atenção especializada a grupos que estão em situação de risco pessoal e social; exploração do trabalho, abuso sexual, drogas, vida de rua, ato infracional, discriminação, negligência, maus-tratos, etc.

15 - Descentralização político-administrativa

Nas políticas públicas, a ênfase está dada no fortalecimento do Município. A primeira diretriz da política de atendimento sem dúvida alguma é a municipalização.

16 - Participação popular

Está havendo uma mudança profunda nas relações Sociedade-Estado. A atuação direta da sociedade organizada na gestão da política se faz através de Conselhos Nacional, Estaduais e Municipais de Direitos da Criança e do Adolescente. Eles são: partidários, deliberativos, normativos, formuladores de políticas, controladores de ações.

17 - Contam com conselhos de direitos

O Estatuto da Criança e do Adolescente foi conquistado com muita luta e participação da sociedade civil. A Lei 8.069/90 ficou muito mais humana, mais avançada, digna de um povo que vai tomando ciência de seus direitos e obrigações. Esta grande mudança na legislação menorista (substituindo o antigo Código de Menores), foi fruto da sensibilidade e do compromisso de segmentos da sociedade, políticos, legisladores, juristas, diante do quadro caótico em que viviam crianças e adolescentes menos afortunados da sociedade. Logicamente após já nove anos da promulgação do ECA, ainda há muito a ser feito, principalmente por parte de nossos governantes no âmbito municipal, estadual e federal. Estamos conseguindo que a voz de crianças e adolescentes seja ouvida em toda nação. Neste ponto, o Poder Judiciário e o Ministério Público têm sido instituições importantíssimas para fazer com que estes direitos sejam obedecidos. Crianças e adolescentes são sujeitos de direitos, e não objetos de intervenção arbitrária. No antigo Código de Menores não havia este respeito. Crianças e adolescentes têm prioridade absoluta neste país.

18 - Participação da sociedade

A participação da sociedade organizada (*Conselhos*), garantida nos termos da lei desse as decisões políticas até as práticas de atendimento, será a forma mais democrática e eficaz de garantia dos direitos de crianças e adolescentes em nosso país.

19 - Conselho de Direitos: Federal, Estaduais e Municipais

Os Conselhos são instrumentos valiosos para definir e conduzir uma política coerente, vigorosa e continuada, em bem da criança e do adolescente. Irão participar efetivamente da formulação da política de atendimento e do controle das ações. Tomarão decisões fundamentais para garantir os direitos de crianças e adolescentes.

20 - Conselho Tutelar

É órgão permanente e autônomo, não jurisdicional, encarregado pela sociedade de zelar pelo cumprimento dos direitos da criança e do adolescente. Em cada município haverá, no mínimo, um Conselho Tutelar composto de cinco membros, escolhidos pela comunidade local para mandato de três anos, permitida uma recondução. Deverá o candidato a Conselheiro possuir reconhecida idoneidade moral, ter idade superior a vinte e um anos e residir no seu município. As atribuições do Conselho, a competência, a escolha dos conselheiros e os impedimentos estão delineados nos arts. 136 a 140 do ECA. Curi, Garrido e Marcura orientam que a lei poderá ter como critério o número de zonas eleitorais existentes no Município, podendo a cada zona corresponder um Conselho Tutelar, ou um Conselho para duas ou mais zonas, consoantes as necessidades locais.[26]

18. Causas sociais e biopsicológicas da ação anti-social do adolescente autor de ato infracional

O desenvolvimento não obedece a um padrão homogêneo de espalhamento de seus defeitos, exibindo muitas vezes disparidades excessivas, nas quais é inquietante a marginalização e, como conseqüência, a criminalidade. As relações econômicas da atual conjuntura brasileira, que vêm estrangulando o poder aquisitivo das classes menos favorecidas, são um dos fatores preponderantes no aumento da criminalidade. Famílias que migram do interior para as grandes metrópoles, sem perspectiva futura, marginalizam-se em casebres na periferia das grandes cidades (chamadas periferia da miséria), deixando os filhos completamente abandonados, sem nenhuma assistência educacional, alimentar e familiar, transformando-os em verdadeiros órfãos de pais vivos. As conseqüências são alarmantes e repercutem negativamente na sociedade; o desajuste entre pais, principalmente os de baixa renda, é fator decisivo na formação da personalidade do menor. Muitas famílias de um bom poder aquisitivo, mas constituídas por pais insensíveis, que não se preocupam em dar atenção aos filhos, ocasionam o afastamento do adolescente do convívio do lar. A obrigação dos pais não cessa na assistência material, moral e educacional; é preciso dar aos filhos carinho, orientação e, principalmente, vigiá-los sob todos os aspectos. É bom lembrar que o excesso de zelo também é prejudicial ao filho; muitos pais realizam tarefas para seus filhos que poderiam perfeitamente ser realizadas por eles mesmos. Também a liberdade excessiva os prejudica, podendo torná-los viciados quando adultos. Muitos filhos tornaram-se dependentes dos pais, pois se habituaram a ver seus problemas resolvidos; outros se afastaram pelo excesso de liberdade ou, principalmente, pela falta de diálogo, pois se acham auto-suficientes, dispensando conselhos e como um desajuste dos jovens que se rebelam contra a sociedade.

Orientação paterna. Uma família bem estruturada, onde os bons exemplos são seguidos, incutirá ao "menor" lições iniciais para sua

---

[26] Wilson Donizeti Liberati. *Comentários ao Estatuto da Criança e do Adolescente*. Ed. Malheiros, p. 109.

formação moral, e este terá, por conseguinte, noções de respeito à família e à sociedade. A criança é como uma pedra preciosa em seu estado bruto: necessita ser lapidada com cuidado e carinho. A agressividade é um instinto tão forte quanto o carinho; ambos precisam de um modo de se expressar e se extravasar. As manifestações de agressividade do "menor" começam começam na puberdade, muitas vezes motivadas por lares mal-estruturados. A fase da puberdade é a mais difícil na formação do adolescente, pois manifesta-se, em muitos casos, uma incompreensão por parte dos pais. Alguns estudiosos (psicólogos, assistentes sociais, sociólogos, orientadores) vêem como anormal esta rebeldia; outros discordam, encarando esta situação.

É necessário lembrar que a formação da criança, seu crescimento físico, moral e psicológico depende dos ambientes criados pelos adultos (no lar, os pais) até que adquira sua própria consciência das decisões e escolha, ao atingir a maturidade. Tudo para a criança e o adolescente já vem feito e acabado pelos adultos. Nasceu por decisão dos pais. A criança veio ao mundo sem ser consultada. E este contexto de dependência biológico-psicológica, física e moral é um benefício como geração da vida e perpetuação da espécie, que muitas vezes se transforma em malefício por omissão dos pais. Embora considerando que a conduta anti-social da juventude não seja normal, há de se compreender que não deve ela ser excessiva ou persistente. As causas sociais e psicológicas da ação anti-social dos "menores infratores" residem numa mudança brusca nas atitudes da sociedade, como bem define J.B.Marques: "Se o menor é vítima de uma sociedade de consumo desumana e muitas vezes cruel, há que ser tratado, e não punido, preparado profissionalmente, e não marcado pelo rótulo fácil de infrator, pois foi a própria sociedade que infringiu as regras mínimas que deveriam ser oferecidas ao ser humano quando nasce, não podendo, depois, hipocritamente, agir com rigor contra o ser subproduto de uma situação social anômala". As crianças e os adolescentes infratores originam-se, na sua grande maioria, nas camadas mais pobres da classe trabalhadora. Nesse ambiente, elaboram uma maneira particular de ver o mundo que, ao mesmo tempo, fornece os elementos emocionais que sustentam a sua ação no cotidiano e dão margem ao futuro aparecimento do "menor" desajustado, avesso à disciplina familiar, religiosa e escolar. A liberação dos costumes sociais e a extrema complacência, atingindo até mesmo a total abstenção de disciplina familiar, têm gerado situações totalmente inconvenientes no comportamento do "menor" em comunidade, nos ambientes sociais e até mesmo nas escolas. A mentalidade libertária, excessivamente permissiva por parte de alguns pais e até das autoridades competentes, tem gerado hábitos sociais intoleráveis com graves conseqüências para a formação de crianças e adolescentes. É o caminho para a delinqüência, para a patologia sociofamiliar e criação de condutas anti-sociais, criando situações totalmente indesejáveis para os menores, suas famílias e a sociedade. É o que se tem visto nestas *gangs* formadas não só por adolescentes da periferia, mas oriundos de famílias de alto poder aquisitivo.

19. Da proteção do trabalho do menor

1 - Disposições legislativas
A Constituição da República Federativa do Brasil, promulgada em 5 de outubro de 1988, dispõe:

2 - Dos direitos sociais
Art. 7º - São direitos dos trabalhadores urbanos e rurais, além de outros que visem à melhoria de sua condição social:
XXXIII - proibição de trabalho noturno, perigoso ou insalubre aos menores de 18 anos e de qualquer trabalho a menores de quatorze anos, salvo na condição de aprendiz.

> "As normas de proteção às pessoas de pouca idade têm como fundamento a necessidade de assegurar, ao menor de idade, condições de um desenvolvimento físico, mental, moral e social adequado, em razão de fatores biológicos, psicológicos e culturais, o que explica o interesse e o dever do Estado em disciplinar a matéria de forma especial" (Celso Ribeiro Bastos e Ives Gandra Martins, *Comentários à Constituição do Brasil*, Saraiva, v.2, p. 502).

A nova Constituição Federal disciplina como menores de idade, para fins trabalhistas, os que têm de quatorze a dezoito anos, proibindo qualquer tipo de trabalho ao menor de 14 anos. A Consolidação das Leis do Trabalho dispõe, em seu art. 405, que é proibido ao menor exercer trabalho em locais e serviços perigosos e insalubres, definidos pela Secretaria de Segurança e Medicina do Trabalho, e em locais ou serviços prejudiciais à sua moralidade, ressalvados os maiores de dezesseis anos, desde que os locais tenham sofrido prévia vistoria e aprovação pela Secretaria de Segurança e Medicina do Trabalho, e respectiva homologação. Para que os menores possam exercer atividades de trabalho nas ruas, praças e outros logradouros, deverão receber prévia autorização do Juiz da Infância e da Juventude. O Juiz determinará uma sindicância através do Oficial de Proteção, a fim de verificar a imprescindibilidade da ocupação para a subsistência do menor e de seus familiares e se não trará nenhum malefício à sua formação moral. No § 3º do art. 405, a CLT considera prejudicial à moralidade do menor o trabalho prestado de qualquer modo em teatros de revistas, cinemas, boates, cassinos, cabarés, *dancings* e estabelecimentos análogos, em empresas circenses como acrobatas, saltimbancos, ginastas e outras semelhantes.

Proíbe também o trabalho de produção, composição, entrega ou venda de escritos, impressos, cartazes, desenhos, gravuras, pinturas, emblemas, imagens e quaisquer outros objetos que possam, a juízo da autoridade competente, prejudicar sua formação moral.

Será determinantemente proibido, ainda, o trabalho do menor na venda a varejo de bebidas alcoólicas. O Juiz da Infância e da Juventude poderá autorizar ao menor a prestação de serviços nos locais acima citados, se verificar que o trabalho não prejudicará a formação moral, bem como se comprovada a necessidade da ocupação para subsistência do menor e de seus familiares.

A CLT, no seu art. 413, veda prorrogar a duração normal diária do trabalho do menor, salvo: até mais de duas horas, independentemente de acréscimo salarial, mediante convenção ou acordo coletivo, nos termos do Título VI da CLT, desde que o excesso de horas em um dia seja compensado pela diminuição em outro, de modo a ser observado o limite de quarenta e oito horas semanais ou outro inferior legalmente fixado. Ressalve-se que o inc. XIII do art. 7º da Constituição Federal promulgada em 1988 derrogou, nesta parte, o art. 413 da CLT ao reduzir a jornada de 48 para 44 horas semanais. Excepcionalmente, por motivo de força maior, até o máximo de doze horas, e desde que o trabalho do menor seja imprescindível ao funcionamento do estabelecimento, a nova Constituição Federal, no seu inciso XVI do art. 7º, ampliou de 25 para 50% o percentual mínimo de remuneração das horas extras. O menor deve obter Carteira de Trabalho, mediante a apresentação de autorização de pai, mãe ou responsável legal, atestado médico de capacidade física e mental e comprovante de escolaridade. Caso o menor venha a ser admitido no emprego, o atestado médico deverá ser reavaliado anualmente, conforme determina o art. 418 da CLT. Na CLT, o art. 404 proíbe o trabalho noturno do menor, ou seja, o período compreendido entre as 22 e as 5 horas. Os recibos de salários poderão ser assinados somente pelo menor, porém, em casos de dispensa, acordo ou pedido de demissão e documentos de opção do FGTS, sua validade depende de assistência do representante legal. Com referência às férias, elas serão gozadas de uma só vez e coincidirão com as férias escolares. Contra menores de dezoito anos não corre nenhum prazo de prescrição.

3 - Disposições do Estatuto da Criança e do Adolescente "do direito de profissionalização e à proteção no trabalho"
Art. 60. É proibido qualquer trabalho a menores de quatorze anos de idade, salvo na condição de aprendiz.
Art. 61. A proteção ao trabalho dos adolescentes é regulada por legislação especial, sem prejuízo do disposto nesta lei.
Art. 62. Considera-se aprendizagem a formação técnico-profissional ministrada segundo as diretrizes e bases da legislação de educação em vigor.
Art. 63. A formação técnico-profissional obedecerá aos seguintes princípios:
I - atividade compatível com o desenvolvimento do adolescente;
II - horário especial para o exercício das atividades.
Art. 64. Ao adolescente até 14 anos de idade é assegurada bolsa de aprendizagem.
Art. 65. Ao adolescente aprendiz, maior de 14 anos, são assegurados os direitos trabalhistas e previdenciários.
Art. 66. Ao adolescente portador de deficiência é assegurado trabalho protegido.
Art. 67. Ao adolescente empregado, aprendiz, em regime familiar de trabalho, aluno de escola técnica, assistido em entidade governamental ou não governamental, é vedado trabalho:
I - noturno, realizado entre as vinte e quatro e duas horas de um dia e as cinco horas do dia seguinte;
II - perigoso, insalubre ou penoso;
III - realizado em locais prejudiciais à sua formação e ao seu desenvolvimento físico, psíquico, moral e social;
IV - realizado em horários e locais que não permitam a freqüência à escola.
Art. 68. O programa social que tenha por base o trabalho educativo, sob a responsabilidade de entidade governamental ou não governamental sem fins lucrativos, deverá assegurar ao adolescente que dele participe condições de capacitação para o exercício de atividade regulamentar remunerada.
§ 1º. Entende-se por trabalho educativo a atividade laboral em que as exigências pedagógicas relativas ao desenvolvimento pessoal e social do educando prevalecem sobre o aspecto produtivo.

§ 2º. A remuneração que o adolescente recebe pelo trabalho efetuado ou a participação na venda dos produtos de seu trabalho não desfigura o caráter educativo.
Art. 69. O adolescente tem direito à profissionalização e à proteção no trabalho, observados os seguintes aspectos, entre outros:
I - respeito à condição peculiar de pessoa em desenvolvimento;
II - capacidade profissional adequada ao mercado de trabalho.

Como preceitua o ECA no seu artigo 248, a pessoa que deixar de apresentar à autoridade judiciária de seu domicílio, no prazo de cinco dias, com fins de regularizar a guarda, adolescente trazido de outra comarca para prestação de serviço doméstico, mesmo que autorizado pelos pais ou responsável, estará sujeita à pena de multa de três salários-de-referência, aplicando-se o dobro em caso de reincidência, independentemente das despesas de retorno do adolescente, se for o caso. O dispositivo legal visa a dar maior proteção aos menores, especialmente aos do sexo feminino, evitando a exploração de seu trabalho de menores. E é competente o Juiz da Infância, na forma do artigo 148, inciso VI, para expedir normas protetoras para o menor em geral.[27]

20. Dos direitos e deveres

Entendemos que os artigos 60 a 68 do ECA são um dispositivo legal, atribuindo ao Juiz da Infância e da Juventude a fiscalização do trabalho do menor (inclusive na Lei 10.720/90 e no COJE), entre inúmeras atribuições, dos Oficiais de Proteção, a fiscalização do trabalho do menor é uma das atribuições citadas, não deixando nenhuma dúvida que essa fiscalização deve ser exercida quando determinada pelo Juiz da Infância e da Juventude. Não existe, é lógico, competência absoluta e exclusiva do Juizado da Infância, pois as normas trabalhistas são administrativamente controladas pela Delegacia do Trabalho de cada Estado. A atribuição de fiscalização das normas do trabalho compete às Delegacias Regionais do Trabalho, que, infelizmente, funcionam precariamente nas grandes cidades ou capitais e, cuja ausência na grande maioria dos municípios brasileiros, deixa o menor na condição de objeto de exploração pelos empregadores, sem registro em carteira, sem pagamento de salários justos, sem recolhimentos previdenciários, sem FGTS, sem assistência médica, etc. Ante a competência das autoridades do Ministério do Trabalho, não se excluem, porém, as funções de fiscalização do Juizado da Infância e da Juventude, em sentido geral, quanto às normas trabalhistas sobre menores ou, em sentido específico, naquilo que o Juizado expedir normas e portarias.

As disposições previstas nos artigos 60 a 68 do ECA consideram como infração (aplicável pela autoridade judiciária) o descumprimento das normas de proteção do menor no trabalho. Na verdade,

---

[27] Anisio Garcia Martins. *Direito do Menor*. Editora LEUD.

pela conjugação dos dispositivos, vê-se que o Juizado da Infância e da Juventude tem competência concorrente com o Ministério do Trabalho, na fiscalização do trabalho.

1 - Competência

A interpretação dos vários dispositivos do CPC e do COJE/RS que tratam da matéria relativa à competência das Varas de Famílias e Sucessões em face do Juizado da Infância e da Juventude apresenta muitas dificuldades. Visando a superá-las na comarca da Capital, os Juízes dessas Varas reuniram-se em 27.05.1991, juntamente com a Corregedoria-Geral da Justiça e com a Direção do Foro Central e discutiram a questão. Concluíram o seguinte:

a) As demandas e/ou pretensões desencadeadas exclusivamente entre pessoas situadas dentro do círculo familiar serão examinadas pelos Juízes competentes em matéria de Família nos Foros Central e Regionais (COJE, art. 74, III, b) as ocorrentes entre pessoas que estiverem fora do mencionado círculo incumbirão ao Juiz da Infância e da Juventude (COJE, art. 73, IX).

2 - A família, a criança, o adolescente

a) *Da família natural*

Entende-se por família natural a comunidade formada pelos pais ou qualquer deles e seus descendentes. Os filhos havidos fora do casamento poderão ser reconhecidos pelos pais, conjunta ou separadamente, no próprio termo do nascimento, por testamento, mediante escritura ou outro documento público, qualquer que seja a origem da filiação. O reconhecimento pode preceder o nascimento do filho ou suceder-lhe ao falecimento se deixar descendentes. O reconhecimento do estado de filiação é direito personalíssimo, indisponível e imprescritível, podendo ser exercitado contra os pais ou seus herdeiros sem qualquer restrição, observado o segredo de justiça. (Arts. 25, 26, 27 e parágrafo).

b) *Da família substituta*

A colocação em família substituta far-se-á mediante guarda, tutela ou adoção, independentemente da situação jurídica da criança ou adolescente, nos termos desta lei. 1) Sempre que possível, a criança ou adolescente deverá ser previamente ouvido, e a sua opinião, devidamente considerada. 2) Na apreciação do pedido, levar-se-á em conta o grau de parentesco e a relação de afinidade ou de afetividade, a fim de evitar ou minorar as conseqüências decorrentes da medida. Não se deferirá colocação em família substituta a pessoa que revele, por qualquer modo, incompatibilidade com a natureza da medida ou não ofereça ambiente familiar adequado. A colocação em família substituta não admitirá transferência da criança ou adolescente a terceiros ou a entidades governamentais ou não-governamentais, sem autorização judicial. A colocação em família substituta estrangeira constitui medida excepcional, somente admissível na modalidade de adoção. Ao assumir a guarda ou a tutela, o responsável prestará compromisso de bem e fielmente desempenhar o encargo, mediante termo nos autos.

c) *Escalas sucessivas*

A colocação em família substituta, como regulada nos arts. 28 a 32 do ECA, assume assim contornos de medidas progressivamente aplicáveis aos "menores "que se encontram em situação irregular. A colocação familiar passa por escalas sucessivas de solidificação da reintegração familiar da criança ou do adolescente, iniciando-se pela delegação de pátrio poder, a mais rápida e a mais simples, seguindo até a adoção, que será a definitiva integração do "menor "em família substituta. Como medida mais prática e célere para atender às situações de fato da criança ou do adolescente, sem assistência ou que se encontra, enfim, em situação irregular, costuma-se aplicar a guarda (que pode ser deferida, liminar ou incidentemente), que desburocratiza para se seguir a aplicação de outra medida mais apropriada e permanente.

d) *Colocação em casas de semiliberdade*

Dentre as relações jurídicas do Direito Menorista, os institutos abrangidos pela colocação em lar substituto são os mais importantes no que tange às medidas aplicáveis às crianças e aos adolescentes que se encontram em situação irregular, porém não em todas as figuras de comportamento anômalo de "menores". Ocorre que, para os menores com desvio de conduta por grave inadaptação familiar e prática de ato infracional, a liberdade assistida, a colocação em casa de semiliberdade e a internação em estabelecimento fechado são as medidas que mais se aplicam. É que as características pessoais de crianças e adolescentes com esses dois tipos de comportamento exigem um sistema mais rígido e intensivo de tratamento recuperatório.

Assim se expressa Anísio Garcia Martins:[28] "Podemos dizer, que as medidas de colocação familiar são consideradas medidas civis,

---

[28] Texto extraído da obra do Dr. Anísio Garcia Martins, ex-Juiz de Menores da comarca de Porto Velho/RO. *Direito do Menor*, Ed. Leud, ainda na vigência do Código de Menores, mas que pela visão extraordinária deste magistrado, caso o mesmo viesse a escrever uma obra comentando o Estatuto da Criança e do Adolescente, muito pouco se acrescentaria nos conceitos dos 266 artigos da Lei 8.069/90 (ECA), dada a riqueza dos comentários, inclusive, obra obrigatória nas estantes jurídicas.

pois os menores a que se aplicam não tem comportamento ou conduta de desvios graves e as medidas de tratamento são mais protetivas e assistenciais do que reeducativas e ressocializantes. As medidas de liberdade assistida, internação em casa de semi-liberdade (abrigos) e internação em estabelecimento fechado, são consideradas medidas de natureza recuperatórias, onde as providências visam conter o menor, com uma disciplina mais rígida de recuperação de comportamento. Essas medidas tem uma gradação de menos para mais restrição aos menores, de conformidade com a gravidade do ato ou comportamento anômalo do menor com desvio de conduta."

21. Direito ao voto

1 - Disposição da CF

Conforme dispõe a Constituição Federal no seu art. 14, a soberania popular será exercida pelo sufrágio universal e pelo voto direto e secreto, com valor igual para todos, e, nos termos da lei, mediante *plebiscito, referendo, iniciativa popular*. O sufrágio é o direito de escolha; o voto, o seu instrumento. O sufrágio pode ser restrito, quando é assegurado a pessoas que preenchem determinados requisitos, pagam impostos ou têm um certo capital; ou universal, quando não é exigido requisito nenhum, além do mínimo para inscrição (Paulino Jacques, *Curso de Direito Constitucional*, Forense, p. 254/61). De acordo com o § 1º do art. 14 da CF, o alistamento eleitoral e o voto são obrigatórios para o maior de dezoito anos, e facultativos para os analfabetos, os maiores de setenta anos, os maiores de dezesseis e menores de dezoito anos. A Comissão de Sistematização inclui, entre as pessoas para quem o voto é facultativo, os maiores de dezesseis anos. Argumentava o constituinte que logrou aprovar esta emenda que seria a oportunidade para engajar a juventude no processo político do País. Todavia, um outro constituinte, contrariando este ponto de vista, observava que, se fosse diminuída a idade para exercício do voto, por conseqüência também deveria ser diminuída para efeito de imputabilidade penal. Em nosso ponto de vista, mesmo tendo o direito do voto aos dezesseis anos, o menor deve continuar inimputável.

Concordamos plenamente com o Mestre Alyrio Cavallieri, quando diz: "O fato de um jovem poder eleger representantes políticos não significa que deixa de ser plenamente inimputável. O reconhecimento do fato criminoso e a vontade de praticá-lo não impõem punição, mas a conseqüência da aplicação da medida de tratamento preconizada pelo Código. Uma criança de tenra idade sabe que o furto é reprovável, pratica-o, mas não será penalmente responsável. Se o jovem eleitor praticar um crime eleitoral, será julgado pelo Juiz da Infância e da Juventude de acordo com o Código, assim o homicida de 12 anos até 18 anos. Portanto, o maior de dezesseis e menor de dezoito anos poderá exercer o direito de voto, não sendo este obrigatório, e continuará inimputável".

2 - Incapacidade de fato
Se todos os homens são capazes de direito, podendo ter direitos subjetivos e contrair obrigações, nem todos são aptos a praticar pessoalmente os atos da vida civil.

A incapacidade de fato, que pode ser oriunda de condições físicas (doença), ou jurídicas (casamento) é suprida colocando-se ao lado do incapaz, alguém que decida por ele ou em colaboração com ele. No primeiro caso, temos um representante legal e, no segundo, um assistente (Arnold Wald, *Curso de Direito Civil Brasileiro*, RT).

3 - Capacidade de direito
Possibilidade de adquirir direitos e contrair obrigações.

4 - Capacidade de fato
Possibilidade de a pessoa pessoalmente praticar os atos da vida civil.

5 - Incapacidades absoluta e relativa
Na legislação brasileira, de acordo com o artigo 5º do Código Civil, são absolutamente incapazes de exercer pessoalmente os atos da vida civil: os menores de dezesseis anos; os loucos de todo o gênero; os surdos-mudos, que não podem exprimir a sua vontade; os ausentes, declarados tais por ato do Juiz. O artigo 6º dispõe que são incapazes, relativamente, a certos atos (art. 147, inc. I), ou à maneira de os exercer: os maiores de dezesseis e os menores de vinte e um anos (arts. 154 a 156); os pródigos; os silvícolas. No artigo 7º supre-se a incapacidade, absoluta, ou relativa, pelo modo instituído no Código Civil, Parte Especial.

As pessoas absolutamente incapazes serão representadas pelos pais, tutores, ou curadores em todos os atos jurídicos; as relativamente incapazes, pelas pessoas e nos atos que o Código Civil determinar (art. 84). Na proteção que o Código Civil confere aos incapazes não se compreende o benefício de restituição (art. 8º). De acordo com o art. 9º, aos vinte e um anos completos, acaba a menoridade, ficando habilitado o indivíduo para todos os atos da vida civil (v. arts. 392, II, e 442, I). Cessará, para os menores, a incapacidade: por concessão do pai, ou, se esse for morto, da mãe, e por sentença do Juiz, ouvido o tutor, se o menor tiver dezoito anos cumpridos; pelo casamento; pelo exercício de emprego público efetivo; pela colocação de grau científico em curso de ensino superior; pelo estabelecimento civil ou comercial, com economia própria. O art. 9º dispõe ainda, em seu parágrafo único, que para efeito do alistamento e do sorteio militar cessará a incapacidade do menor que houver completado dezoito anos de idade (v. arts. 89 e segs. da Lei nº 6.015, de 31.12.1973).

22. Pedidos para colocação em famílias substitutas

Todos os pedidos dirigidos ao Juizado da Infância para a finalidade de guarda, tutela e adoção serão feitos por escrito. A petição inicial deverá conter a qualificação (dados dos requerentes), sejam eles solteiros, casados ou em regime de concubinato, e os dados da criança ou do adolescente pretendido, se há eventual parentesco, informar se tem conhecimento se a criança ou o adolescente tem parentes vivos, devendo juntar registro de nascimento (se existente) ou indicar qual o cartório do respectivo assento, deverá o pretendente indicar bens, direitos ou rendimentos que o(a) adotante possua. No caso do pedido de um dos pretendentes, o outro deverá manifestar anuência. A colocação poderá ser feita decorrentemente de prévia destituição/suspensão do pátrio poder, ou ainda em razão do falecimento ou concordância dos pais. Os pais que concordarem em dar o filho(a) em adoção, deverão comparecer em juízo, onde serão ouvidos em audiência, onde serão reduzidas a termo suas declarações. Todos os casos de pedidos de guarda, tutela ou adoção deverão passar por estudo social e se necessário perícia por equipe interprofissional. "Situações concretas poderão exigir decisões incidentais (não definitivas) sobre guarda provisória e, nas adoções, a respeito do estágio de convivência. Apresentado o relatório e/ou laudo, ouvida a criança ou o adolescente (sempre que possível), o Ministério Público terá vista por cinco dias, seguindo-se a sentença em igual prazo. Concedida a guarda ou a tutela, o Escrivão documentará nos autos o compromisso de bem e fielmente exercer o encargo, a ser firmado pessoalmente pelo nomeado. Em se tratando de adoção, a sentença concessiva será inscrita por mandado no Registro Civil, cancelando-se o assento original, com as alterações respectivas (nome dos pais e avós, possível mudança do sobrenome), vedada qualquer observação sobre a origem do ato. Os atos e registros são gratuitos. A perda ou modificação da guarda poderão ser decretadas nos mesmos autos onde havia sido concedidas. Se necessário, poderão assumir feição contenciosa, com citação do guardião e abertura de prazo para defesa, abrindo-se vista aos pais, caso suspenso o exercício do pátrio poder, seguindo-se os demais atos do processo.

23. Da guarda

1 - Instituto da Guarda

O Instituto da Guarda, no Estatuto da Criança e do Adolescente, são medidas adotadas para a colocação em lar substituto, como um dos mais simples, rápidos e eficientes procedimentos para amparar "menores" que se encontram sem a devida proteção e assistência. A guarda, como medida cautelar e urgente, pode ser liminar ou incidentemente nos procedimentos de tutela e adoção, exceto no de adoção por estrangeiros. A guarda provisória poderá ser concedida fora dos casos de adoção ou tutela para atender a casos urgentes, situações peculiares, ou para suprir a eventual falta dos pais. A guarda é hoje uma solução prática para atender situações urgentes, em grande variedade de problemas de crianças e adolescentes, com a aplicação cautelar da guarda provisória de experimentação e consolidação, para que se venha a tornar permanente, com a guarda definitiva. Se não vier atender os interesses da criança ou adolescente, será revogada. A outorga dos poderes da representação conferida aos detentores da guarda é uma novidade trazida pelo Estatuto, pois, de acordo com o art. 84 do Código Civil, a representação competia, exclusivamente, aos pais, tutores ou curadores. Quando há entre os pais disputa pela posse e guarda de filhos, não será caso de colocação de criança ou adolescente em família substituta, mas regulamentar a guarda na própria família do filho disputado. Conclui-se que a concessão da guarda nos casos de separação é apreciada e julgada pelo magistrado da Vara de Família.

> A concessão da guarda, seja ela provisória ou de caráter definitivo, não faz coisa julgada, podendo ser modificada no interesse exclusivo do menor e desde que não tenham sido cumpridas as obrigações pelo seu guardião

2 - Disposições do Estatuto da Criança e do Adolescente

Artigos 33 a 35 e parágrafos: A guarda (art. 33) obriga à prestação de assistência material, moral e educacional à criança ou ao adolescente, conferindo a seu detentor o direito de opor-se a terceiros, inclusive aos pais. § 1º. A guarda destina-se a regularizar a posse de fato, podendo ser deferida, liminar ou incidentemente, nos procedimentos de tutela e adoção, exceto no de adoção por estrangeiros. § 2º. Excepcionalmente, deferir-se-á a guarda, fora dos casos de tutela e adoção, para atender a situações peculiares ou suprir a falta eventual dos pais ou responsável, podendo ser deferido o direito de representação para a prática de atos determinados. § 3º. A guarda confere à criança ou adolescente a condição de dependente, para todos os fins e efeitos de direito, inclusive previdenciárias. (art. 34) - O Poder Público estimulará, através de assistência jurídica, incentivos fiscais e subsídios, o acolhimento, sob a forma de guarda, de crianças ou adolescentes órfãos ou abandonado. (art. 35) - A guarda poderá ser revogada a qualquer tempo, mediante ato judicial fundamentado, ouvido o Ministério Público. Portanto a guarda é a medida cautelar preparatória ou incidente, para regularizar a detenção de fato ou atender a casos urgentes. Diante do caráter transitório da medida, ao ser concedida, terá prazo fixado de duração, e, terminado este, o interessado deverá providenciar a guarda definitiva, ou mesmo requerer outra forma de colocação da criança ou adolescente em lar substituto, dentre as previstas na Seção IV do Estatuto da Criança e do Adolescente.

Como se reporta o mestre Alyrio Cavallieri "Ninguém deve ter a guarda de fato de uma criança ou adolescente sem que se proponha a regularizá-la. Criança e adolescente não são objetos". Mediante ato judicial fundamentado, ouvido o Ministério Público, a guarda poderá ser revogada a qualquer tempo.

24. Do pátrio poder

Pátrio Poder é o conjunto de obrigações e direitos inerentes aos pais sobre a pessoa dos filhos, enquanto menores. O Estatuto controla o poder dos pais sobre os filhos, pois está em jogo o bem-estar do menor. Este controle é exercido pelo Juiz e também pelo Ministério Público.

1 - Disposições gerais. (Código Civil, arts. 379 a 395 e §§)
Art. 379. Os filhos legítimos, os legitimados, os legalmente reconhecidos e os adotivos estão sujeitos ao pátrio poder, enquanto menores.

Não só os filhos menores de idade são submetidos ao pátrio poder, mas também os não emancipados. No caso de filho menor já emancipado, por qualquer forma admitida em direito, extingue-se o pátrio poder.
- Vide arts. 226, § 5º, e 227, § 6º, da Constituição Federal de 1988.
- Vide arts. 9º, 360 e 392 do Código Civil.

Art. 380. Durante o casamento compete o pátrio poder aos pais, exercendo-o o marido com a colaboração da mulher. Na falta ou impedimento de um dos progenitores passará o outro a exercê-lo com exclusividade.

Parágrafo único. Divergindo os progenitores quanto ao exercício do pátrio poder, prevalecerá a decisão do pai, ressalvado à mãe o direito de recorrer ao juiz para solução da divergência. (Entende-se, pois, que, com a colaboração da mulher e de acordo com ela, o esposo exercerá o pátrio poder sobre os filhos menores. Mas a lei procura resguardar o direito da mulher, em caso de divergências entre os cônjuges quanto ao exercício do pátrio poder, ressalvando-lhe o direito de recorrer ao Judiciário para a solução do caso).
- Vide art. 27 da Lei 6.515, de 26.12.1977 (Lei do Divórcio).
- Parágrafo único com redação determinada pela Lei 4.121, de 27.08.1962.
- Lei 8.069, de 13.07.1990, art. 21 (ECA).

Art. 381. O desquite não altera as relações entre pais e filhos senão quanto ao direito, que aos primeiros cabe, de terem em sua companhia os segundos (arts. 326 e 327).

Nos casos de anulação de casamento, separação judicial e divórcio, a situação entre pais e filhos é a mesma, pois guarda e responsabilidade destes por um dos cônjuges não retira do outro o direito ao pátrio poder, podendo o cônjuge que não detém a guarda dos filhos visitá-los e tê-los em sua companhia, bem como fiscalizar sua manutenção e educação.
- Vide, para maiores esclarecimentos, a Lei 6.515, de 26.12.1977, arts. 9º a 16
- Vide art. 186 do Código Civil.

Art. 382. Dissolvido o casamento pela morte de um dos cônjuges, o pátrio poder compete ao cônjuge sobrevivente.

Mesmo que o cônjuge sobrevivente venha a contrair novo matrimônio, o pátrio poder quanto aos filhos do casamento anterior não se extingue.
- Vide art. 226, § 5º, da Constituição Federal de 1988.
- Vide art. 393 do Código Civil.

Art. 383. O filho ilegítimo não reconhecido pelo pai fica sob o poder materno. Se, porém, a mãe não for reconhecida, ou capaz de exercer o pátrio poder, dar-se-á tutor ao menor.

Se o filho ilegítimo for reconhecido pelo pai, este o terá sob o pátrio poder; caso contrário, o direito será dado à mãe, mesmo que esta não se manifeste, inclusive não sendo necessário que reconheça o filho, pois prevalecerá seu direito de mãe. Entretanto, a lei determinará que se dê tutor ao menor nos casos em que a mãe for desconhecida, ou incapaz de exercer o pátrio poder.
- Vide arts. 226, § 5º, e 227, § 6º, da Constituição Federal de 1988.
- Vide arts. 186, parágrafo único, e 360 do Código Civil.
- Vide art. 16 do Decreto-Lei 3.200, de 19.04.1943

2 - Do pátrio poder quanto à pessoa dos filhos
Art. 384. Compete aos pais, quanto à pessoa dos filhos:
I - dirigir-lhes a criação e educação;
- Vide Constituição Federal de 1988.
- Vide Lei 8.069, de 13/julho/1990 (ECA)

II - tê-los em sua companhia e guarda;
- Vide arts. 329,360 e 381 do Código Civil
- Vide Lei 8.069, de 13/julho/1990 (ECA)

III - conceder-lhes, ou negar-lhes consentimento para casarem;
- Vide arts. 183, XI, 185, 209 e 258, IV, do Código Civil.

IV - nomear-lhes tutor, por testamento ou documento autêntico, se o outro dos pais lhe não sobreviver, ou o sobrevivo não puder exercitar o pátrio poder;
- Vide arts. 407 e 408 do Código Civil.

V - representá-los, até aos dezesseis anos, nos atos da vida civil, e assisti-los, após essa idade, nos atos em que forem partes, suprindo-lhes o consentimento;
- Vide arts. 5º e 6º, do Código Civil.

VI - reclamá-los de quem ilegalmente os detenha;
- Vide arts. 839, 843, 801,III e 806, do Código de Processo Civil.

VII - exigir que lhes prestem obediência, respeito e os serviços próprios de sua idade e condição.
- O Código Penal prevê os crimes de abandono material, de entrega de filhos menores a pessoa inidônea, de abandono intelectual e moral, nos arts. 244 e 247. Os crimes contra o pátrio poder estão previstos nos arts. 248 e 249. Vide também o artigo 136.

CLT - É lícito ao menor firmar recibo pelo pagamento de salários. Tratando-se, porém, de rescisão do contrato de trabalho, é vedado ao menor de 18 (dezoito) anos dar, sem assistência dos seus responsáveis legais, quitação ao empregador pelo recebimento da indenização que lhe é devida
- Vide art. 439 da Consolidação das Leis do Trabalho.

Sobre atos que podem ser praticados por menores com mais de 18 (dezoito) anos, sem assistência paterna, consultem-se as notas do artigo 6º.

Sobre as crianças nascidas em Leprocômio, ver o Decreto 968, de 7 de maio de 1961, art. 10.

3 - Do pátrio poder quanto aos bens dos filhos

Art. 385. O pai e, na sua falta, a mãe são os administradores legais dos bens dos filhos que se achem sob o seu poder, salvo o disposto no art. 225.
- Vide arts. 394 e 827,II, do Código Civil.
- A falência não atinge administração dos bens dos filhos - Vide art. 42 da Lei de Falências (Decreto-lei 7.661, de 21.6.1945).

Art. 386. Não podem, porém, alienar, hipotecar, ou gravar de ônus reais, os imóveis dos filhos, nem contrair, em nome deles, obrigações que ultrapassem os limites da simples administração, exceto por necessidade, ou evidente utilidade da prole, mediante prévia autorização do Juiz (art. 178, § 6º, III).
- Vide arts. 388 3a 394 do Código Civil.

Art. 387. Sempre que no exercício do pátrio poder colidirem os interesses dos pais com os dos filhos, a requerimento deste ou do Ministério Público, o Juiz lhe dará curador especial.
- Vide art. 154, II, do Código Civil.
- Lei nº 8.069, de 13 de julho de 1990, arts. 142, parágrafo único, e 148, parágrafo único, (Estatuto da Criança e do Adolescente.

Art. 390. Excetuam-se:

I - os bens deixados ou doados ao filho com a exclusão do usufruto paterno;
- Vide arts. 5º, 1, e 227, § 6º, da Constituição Federal de 1988.
- Vide art. 1723, do Código Civil.

Art. 391. Excluem-se assim do usufruto como da administração dos pais:

I - os bens adquiridos pelo filho ilegítimo, antes do reconhecimento;
- Vide arts. 5º, I, e 227, § 6º, da Constituição Federal de 1988.

II - os adquiridos pelo filho em serviço militar, de magistério, ou em qualquer outra função pública;
- Vide art. 1.260, III, do Código Civil.

III - os deixados ou doados ao filho, sob a condição de não serem administrados pelos pais.
- Vide art. 1.723 do Código Civil.

IV - os bens que ao filho couberem na herança (art. 1.599), quando os pais forem excluídos da sucessão (art. 1.602).

4 - Da suspensão e extinção do pátrio poder

- Vide arts. 24, 148, parágrafo único, b, e 155 a 163, da Lei nº 8.069. de 13 de julho de 1990 (ECA).

Art. 392. Extingue-se o pátrio poder:
I - pela morte dos pais ou do filho; II - pela emancipação, nos termos do parágrafo único do art. 9º, Parte Geral; III - pela maioridade; IV - pela adoção.
- A redação do inciso II está imprópria, pois o art. 9º foi alterado. A referência deve ser feita ao § 1º.
- Vide arts. 378 e 379 do Código Civil.

Art. 393. A mãe que contrai novas núpcias não perde, quanto aos filhos de leito anterior, os direitos ao pátrio poder, exercendo-os sem qualquer interferência do marido.
- Artigo com redação determinada pela Lei nº 4.121, de 27/08/1962.
- Vide art. 329 do Código Civil.

Art. 394. Se o pai, ou a mãe, abusar de seu poder, faltando aos deveres paternos, ou arruinando os bens dos filhos, cabe ao Juiz, requerendo algum parente, ou o Ministério Público, adotar a medida, que lhe pareça reclamada pela segurança do menor e seus haveres, suspendendo até, quando convenha, o pátrio poder.

Parágrafo único. Suspende-se igualmente o exercício do pátrio poder, ao pai ou mãe condenados por sentença irrecorrível, em crime cuja pena exceda de 2 (dois) anos de prisão.
- Vide Estatuto da Criança e do Adolescente(Lei.8.069, de 13/07/1990), arts. 24,129, X, 130 e 155 a 163.
- Vide arts. 244 246 do Código Penal, sobre os crimes contra a assistência familiar.

Art. 395. Perderá por ato judicial o pátrio poder o pai ou a mãe:
I - que castigar imoderadamente o filho;
- Código Penal, art. 136 e §§ 1º a 3º.

II - que o deixar em abandono;
- Código Penal, arts. 244, parágrafo único, e 246.

III - que praticar atos contrários à moral e aos bons costumes.
- Vide Estatuto da Criança e do Adolescente (Lei nº 8.069, de 13/07/90)
- Código Penal, art. 92, II

5 - Disposições do Estatuto da Criança e do Adolescente
Da perda e da suspensão do pátrio poder.

Art. 155. O procedimento para a perda ou a suspensão do pátrio poder terá início por provocação do Ministério Público ou de quem tenha legítimo interesse

Art. 156. A petição inicial indicará:
I - a autoridade judiciária a que for dirigida;

II - o nome, o estado civil, a profissão e a residência do requerente e do requerido, dispensada a qualificação em se tratando de pedido formulado por representante do Ministério Público;
III - a exposição sumária do fato e o pedido;
IV - as provas que serão produzidas, oferecendo perda do pátrio poder, quando os pais concorrem para que o menor trabalhe em lugares prejudiciais à moralidade.
- Vide art. 437, parágrafo único, da Consolidação das Leis do Trabalho.

Art. 157. Havendo motivo grave, poderá a autoridade judiciária, ouvido o Ministério Público, decretar a suspensão do pátrio poder, liminar ou incidentemente, até o julgamento definitivo da causa, ficando a criança ou adolescente confiado a pessoa idônea, mediante termo de responsabilidade.

Art. 158. O requerido será citado para, no prazo de dez dias, oferecer resposta escrita, indicando as provas a serem produzidas e oferecendo desde logo o rol de testemunhas e documentos.

Parágrafo único - Deverão ser esgotados todos os meios para a citação pessoal.

Art. 159. Se o requerido não tiver possibilidade de constituir advogado, sem prejuízo do próprio sustento e de sua família, poderá requerer, em cartório, que lhe seja nomeado dativo, ao qual incumbirá a apresentação de resposta, contando-se o prazo a partir de intimação do despacho de nomeação.

Art. 160. Sendo necessário, a autoridade judiciária requisitará de qualquer repartição ou órgão público a apresentação de documento que interesse à causa, de ofício ou a requerimento das partes ou do Ministério Público.

Art. 161. Não sendo contestado o pedido, a autoridade judiciária dará vista dos autos ao Ministério Público, por cinco dias, salvo quando este for o requerente, decidindo em igual prazo.

§ 1º. Havendo necessidade, a autoridade judiciária poderá determinar a realização de estudo social ou perícia por equipe interprofissional, bem como a oitiva de testemunhas.

§ 2º. Se o pedido importar em modificação de guarda, será obrigatória, desde que possível e razoável, a oitiva da criança ou adolescente.

Art. 162. Apresentada a resposta, a autoridade judiciária dará vista dos autos ao Ministério Público, por cinco dias, salvo quando este for o requerente, designando, desde logo, audiência de instrução e julgamento.

§ 1º. A requerimento de qualquer das partes, do Ministério Público, ou de ofício, a autoridade judiciária poderá determinar a realização de estudo social ou, se possível, de perícia por equipe interprofissional

§ 2º. Na audiência, presentes as partes e o Ministério Público, serão ouvidas as testemunhas, colhendo-se oralmente o parecer técnico, salvo quando apresentado por escrito, manifestando-se sucessivamente o requerente, o requerido e o Ministério Público, pelo tempo de vinte minutos cada um, prorrogável por mais dez. A decisão será proferida na audiência, podendo a autoridade judiciária, excepcionalmente, designar data para sua leitura no prazo máximo de cinco dias.

Art. 163. A sentença que decretar a perda ou a suspensão do pátrio poder será averbada à margem do registro de nascimento da criança ou adolescente.

6 - Das penas acessórias

No caso de incapacidade temporária ou permanente para o exercício do pátrio poder, da tutela ou da curatela, o Juiz providenciará para que sejam acautelados, no juízo competente, a pessoa e os bens do menor ou do interdito (art. 692, CP).

A incapacidade permanente ou temporária para o exercício da autoridade marital ou do pátrio poder será averbada no registro civil. (art. 693, CP)

Procedimentos relativos à perda ou suspensão do Pátrio Poder (arts. 155 a 163)

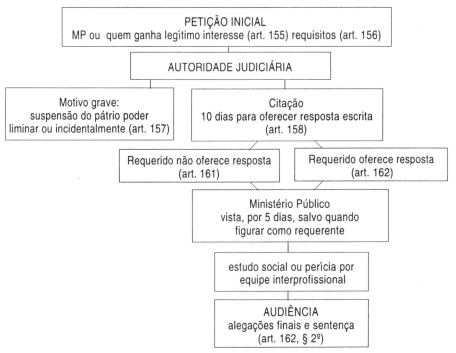

25. Da tutela

1 - Conceito
Tutela é o poder que a lei confere a uma pessoa capaz para proteger e administrar os bens de um menor, que não esteja sob o pátrio poder, representando-o ou assistindo-o em todo os atos da vida civil. A tutela outra coisa não é senão meio de proteção aos incapazes por menoridade.

2 - Espécies
Distinguindo-se da curatela apenas pela pessoa que visa a proteger e amparar de tutela.
Há três espécies de tutela:
1) testamentária, quando deferida pelo pai ou pela mãe, ou por algum dos avós, por testamento;
2) legítima, quando deferida aos parentes, obedecida a ordem estabelecida no Código;
3) dativa, a conferida pelo Juiz.

> A jurisprudência tem admitido também a tutela "ESPECIAL", para menores cujos pais se encontram impedidos ou em local distante ou ignorado, provisoriamente sem condições de dar a devida proteção aos filhos. A tutela especial, ao contrário da tutela comum, coexiste com o pátrio poder, suprindo-lhe eventuais deficiências. Figuras passageiras, negócios (a pouco mencionada, mas que existe freqüentemente à margem dos textos legais, é a do protetor, ou seja, da pessoa que, sem ter sido nomeada para tanto, cuida dos interesses de um menor. Dá-se a esse fato também o nome de tutela "IRREGULAR", que não é propriamente tutela, no sentido jurídico, mas gestão. (de Maximilianus Cláudio Américo Fürer. *Resumo de Direito Civil*, p.125).

3 - Disposições do Código Civil
O Código Civil dispõe sobre a tutela nos arts. 406 a 445.
Art. 406. Os filhos menores são postos em tutela:
I - falecendo os pais, ou sendo julgados ausentes;
II - decaindo os pais do pátrio poder.

> Menor é posto sob tutela no caso de ausência dos pais declarada por sentença judicial. Os pais perdem o direito ao pátrio poder quando deixam os filhos em abandono, castigam-lhes imoderadamente ou praticam atos contrários à moral e aos bons costumes. Se decretada a suspensão do pátrio poder, caberá a nomeação de tutor ao menor em caráter especial, transitório, com restritas atribuições e delimitadas à hipótese. O artigo citado não faz restrições quanto a menor púbere ou impúbere, ou seja, absoluta ou relativamente incapaz. Em se tratando de menor de dezesseis anos, o tutor o representa; acima desta idade até os vinte e um anos, o assiste.

Art. 407. O direito de nomear tutor compete ao pai, à mãe, ao avô paterno e ao materno. Cada uma destas pessoas o exercerá, no caso de falta ou incapacidade das que lhes antecederem na ordem aqui estabelecida.

Parágrafo único. A nomeação deve constar de testamento ou de qualquer outro documento autêntico.

> Isto quer dizer que o direito de nomear tutor competirá ao pai e à mãe; na falta destes, ou não estando eles no exercício do pátrio poder, a nomeação caberá ao avô paterno e, em sua falta, ao materno.

Art. 408. Nula é a nomeação do tutor pelo pai, ou pela mãe, que ao tempo de sua morte, não tenha o pátrio poder.

> Sem efeito será a nomeação se, embora feita no exercício do pátrio poder, aquele que a fez (o pai ou a mãe), ao falecer, não o estivesse exercendo, por exemplo, por interdição. Será também nula a nomeação de tutor feita pelo pai, se lhe sobreviver a mulher, e vice-versa, salvo se o sobrevivente não estiver capacitado para o exercício do pátrio poder.

Art. 409. Em falta de tutor nomeado pelos pais, incumbe a tutela aos parentes consangüíneos do menor, por esta ordem:

I - ao avô paterno, depois ao materno, e, na falta deste, à avó paterna ou materna;

II - aos irmãos, preferindo os bilaterais aos unilaterais, o do sexo masculino ao do feminino, o mais velho ao mais moço;

III - aos tios, sendo preferido o do sexo masculino ao do feminino, o mais velho ao mais moço.

> Se vier a falecer o pai ou a mãe, e se não foi feita nomeação por testamento ou por escritura, o Juiz nomeará tutor ao menor. Também ocorrerá nomeação de tutor pelo Juiz se, vindo a falecer um dos cônjuges, o sobrevivente não tiver condições de assumir legalmente o pátrio poder.

Art. 410. O Juiz nomeará tutor idôneo e residente no domicílio do menor:

I - na falta de tutor testamentário ou ilegítimo;

II - quando estes forem excluídos ou escusados da tutela;

III - quando removidos por não idôneos o tutor legítimo e o testamentário.

> Dar-se-á a nomeação de tutor dativo quando não houver tutor testamentário ou legítimo. O Juiz terá ampla liberdade na nomeação do tutor dativo, sendo impostas apenas duas condições; a) que o nomeado seja pessoa idônea; b) residente no domicílio do tutelado.

Art. 411. Aos irmãos órfãos se dará um só tutor. No caso, porém, de ser nomeado mais de um, por disposição testamentária, entende-se que a tutela foi cometida ao primeiro e que os outros lhe hão de suceder pela ordem da nomeação, dado o caso de morte, incapacidade, escusa ou qualquer outro impedimento legal.

Parágrafo único. Quem institui um menor herdeiro, ou legatário seu, poderá nomear-lhe curador especial para os bens deixados, ainda que o menor se ache sob o pátrio poder, ou sob tutela.

Mesmo em se tratando de tutela testamentária, se forem nomeados tutores diversos para cada menor irmão, levar-se-á em conta o primeiro nomeado e este será tutor de todos os demais. Os outros suceder-se-ão entre si, na ordem de nomeação, para o caso de incapacidade, morte, remoção ou qualquer outro motivo que leve a substituir o antecessor. (Antônio J. S. Levenhagem, *Com. Cod. Civil*, p. 272).

Art. 412. Os menores abandonados terão tutores nomeados pelo Juiz, ou serão recolhidos a estabelecimentos públicos para este fim destinados.

Na falta desses estabelecimentos, ficam sob a tutela das pessoas que, voluntária e gratuitamente, se encarregam de sua criação. Nesse artigo, aborda-se um dos maiores problemas existentes no momento: o do menor abandonado. Uma questão social de solução não tão simples, em que os Juízes da Infância do interior e das capitais, no uso de seus direitos, têm de lançar mão de estabelecimentos da Febem para internação de crianças e adolescentes. De acordo com o CC, todo menor abandonado deve ter um tutor, mas, caso isto não seja possível, aquele será recolhido a estabelecimento especializado (ABRIGOS). Muitas vezes a pessoa que deverá ser tutor não preenche as condições necessárias para o cargo, já que terá de arcar com perdas e danos que o menor venha a sofrer, e esse encargo deverá ser gratuito e voluntário. O problema do menor abandonado é um encargo pesado colocado nos ombros do Juiz da Infância, que ficará com a opção de deixá-lo em abandono ou entregá-lo à tutela de pessoa sem as condições exigidas pela lei. Mas logicamente, não há caso que isto tenha acontecido.

Art. 413. Não podem ser tutores e serão exonerados da tutela caso a exerçam:

I - os que não tiverem a livre administração de seus bens;

II - os que, no momento de lhe ser deferida a tutela, se acharem constituídas em obrigação para com o menor, ou tiverem que fazer valer seus direitos contra este; e aqueles cujos pais, filhos ou cônjuges tiverem demanda com o menor;

III - os inimigos do menor, ou de seus pais, ou que tiverem sido por estes expressamente excluídos da tutela;

IV - os condenados por crime de furto, roubo, estelionato ou falsidade, tenham ou não cumprido a pena;

V - as pessoas de maus procedimentos, ou falhas em probidade e as culpadas de abuso em tutorias anteriores;

VI - os que exercerem funções públicas incompatíveis com a boa administração da tutela.

4 - Das escusas dos tutores
Art. 414. Podem escusar-se da tutela:
I - as mulheres

II - os maiores de sessenta anos;
III - os que tiverem em seu poder mais de cinco filhos;
IV - os impossibilitados por enfermidade;
V - os que habitarem longe do local onde se haja de exercer a tutela;
VI - os que já exercerem tutela, ou curatela;
VII - os militares, em serviço.

Art. 415. Quem não for parente do menor não poderá ser obrigado a aceitar a tutela, se houver no lugar parente idôneo, consangüíneo ou afim, em condições de exercê-la.

> Este artigo é bem claro. Caso for nomeado um estranho para tutor, e se houver no lugar parente da criança ou adolescente que esteja em condições de assumir o múnus, poderá aquele escusar-se, e, conforme a lei, será este nomeado pelo Juiz. "Os parentes que a lei se refere são os de qualquer grau em linha reta, e até o quarto grau na colateral, pois esses são os parentes que podem ser chamados à sucessão e, além disso, são os que têm direito a alimentos"(Antônio J. S. Levenhagem. *Comentários Cód. Civil*, p.276).

Art. 416. A escusa apresentar-se-á nos dez dias subseqüentes à intimação do nomeado, sob pena de entender-se renunciado o direito de alegá-la.

Se o motivo escusatório ocorrer depois de aceita a tutela, os dez dias contar-se-ão do em que ele sobreviver. O prazo de dez dias para apresentar escusa foi reduzido para cinco, conforme o Código de Processo Civil vigente, que preceitua:

Art. 1.192. O tutor ou curador poderá eximir-se do encargo, apresentando escusa ao Juiz no prazo de cinco dias. Contar-se-á o prazo:

I - antes de aceitar o encargo, da intimação para prestar compromisso;

II - depois de entrar em exercício, do dia em que sobreviver o motivo da escusa.

Parágrafo único. Não sendo requerida a escusa no prazo estabelecido neste artigo, reputar-se-á renunciado o direito de alegá-la.

> Estas são, portanto, as normas a serem observadas em casos de escusa por parte do tutor nomeado, não mais vigorando as disposições constantes do art. 416 de Código Civil.

Art. 417. Se o Juiz não admitir a escusa, exercerá o nomeado a tutela, enquanto o recurso interposto não tiver provimento, e responderá desde logo pelas perdas e danos que o menor venha a sofrer.

> A escusa do nomeado deverá apresentar-se devidamente comprovada, e o Juiz decidirá de plano. Caso for acolhida, o Juiz então nomeará outro tutor, mas, se recusada, ficará mantida a nomeação primitiva, porém poderá o escusante recorrer da decisão. Enquanto estiver correndo o recurso em instância superior, o nomeado terá obrigatoriamente de exercer a tutela, tendo a responsabilidade de todo e qualquer prejuízo que venha a ser causado ao menor. Caso venha o escusante a ganhar o recurso, o Juiz então nomeará outro tutor, mas somente depois de esgotarem-se todos os recursos.

5 - Da garantia da tutela

Art. 418. O tutor, antes de assumir a tutela, é obrigado a especializar, em hipoteca legal que será inscrita, os imóveis necessários, para acautelar, sob a sua administração, os bens do menor.

> A hipoteca legal processa-se de acordo com os arts. 1.205 e s. do CPC. Os imóveis do tutor ficam, portanto, vinculados a essa hipoteca. Para maior garantia, devem ainda ser especializados, isto é, descritos pormenorizadamente e inscritos no Registro Imobiliário.

Art. 419. Se todos os imóveis de sua propriedade não valerem o patrimônio do menor, reforçará o tutor a hipoteca mediante caução real ou fidejussória; salvo se para tal não tiver meios, ou for de reconhecida idoneidade.

> Não ocorrendo, no entanto, essa exceção, é obrigatória a hipoteca legal após a assinatura do termo de compromisso. Se insuficientes os bens do tutor, terá de fazer o reforço exigido por lei, sem o que será destituído e nomeado outro.

Art. 420. O Juiz responde subsidiariamente pelos prejuízos, que sofre o menor em razão da insolvência do tutor, de lhe não ter exigido a garantia legal, ou de o não haver removido, tanto que se tornou suspeito.

> Como diz bem o artigo, a responsabilidade do Juiz é subsidiária. Fica estabelecido então que, em primeiro lugar, terão a obrigação de ressarcir os prejuízos causados o próprio tutor e aqueles que os causaram. Se por acaso o prejuízo não for de todo coberto, responderá o Juiz pelo que faltar, ou responderá pela totalidade, se não houver por parte do tutor nem do causador do prejuízo condições econômicas e financeiras para fazê-lo.

Art. 421. A responsabilidade será pessoal e direta, quando o Juiz não tiver nomeado tutor, ou quando a nomeação não houver sido oportuna.

> A responsabilidade do Juiz é pessoal e direta no caso de ele não ter nomeado tutor, pois não terá com quem partilhar a indenização a ser feita. Se por acaso houver retardamento na nomeação de tutor, os prejuízos ocorridos até que esta se efetive também serão exclusiva, pessoal e diretamente do Juiz.

6 - Do exercício da tutela

Art. 422. Incumbe ao tutor sob a inspeção do Juiz reger a pessoa do menor, velar por ele, e administrar-lhe os bens.

> Entende-se por administrar-lhe os bens fazê-los produtivos. Dessa maneira, poderá o tutor, sem autorização do Juiz, praticar atos conservatórios, visando à defesa do patrimônio do menor, ou seja, evitando o decréscimo de seus bens.

Art. 423. Os bens do menor serão entregues ao tutor mediante termo especificado dos bens e seus valores, ainda que os pais o tenham dispensado

É necessário um inventário pormenorizado dos bens do menor que especifique as coisas que o compõem, bem como os respectivos valores, quando da entrega dos bens. Este inventário deve constar de auto assinado pelo Juiz, pelo Ministério Público e pelo tutor, fornecendo-se uma cópia a este último e conservando-se a outra via nos autos de nomeação da tutela. Como a responsabilidade, após assinado o inventário, é exclusiva do tutor, nada poderá dispensar a lavratura desse inventário.

Art. 424. Cabe ao tutor, quanto à pessoa do menor:

I - dirigir-lhe a educação, defendê-lo e prestar-lhe alimentos, conforme os seus haveres e condições;

II - reclamar do Juiz que providencie, como houver por bem, quando o menor haja mister correção.

Não é exigido pela lei que o tutor tenha o tutelado sob sua guarda, em sua companhia, mas aquele é responsável pela educação e criação deste. Nada impede que o tutelado continue na companhia da mãe ou outro ascendente, mas seu sustento e educação, a fiscalização e orientação são responsabilidade do tutor, que poderá reclamar do Juiz, se achar necessário, providências sobre malefícios ou prejuízos na criação e educação do tutelado. "Quanto à necessidade de recorrer ao Juiz, no caso de aplicação de corretivos, a doutrina e a jurisprudência têm entendido que a providência se impõe em casos de maior rigor, para evitar que o tutor se exceda nos meios corretivos" (Antônio J.S.Levenhagem, *Com. C.C.* p. 280).

Art. 425. Se o menor possuir bens, será sustentado e educado às expensas, arbitrando o Juiz, para tal fim, as quantias, que lhe pareçam necessárias, atento o rendimento da fortuna do pupilo, quando o pai ou a mãe não as houver taxado.

Caso o menor possua bens, será sustentado e educado às suas próprias expensas, logicamente com a supervisão e orientação do tutor. Serão arbitrados pelo Juiz os valores considerados necessários para tal, apreciando, no entanto, o orçamento oferecido pelo tutor. Caso o menor não possua bens, o tutor poderá pleitear aos parentes a concessão de pensão de alimentos, conforme dispõem os arts. 396 e s. Não tendo o menor bens, nem parentes seus em condições de fornecer-lhe alimentos, caberá a responsabilidade ao tutor.

Art. 426. Compete mais ao tutor:

I - representar o menor, até os dezesseis anos, nos atos da vida civil, assisti-lo, após essa idade, nos atos em que for parte, suprindo-lhe o consentimento.

II - receber as rendas e pensões do menor;

III - fazer-lhe as despesas de subsistência e educação, bem como as da administração de seus bens (art. 433, I);

IV - alienar os bens do menor destinados a venda.

O tutor representará o menor até os dezesseis anos e, quando maior de dezesseis e menor de vinte e anos, assisti-lo-á. Cabe ao tutor receber as rendas e pensões a que o menor tenha direito e administrá-la. Independe de autorização do Juiz, não apenas encarregar-se o tutor das despesas com a administração dos bens do menor, bem como atender às despesas de sua subsistência e educação. De acordo com a lei, os bens pertencentes ao menor são os do seu patrimônio, de onde são tirados rendimentos; só podem ser alienados estes bens com autorização do Juiz e mediante hasta pública.

Art. 427. Compete-lhe, também, com autorização do Juiz:

I - fazer as despesas necessárias com a conservação e o melhoramento dos bens;

II - receber as quantias devidas ao órfão, e pagar-lhe as dívidas;

III - aceitar por ele heranças, legados, ou doações, com ou sem encargos;

IV - transigir;

V - promover-lhe, mediante praça pública, o arrendamento dos bens de raiz;

VI - vender-lhe em praça os imóveis, cuja conservação não convier, e os imóveis, nos casos em que for permitido (art. 429);

VII - propor em juízo ações e promover todas as diligências a bem do menor, assim como defendê-lo nos pleitos contra ele movidos, segundo o disposto no art. 84;

Art. 428. Ainda com autorização judicial não pode o tutor, sob pena de nulidade;

I - adquirir por si, ou por interposta pessoa, por contrato particular, ou em hasta pública, bens móveis, ou de raiz, pertencentes ao menor;

II - dispor dos bens do menor a título gratuito;

III - constituir-se cessionário de crédito, ou direito, contra o menor.

Qualquer dos atos acima relacionados (art. 428, I a III), mesmo com autorização do Juiz, serão ilegais. Trata-se de uma proibição absoluta ao tutor que acarretará a nulidade do ato realizado.

Art. 429. Os imóveis pertencentes aos menores só podem ser vendidos quando houver manifesta vantagem, e sempre em hasta pública.

O artigo refere-se somente aos imóveis dos menores sob tutela. Quanto aos menores que estão sob o regime do pátrio poder, embora necessária a autorização do Juiz, a venda de seus imóveis não precisa ser feita em hasta pública (art. 386).

Art. 430. Antes de assumir a tutela, o tutor declarará tudo o que lhe deva o menor, sob pena de lho não poder cobrar, enquanto exerça a tutoria, salvo provando que não conhecia o débito, quando a assumiu.

É mais um dos rigores da lei com referência aos interesses dos menores tutelados, mas que não deixa também de ter sua justificativa. O artigo nada prescreve no reverso da hipótese, isto é, no caso de o menor ser credor do tutor. Mas o art. 413 dá solução ao tema, não permitindo seja nomeado tutor aquele que se achar constituído em obrigação para com o menor. Se já concretizada a nomeação, dar-se-á a exoneração do nomeado.

Art. 431. O tutor responde pelos prejuízos, que, por negligência, culpa, ou dolo, causar ao pupilo; mas tem direito a ser pago do que legalmente despender no exercício da tutela, e, salvo no caso do art. 412, a perceber uma gratificação por seu trabalho.

Parágrafo único. Não tendo os pais do menor fixado essa gratificação, arbitrá-la-á o Juiz, até dez por cento, no máximo, da renda líquida anual dos bens, administrados pelo tutor.

> As despesas referidas são aquelas que o tutor, comprovadamente, teve no exercício de suas funções. Estabelece o Código, também, que o tutor terá direito a uma gratificação pelo seu trabalho, caso os pais não tenham estipulado o *quantum* em testamento ou na escritura que o nomeou, será este arbitrado pelo Juiz, não podendo seu valor ultrapassar a dez por cento da renda que o menor venha a auferir anualmente, e não sobre o valor de seus bens. Ressalve-se que, se o menor não possuir bens, o tutor não terá direito à gratificação, pois esta é atribuída em função da administração do patrimônio do menor, e não da tutela em que é gratuita.

7 - Dos bens do tutelado

Art. 432. Os tutores não podem conservar em seu poder dinheiro de seus tutelados, além do necessário, para as despesas ordinárias com o seu sustento, a sua educação e a administração de seus bens.

§ 1º. Os objetos de ouro, prata, pedras preciosas e móveis desnecessários, serão vendidos em hasta pública, e seu produto convertido em títulos de responsabilidade da União, ou dos Estados, recolhidos às Caixas Econômicas Federais ou aplicado na aquisição de imóveis, conforme for determinado pelo Juiz. O mesmo destino terá o dinheiro proveniente de qualquer outra procedência.

§ 2º. Os tutores respondem pela demora na aplicação dos valores acima ditos, pagando os juros legais desde o dia em que lhes deveriam dar esse destino, o que não os exime da obrigação, que o Juiz fará efetiva, da referida aplicação.

> Com respeito ao recolhimento de dinheiro pertencente a menores tutelados, inclusive o produto da venda em hasta pública de bens, é de esclarecer-se que, pelo Código Civil, primitivamente, deveria ser recolhido às Caixas Econômicas Federais; posteriormente determinou-se o depósito no Banco do Brasil. Atualmente, pela Lei nº 1.869, de 27 de maio de 1953, o depósito será feito no Banco do Brasil ou nas Caixas Econômicas Federais, a critério do Juiz.

Art. 433. Os valores que existirem nas Caixas Econômicas Federais, na forma do artigo anterior, não se poderão retirar, senão mediante ordem do Juiz, e somente:

I - para as despesas com o sustento e educação do pupilo, ou a administração de seus bens(art. 427, I);

II - para se comprarem bens de raiz e títulos da dívida pública da União, ou dos Estados;

III - para se entregarem em conformidade com o disposto por quem os houver doado, ou deixado;

IV - para se entregarem aos órfãos, quando emancipados, ou maiores, ou, mortos eles, aos seus herdeiros.

Conforme o artigo supra, não será possível o levantamento de numerário para investimentos outros que não sejam aqueles determinados, ainda que mais vantajosos, como empréstimos sob hipoteca, aquisição de ações de sociedade particular, etc.

8 - Da prestação de contas da tutela

Art. 434. Os tutores, embora o contrário dispuserem os pais dos tutelados, são obrigados a prestar contas da sua administração.

O tutor não pode ficar isento de prestar contas da sua tutela. Deverá fazê-lo perante a autoridade judiciária do lugar em que foi deferida. Nessa prestação de contas, deverá estar presente o Ministério Público, que fará pronunciamento a respeito. O julgamento final das contas será feito pelo Juiz.

Art. 435. No fim de cada ano de administração, os tutores submeterão ao Juiz o balanço respectivo, que, depois de aprovado, se anexará aos autos do inventário.

Este balanço se resume na apresentação de contas da administração do tutor, isto é, da receita e da despesa, para controle da autoridade judiciária. Julgado o referido balanço, será ele anexado ao processo de inventário, conforme diz o Código.

Art. 436. Os tutores prestam contas de dois em dois anos, e bem assim quando, por, qualquer motivo, deixarem o exercício da tutela, ou toda vez que o Juiz o houver por conveniente.

Parágrafo único. As contas serão prestadas em juízo, e julgadas depois de audiência dos interessados, recolhendo o tutor imediatamente em caixas econômicas os saldos, ou adquirindo bens imóveis, ou títulos da dívida pública.

Em qualquer momento que julgar necessário, o Juiz solicitará a prestação de contas, não ficando o tutor sujeito a esse encargo somente de dois em dois anos, ou quando deixar ou for removido do cargo

Art. 437. Finda a tutela pela emancipação, ou maioridade, a quitação do menor não produzirá efeito antes de aprovadas as contas pelo Juiz, subsistindo inteira, até então, a responsabilidade do tutor.

Cessada a tutela, seja pela maioridade ou emancipação do tutelado, o tutor é obrigado a prestar contas, para que sejam julgadas pelo Juiz, depois de se manifestarem o Ministério

Público e o ex-tutelado. Até que seja dado o julgamento final pelo Juiz, o tutor ficará responsável por quaisquer prejuízos apurados contra o ex-tutelado.

Art. 438. Nos casos de morte, ausência, ou interdição do tutor, as contas serão prestadas por seus herdeiros, ou representantes.

A tutela é um encargo que não se transmite. Morrendo o tutor, fica extinta, cabendo a responsabilidade dela decorrente aos herdeiros daquele. Portanto, caberá a esses herdeiros a prestação de contas. Na ausência do tutor, prestará contas o Curador que tenha sido nomeado no processo de ausência. O Juiz, por sentença, nomeará o Curador, e este, como representante do ausente, deverá por ele fazer a prestação de contas em juízo. O Ministério Público ou o novo tutor nomeado poderá solicitar a prestação de contas.

Art. 439. Serão levadas a crédito do tutor todas as despesas justificadas e reconhecidamente proveitosas ao menor.

As despesas que não forem autorizadas pelo Juiz somente serão levadas a crédito do tutor, se forem comprovadamente proveitosas ao menor.

Art. 440. As despesas com a prestação de contas serão pagas pelo tutelado.

Logicamente o artigo alude a despesas decorrentes do processo administrativo da prestação de contas. Estas despesas serão pagas pelo tutelado com o produto dos seus próprios bens. Se houver litígio na prestação de contas, por não as ter o tutor prestado, ou ter havido divergências, serão as despesas de responsabilidade do vencido, de acordo com o princípio da sucumbência.

Art. 441. O alcance do tutor, bem como o saldo contra o tutelado, vencerão juros desde o julgamento definitivo das contas.

Os juros a serem pagos são os legais, ou seja, de 6% ao ano nos termos do art. 1.063. O Código refere-se corretamente a julgamento definitivo das contas, isto é, ao julgamento feito em primeira instância, pois, se houver recurso e se for provido em favor do tutor, nenhum juro terá ele de pagar.

9 - Da cessação da tutela

Art. 442. Cessa a condição de pupilo:

I - com a maioridade, ou a emancipação do menor;

II - caindo o menor sob o pátrio poder, no caso de legitimação, reconhecimento, ou adoção.

Pela maioridade ao completar 21 anos ou pela emancipação cessa a tutela, pois o menor adquire a capacidade de fato para exercer todos os atos da vida civil. Da mesma forma cessa a condição de tutelado, caindo o menor sob o pátrio poder, quando então volta a subordinar-se aos pais.

Art. 443. Cessam as funções de tutor:

I - expirando o termo, em que era obrigado a servir (art. 444);

II - sobrevindo escusa legítima (arts. 414 a 416);
III - sendo removido (arts. 423 e 445).

Vencido o prazo, o tutor pode pedir sua destituição; ninguém é obrigado a ser tutor por mais de dois anos. Pode também pedir a cessação de suas funções em casos de legítima escusa. As causas previstas nos arts. 412 e 445 também fazem cessar as funções do tutor.

Art. 444. Os tutores são obrigados a servir por espaço de dois anos.

Parágrafo único - Podem, porém, continuar além desse prazo, no exercício da tutela, se o quiserem, e o Juiz tiver por conveniente ao menor.

Qualquer que seja a espécie de tutela, testamentária, legítima ou dativa, nomeado tutor, terá ele de exercê-la pelo menos por dois anos, salvo se alegar e provar motivos que o impeçam.

Art. 445. Será destituído o tutor, quando negligente, prevaricador, ou incurso em incapacidade.

Será assinado pelo tutor, quando nomeado pelo Juiz, um termo de compromisso de bem e fielmente exercer o encargo, atuando com eficiência, zelo e dignidade quanto à pessoa e bens do menor tutelado. Não cumprindo tais obrigações, ou agindo com negligência, será substituído por outro, e responderá penal e civilmente pelos atos escusos praticados.

10 - Disposições do Estatuto da Criança e do Adolescente (Lei 8.069/90).

Art. 36. A tutela será deferida, nos termos da lei civil, a pessoa de até vinte e um anos incompletos.

Parágrafo único - O deferimento da tutela pressupõe a prévia decretação da perda ou suspensão do pátrio poder e implica necessariamente o dever de guarda.

Art. 37. A especialização de hipoteca legal será dispensada, sempre que o tutelado não possuir bens ou rendimentos ou por qualquer outro motivo relevante.

Parágrafo único - A especialização de hipoteca legal será também dispensada se os bens, porventura existentes em nome do tutelado, constarem de instrumento público, devidamente registrado no registro de imóveis, ou se os rendimentos forem suficientes apenas para a mantença do tutelado, não havendo sobra significativa ou provável.

Art. 38. Aplica-se à destituição da tutela o disposto no art. 24.

O Estatuto trata da tutela nos artigos acima mencionados, como uma das formas de colocação de crianças e adolescentes em famílias substitutas, permanecendo no texto legal, a vinculação do deferimento da tutela nos termos da lei civil à pessoa de até 21 anos incompletos. No entanto, o parágrafo único do art.36 insere modificações expressas quanto aos efeitos e pressupostos da tutela. A perda e a suspensão do pátrio poder serão decretadas judicialmente, em procedimento contraditório, nos casos previstos na legislação civil, bem como na hipótese de descumprimento injustificado dos deveres e obrigações a que alude o art. 22 "ECA" que diz assim: "Aos pais incumbe o dever de sustento, guarda e educação dos filhos menores, cabendo-lhes ainda, no interesse destes, a obrigação de cumprir e fazer cumprir as determinações judiciais".

26. Da adoção

1 - Adoção

Ação ou efeito de adotar. Aceitação voluntária e legal de uma criança como filho; perfilhação, perfilhamento.

Com o advento da Lei 8.069/90 (ECA), os artigos 368 a 378 do Código Civil foram atingidos pela revogabilidade, vez que a norma estatutária, regulamentando os §§ 5º e 6º da Constituição Federal, disciplinou integralmente o instituto da adoção por "escritura pública" foi abolida do nosso ordenamento jurídico: hoje todas as adoções têm característica da irrevogabilidade do vínculo, que se constitui pela sentença judicial (ECA) art. 47 - cf. Darcy Arruda Miranda, *Anotações ao Código Civil*, e Theotonio Negrão, *Código Civil e Legislação Civil e Vigor*.

Definitivamente, não existem mais divergências quanto à competência para julgar e processar os pedidos de adoção. O art. 148 (A Justiça da Infância e da Juventude é competente para: III - conhecer de pedidos de adoção e seus incidentes) decidiu, definitivamente, que a competência é do Juizado da Infância e da Juventude.

Adoção é o ato jurídico que estabelece, entre duas pessoas, relações civis de paternidade e filiação. Alguns juristas definem a adoção, entre eles, Clóvis Bevilaqua, que entende que "a adoção é o ato pelo qual alguém aceita um estranho na qualidade de filho (Clóvis Bevilaqua, C., *Direito de Família*, p. 473). Silvio Rodrigues afirma que a "adoção é o ato do adotante pelo qual traz ele, para sua família e na condição de filho, pessoa que lhe é estranha" (Silvio Rodrigues, S., 1982, p. 333).Os artigos 368 a 378 do Código Civil, que regulam o assunto, sofreram alterações pela Lei nº 3.133, de 8 de maio de 1957, e por isso as regras gerais a serem seguidas devem ser, atualmente, em consonância com o Código Civil e a supracitada lei. O Direito atual prevê dois sistemas diversos de adoção. O Estatuto da Criança e do Adolescente (Lei nº 8.069, de 13/julho/90) introduziu profundas alterações no tema, para adoção de menores de 18 anos, na data do pedido, ou mais, se já estiverem sob a guarda ou tutela dos adotantes. (art. 39 do ECA - A adoção da criança e de adolescente reger-se-á segundo disposto nesta Lei. Parágrafo único. É vedada a adoção por procuração). Considera-se criança o menor de 12 anos de idade incompletos, e adolescente aquele entre 12 e 18 anos de idade. Pelo Estatuto da Criança e do Adolescente, a adoção constitui-se por sentença do Juiz da Infância e da Juventude, ou o que o exerça a função, na forma da Lei de Organização Judiciária local. A adoção será assistida pelo Poder Público na forma da Lei que estabelecerá os casos e condições de sua efetivação por parte de estrangeiros, conforme preceitua o § 5º do artigo 227 da CF em vigor.

A Constituição entendeu que deveria igualar os direitos de todos os filhos, independentemente de serem ou não oriundos da relação do casamento, inclusive os provenientes de adoção. Arnold Wald tem posição adversa. Segundo seu pensamento, a adoção é um ato jurídico bilateral, criando entre duas pessoas um liame jurídico de filiação "a adoção é uma ficção jurídica que cria parentesco civil. É um ato jurídico-bilateral que gera laços de paternidade e filiação entre pessoas, para as quais tal relação inexiste, naturalmente" (A. Wald, p. 264). Para Orlando Gomes a "adoção é o ato jurídico pelo qual se estabelece, independentemente do fato natural, o vínculo de filiação. Trata-se de uma ficção legal, que permite a constituição, entre duas pessoas, do laço de parentesco do primeiro grau em linha reta" (Orlando Gomes, Ob. cit., p. 382).

2 - Disposições da LEI 8.069/90 - Estatuto da Criança e do Adolescente.

Como nos reportamos anteriormente, com o advento da Lei 8.069/90 (ECA),os artigos 368 a 378 do Código Civil foram atingidos pela revogabilidade, vez que a norma estatutária, regulamentando os §§ 5º e 6º do art. 227 da Constituição Federal, disciplinou integralmente o instituto da adoção. Em consequência disso, a adoção por escritura pública foi abolida do nosso ordenamento jurídico. Hoje todas as adoções têm a característica de irrevogabilidade do vínculo, que se constitui pela sentença judicial.

Art. 39. A adoção de criança e de adolescente reger-se-á segundo o disposto nesta Lei.

Parágrafo único. É vedada a adoção por procuração.

Art. 40. O adotando deve contar com, no máximo, dezoito anos à data do pedido, salvo se já estiver sob a guarda ou tutela dos adotantes.

Art. 41. A adoção atribui a condição de filho ao adotado, com os mesmos direitos e deveres, inclusive sucessórios, desligando-o de qualquer vínculo com os pais e parentes, salvo os impedimentos matrimoniais.

§ 1º. Se um dos cônjuges ou concubinos adota o filho do outro, mantêm-se os vínculos de filiação entre o adotado e o cônjuge ou concubino do adotante e os respectivos parentes.

§ 2º. É recíproco o direito sucessório entre o adotado, seus descendentes, o adotante, seus ascendentes, descendentes e colaterais até o 4º grau, observada a ordem de vocação hereditária.

Art. 42. Podem adotar os maiores de vinte e um anos, independentemente do estado civil.

§ 1º. Não podem adotar os ascendentes e os irmãos do adotando.

§ 2º. A adoção por ambos os cônjuges ou concubinos poderá ser formalizada, desde que um deles tenha completado vinte e um anos de idade, comprovada a estabilidade da família.

§ 3º. O adontante há de ser, pelo menos, dezesseis anos mais velho do que o adotado.

§ 4º. Os divorciados e os judicialmente separados poderão adotar conjuntamente, contanto que acordem sobre a guarda e o regime de visitas, e desde que o estágio de convivência tenha sido iniciado na constância de sociedade conjugal.

§ 5º. A adoção poderá ser deferida ao adotante que, após inequívoca manifestação de vontade, vier a falecer no curso do procedimento, antes de prolatada a sentença.

Art. 43. A adoção será deferida quando apresentar reais vantagens para o adotando e fundar-se em motivos legítimos.

Art. 44. Enquanto não der conta de sua administração e saldar o seu alcance, não pode o tutor ou o curador adotar o pupilo ou o curatelado.

Art. 45. A adoção depende do consentimento dos pais ou do representante legal do adotando.

§ 1º. O consentimento será dispensado em relação à criança ou adolescente cujos pais sejam desconhecidos ou tenham sido destituídos do pátrio poder.

§ 2º. Em se tratando de adotando maior de doze anos de idade, será também necessário o seu consentimento.

Art. 46. A adoção será precedida de estágio de convivência com a criança ou adolescente, pelo prazo que a autoridade judiciária fixar, observadas as peculiaridades do caso.

§ 1º. O estágio de convivência poderá ser dispensado se o adotando não tiver mais de um ano de idade ou se, qualquer que seja a sua idade, já estiver na companhia do adotante durante tempo suficiente para se poder avaliar a conveniência da constituição do vínculo.

§ 2º. Em caso de adoção por estrangeiro residente ou domiciliado fora do País, o estágio de convivência, cumprido no território nacional, será de no mínimo quinze dias para crianças de até dois anos de idade, e de no mínimo trinta dias quando se tratar de adoção acima de dois anos de idade.

Art. 47. O vínculo de adoção constitui-se por sentença judicial, que será inscrita no registro civil mediante mandado do qual não se fornecerá certidão.

§ 1º. A inscrição consignará o nome dos adotantes como pais, bem como o nome de seus ascendentes.

§ 2º. O mandado judicial, que será arquivado, cancelará o registro original do adotado.

§ 3º. Nenhuma observação sobre a origem do ato poderá constar nas certidões do registro.

§ 4º. A critério da autoridade judiciária, poderá ser fornecida certidão para a salvaguarda de direitos.

§ 5º. A sentença conferirá ao adotado o nome do adotante e, a pedido deste, poderá determinar a modificação do prenome.

§ 6º. A adoção produz seus efeitos a partir do trânsito em julgado da sentença, exceto na hipótese prevista no art. 42, § 5º, caso em que terá força retroativa à data do óbito.

Art. 48. A adoção é irrevogável.

Art. 49. A morte dos adotantes não restabelece o pátrio poder dos pais naturais.

Art. 50. A autoridade judiciária manterá, em cada comarca ou foro regional, um registro de criança e adolescente em condições de serem adotados e outros de pessoas interessadas na adoção.

§ 1º. O deferimento da inscrição dar-se-á após prévia consulta aos órgãos técnicos do Juizado, ouvido o Ministério Público.

§ 2º. Não será deferida a inscrição se o interessado não satisfazer qualquer das hipóteses previstas no art. 29.

Art. 51. Cuidando-se de pedido de adoção formulado por estrangeiro residente ou domiciliado fora do País, observar-se-á o disposto no art. 31.

§ 1º. O candidato deverá comprovar, mediante documento expedido pela autoridade competente do respectivo domicílio, estar devidamente habilitado à adoção, consoante as leis do seu país, bem como apresentar estudo psicossocial elaborado por agência especializada e credenciada no país de origem.

§ 2º. A autoridade judiciária, de ofício ou a requerimento do Ministério Público, poderá determinar a apresentação do texto pertinente à legislação estrangeira, acompanhado de prova da respectiva vigência.

§ 3º. Os documentos em língua estrangeira serão juntados aos autos, devidamente autenticados pela autoridade consular, observados os tratados e convenções internacionais, e acompanhados da respectiva tradução, por tradutor público juramentado.

§ 4º. Antes de consumada a adoção não será permitida a saída do adotando do território nacional.

Art. 52. A adoção internacional poderá ser condicionada a estudo prévio e análise de uma comissão estadual judiciária de adoção, que fornecerá o respectivo laudo de habilitação para instruir o processo competente.

Parágrafo único. Competirá à comissão manter registro centralizado de interessados estrangeiros em adoção.

3 - O fim da adoção por escritura pública

Uma cena que poderia ser comum nos cartórios foi extinta pela Constituição promulgada em outubro de 1988.

Em conseqüência disso, a adoção por "escritura pública" foi abolida do nosso ordenamento jurídico; hoje todas as adoções têm características da irrevogabilidade do vínculo, que se constitui pela sentença judicial. (ECA, art. 47).

O art. 148, inciso III, do ECA, não deixa dúvidas quanto à competência da Justiça da Infância, para julgar e processar os pedidos de adoção.

A adoção por escritura pública consistia em uma averbação na certidão de nascimento original, que podia ser feita em qualquer cartório habilitado.

Com isso, os pais que estavam dando seu filho em adoção iam até o cartório e, acompanhados de quem estava recebendo a criança, promoviam a alteração no registro de nascimento.

O processo, rápido e simples, corria à margem do Judiciário, que não tomava conhecimento da alteração. A partir desse novo ordenamento, a situação mudou.

Os pais que pretendem dar seu filho em adoção para qualquer outra pessoa continuam com a liberdade para tomar essa iniciativa. Mas os processos devem passar pela Vara da Infância e da Juventude.

A Lei 9.896, de 9 de junho de 1993, aprovada pela Assembléia Legislativa do Estado do RS e sancionada pelo Governador do Estado, criou os Juizados Regionais da Infância e da Juventude dando outras providências. O artigo 2º diz que: Competem aos Juizados Regionais criados no art. 1º, além do exercício das atribuições que lhe confere a Lei Federal nº 8.069/90 (ECA), à Comarca-sede,e, no âmbito regional, na letra *a*, que as adoções internacionais e as requeridas por pessoas residentes fora do Estado ou do Município onde estiver domiciliado o adotando, se habilitarem respectivamente.

A referida Lei vem de encontro ao advento da Lei 8.069/90 (ECA), cujos artigos 368 a 378 do Código Civil foram atingidos pela revogabilidade.

De qualquer modo, as divergências existentes com referência a quem competia julgar e processar os pedidos de adoção, o art. 148, III, do ECA decide explicitamente, que é da Justiça da Infância a competência.

O parágrafo único do art. 39 veda a adoção por procuração, devendo os adotantes requererem, assinando o pedido.

O art. 41 atribui ao adotado os mesmos direitos e deveres, inclusive sucessórios, ficando o adotado desvinculado de qualquer vínculo com os pais e parentes, ressalvando-se os impedimentos matrimoniais.

O § 1º mantém o vínculo de filiação entre o adotado e o cônjuge ou concubino do adotante e os respectivos parentes.

O § 2º diz que o adotado será incluído na ordem de vocação hereditária.

É vedada a adoção pleiteada por ascendentes (avós) e por irmãos (unilaterais e bilaterais), pode a adoção ser formalizada por ambos os cônjuges ou concubinos, desde que um deles tenha completado 21 anos de idade (comprovada) e boa estabilidade familiar. Deve ser o adotante pelo menos dezesseis anos mais velho do que o adotado.

Os casais divorciados ou judicialmente separados poderão adotar em conjunto, mas devem concordar sobre a guarda e o regime de visitas, desde que o estágio de convivência tenha iniciado na constância da sociedade conjugal.

Poderá a adoção ser deferida ao adotante onde após inequívoca manifestação de vontade, vier a falecer no curso do procedimento, antes de prolatada a sentença.

O Juiz deferirá o pedido de adoção se a mesma apresentar reais vantagens para o adotado, devendo o pedido fundar-se em motivos legítimos.

O tutor ou curador não poderá adotar o tutelado ou curatelado, enquanto não prestar contas de sua administração e tiver saldado o seu alcance.

Somente com o consentimento dos pais ou do representante legal do adotado o consentimento da adoção será concedido, caso os pais sejam desconhecidos ou tenham sido destituídos do pátrio poder.

Caso o adotando tenha 21 anos de idade, a sua adoção dar-se-á somente com sua autorização.

Deverá haver um estágio de convivência, com um prazo fixado pela autoridade judiciária, sendo observadas as peculiaridades do caso.

Caso o adotando tiver menos de um ano de idade ou se, qualquer que seja a sua idade, já estiver na companhia do adotante, caso este tempo seja suficiente para que se possa avaliar que há constituição do vínculo, o estágio de convivência poderá ser dispensado. (o objetivo do estágio é verificar se há adaptação do adotando na futura família, pois o objetivo é propiciar o convívio entre o adotado e o adotante).

Deve o casal que se propuser adotar uma criança ou adolescente estar devidamente amadurecido, não devendo haver nenhuma precipitação emocional.

Esta decisão deve ser pensada e repensada, pois tem acontecido casos de arrependimentos após alguns anos de sacramentada a adoção. Motivo que alguns magistrados tornam necessárias a convivência por um tempo determinado, já que o adotado passará a viver em uma nova família, onde poderá sentir dificuldades de adaptação.

Logicamente, a criança recém-nascida ou de pouca idade poderá adaptar-se perfeitamente ao novo lar, havendo assim, a possibilidade de ser dispensado o estágio de convivência.

Com referência ao estágio de convivência, em caso de adoção por casal estrangeiro residente ou domiciliado fora do País, deverá o estágio de convivência ser cumprido no Brasil no mínimo de quinze dias para crianças de até dois anos de idade, e de no mínimo trinta dias quando se tratar de adotando acima de dois anos de idade.

Este estágio é obrigatório e não poderá ser dispensado, mas o Juiz poderá, caso ache necessário, ampliar este prazo que a lei fixa segundo seu convencimento.

Ao determinar o cumprimento do estágio de convivência, o Juiz fornecerá um documento ao estrangeiro, autorizando-o a ficar com o adotando.

Este documento, outorgará uma guarda ao pretendente, mesmo que provisória e por tempo determinado, nos termos do art. 167 do ECA. Esta orientação não confronta com o disposto no § 1º do art. 33, pois o Juiz não entregará a criança aos adotantes sem as formalidades legais.

A adoção de crianças e adolescentes sempre será judicial e, excepcionalmente, de pessoa entre 18 e 21 anos de idade, cuja sentença será inscrita no cartório de registro civil, mediante mandado, onde não se fornecerá certidão, o supra mandado judicial será arquivado onde o original será cancelado.

Será vedada qualquer observação sobre a origem do ato nas certidões de registro.

Será fornecida certidão para salvaguardar os direitos, a critério da autoridade judiciária. Na interpretação do § 5º do art. 45, Albegaria ensina que o Estatuto prevê o direito ao nome do adotante e a faculdade de modificar o prenome.

A adoção produz seus efeitos a partir do trânsito em julgado da sentença, exceto na hipótese prevista no art. 42, § 5º, caso em que terá força retroativa à data do óbito.

A sentença se torna irrevogável, não sendo possível a dissolução de seu vínculo.

O pátrio poder dos pais naturais não será restabelecido caso venham os adotantes a falecer, pois uma das conseqüências da adoção é o rompimento dos vínculos com os pais naturais e do parentesco.

Para que os pais naturais possam ver restabelecido o pátrio poder após a morte dos adotantes, deverão adotar seus próprios filhos.

Será mantido em cada comarca (Foro Regional) um registro de crianças e adolescentes em condições de serem adotados e um outro registro de pessoas interessadas em adotar.

Será deferida a inscrição, após serem consultados previamente os órgãos técnicos do Juizado, sempre ouvido o Ministério Público.

Caso o interessado na adoção não satisfizer os requisitos legais ou cujo ambiente familiar não seja adequado para o convívio do adotado, ou por qualquer incompatibilidade, o Juiz indeferirá a inscrição.

Com referência à exigência do art. 50, o Juizado da Infância e da Juventude de Porto Alegre, já há muito, vem mantendo cadastro de crianças e adolescentes preparados para adoção e de casais ou pessoas interessadas.

O Ministério Público, como fiscal da Lei, analisará os requisitos legais e a demonstração de incompatibilidade dos interessados, onde solicitará sindicâncias e visitas domiciliares por equipe interdisciplinar do Juizado.

Com referência à colocação de crianças ou adolescentes em famílias substitutas estrangeiras, constitui em medida excepcional, somente admissível na modalidade de adoção.

A família estrangeira que não possua residência no Brasil não poderá obter a guarda definitiva ou tutela, somente a adoção.

O adotante estrangeiro, ao formular o pedido de adoção, juntará documentos expedidos pela autoridade competente de seu domicílio, e deve estar devidamente habilitado à adoção, conforme as leis em vigor de seu país, onde deverá apresentar estudo psicossocial elaborado por agência especializada e credenciada do país de origem.

O Juiz poderá, de ofício ou por requerimento do Ministério Público, determinar a apresentação do texto pertinente à legislação estrangeira, sempre acompanhado de prova da respectiva vigência.

O documentos (em língua estrangeira) serão juntados aos autos, com a devida autenticação pela autoridade consular, sempre observados os tratados e convenções internacionais, e acompanhados da respectiva tradução por tradutor juramentado.

O adotando somente poderá deixar o Brasil após consumada a adoção. A adoção internacional será condicionada a prévio estudo e análise de uma comissão estadual judiciária de adoção, onde será fornecido o respectivo laudo de habilitação para que seja instruído o competente processo.

A comissão deverá manter registro centralizado de interessados estrangeiros em adoção.

4 - Portaria nº 01/99, que regulamenta as inscrições no JIJ/POA para adoções

Os Drs. Breno Beutler Júnior e José Antônio Daltoé Cezar, respectivamente Juízes de Direito do 1º e do 2º Juizados da Infância e da Juventude da Comarca de Porto Alegre, no uso de suas atribuições legais, visando a regulamentar as inscrições de pessoas interessadas em adoção, assim como o processamento inicial dos respectivos processos de habilitação, determinam:

5 - Habilitação processada perante o Juizado da Infância e da Juventude de Porto Alegre

1 - Deverão as pessoas interessadas em adoção, inicialmente, dirigirem-se à distribuição do Juizado da Infância e da Juventude, situada no 10º andar do Foro Central, na qual ser-lhes-á fornecido o formulário específico para o pedido ao Magistrado, a forma como se processará o pedido, bem como a lista de documentos a seguir elencada, os quais deverão, necessariamente, acompanhá-los quando da distribuição:
a) Comprovante de residência;
b) Comprovante de renda;
c) Certidões de folha corrida;
d) Atestados médicos comprovando saúde física e mental;
e) Foto(s) recentes.

2 - Deverão os interessados, ainda quando da distribuição do pedido de habilitação, preencher todos os campos vazios do formulário que lhes foi entregue, podendo ainda ajuizar o pedido por petição firmada por advogado e interessado, anexando os documentos antes listados;

3 - Distribuído o pedido, para qualquer dos Juizados, cumprirá ao Sr. Escrivão, independentemente de despacho do Magistrado, no prazo de setenta e duas horas, encaminhar os autos para a Equipe de Adoção, à qual cumprirá no prazo de trinta dias, após entrevista

com os interessados, fornecer subsídios por escrito, mediante laudo, bem como opinar no sentido de ser ou não a habilitação deferida;

4 - Sendo o parecer no sentido de ser deferida a habilitação, independentemente de despacho judicial, deverão os autos ser conclusos ao Sr. Promotor de Justiça, para parecer;

5 - Sendo o parecer no sentido de ser indeferida a habilitação, independentemente de despacho judicial, deverá o Sr. Escrivão proceder às intimações dos interessados, os quais poderão manifestar-se a respeito no prazo de cinco dias, após, deverão os autos ser encaminhados ao Sr. Promotor de Justiça;

6 - Lançado o parecer ministerial, deverão ser os autos conclusos para decisão do Magistrado;

Habilitações já julgadas em outros Juizados da Infância e da Juventude, com pedidos de inclusão no Registro Geral de Porto Alegre.

7 - Distribuída a habilitação já julgada em outro Juizado da Infância e da Juventude, cumprirá ao Sr. Escrivão, no prazo de setenta e duas horas, independentemente de despacho judicial, aferir, inicialmente, a autenticidade da documentação que for recebida, assim como se esta contém, necessariamente, os seguintes documentos:

a) Cópia do pedido;
b) Cópia do estudo social e/ou psicológico e/ou laudo psiquiátrico, sendo necessário, pelo menos, um deles;
c) Cópia de decisão judicial.

8 - Verificada pelo escrivão a falta de uma ou mais das peças acima referidas, deverá ele, independentemente de despacho judicial, no prazo de setenta e duas horas, expedir intimação para os interessados, a fim de que os mesmos, no prazo de cinco dias, sob pena de arquivamento, complementem a documentação;

9 - Completa a documentação, independentemente de despacho judicial, deverá o Sr. Escrivão, no prazo de setenta e duas horas, encaminhar os autos para exame da equipe técnica do Juizado, a qual, após inteirar-se dos termos dos estudos presentes nos autos, opinará pela habilitação ou não, ou requererá ao Magistrado a realização de estudos complementares;

10 - Opinando a equipe técnica pelo deferimento da inclusão no registro, serão os autos encaminhados ao Dr. Promotor de Justiça, para parecer;

11 - Opinando a equipe técnica pelo indeferimento do registro, cumprirá ao Sr. Escrivão, no prazo de setenta e duas horas, expedir intimação para os interessados se manifestarem, no prazo de dez dias.

Colocação da criança ou adolescente em família substituta, processo de adoção.
12 - Definida a situação jurídica da criança ou do adolescente, com a possibilidade de ser ela adotada, serão os autos do respectivo processo (perda de pátrio poder, abrigo, etc.), encaminhados à equipe de adoção, a qual cumprirá, no prazo de cinco dias, verificado o registro geral, informar ao Juízo a lista dos interessados naquele tipo de adoção, referindo o nome dos mais antigos, que revelem perfil e estrutura adequados ao recebimento da criança objeto da colocação em família substituta, e qual deles, no seu entender, melhor atenderá os requisitos objetivos e subjetivos da adoção, em relação ao caso que lhes foi enviado.
13 - Recaindo a indicação da equipe técnica sobre interessado que não figura como pessoa com inscrição mais antiga no tipo de adoção proposta, deverá tal manifestação vir devidamente fundamentada, explicando quais as razões pela qual foi efetivada tal escolha.
14 - Sempre que a indicação recair sobre a pessoa que não figura como a inscrição mais antiga no tipo de adoção proposta, antes da decisão, deverá dos autos ser dada vista ao Ministério Público, pelo prazo de 48 horas.

Recebimento inicial de mães com recém-nascidos, que manifestam a intenção de colocá-los em família substituta.
15 - Cumprirá à equipe de adoção o recebimento inicial de mães, que recentemente tiveram seus filhos, e que compareçam espontaneamente ao Juizado da Infância e da Juventude, visando a colocá-los em família substituta, para entrevista e aferição da efetiva motivação que por elas é apresentada, sendo que, constatada a inequívoca intenção nesse sentido, deverá ela, a mãe, ser imediatamente encaminhada a qualquer dos Juizados da Infância e da Juventude, para processualização da extinção do pátrio poder.
16 - Sendo constatada, pela equipe de adoção, que existe a possibilidade de manutenção do vínculo entre a mãe e a criança, deverá ela, a equipe de adoção, imediatamente, encaminhar a genitora ao Conselho Tutelar, ou outras instituições, públicas ou privadas, que busquem o reavivamento do vínculo entre ela e a criança.
17 - Mães ainda grávidas, que comparecerem ao Juizado da Infância e da Juventude procurando, desde esse momento, colocar a futura prole em família substituta, deverão ser encaminhadas à equipe de adoção, a quem incumbirá o encaminhamento dessas mães a entidades públicas e privadas, que busquem a solução desse tipo de

situação, seja pela procura de reavivamento do vínculo entre ela e a criança, seja pelo seu acompanhamento até o nascimento, para que a adoção venha a se efetivar pelos meios legais.

Distribuição dos pedidos de adoção.
18 - Quando da distribuição dos pedidos de adoção, tendo a situação jurídica da criança ou do adolescente sido realizada em Porto Alegre, deverão eles serem encaminhados, por dependência, ao Juízo que proferiu o julgamento.
19 - Os demais pedidos, quando não de adoção internacional, que são de competência privada do 1º Juizado da Infância e da Juventude, serão distribuídos por sorteio.

Disposição geral.
20 - Fica vedado o não-recebimento de pedidos com base em motivos que os não aqui explicitados - ex: ser praxe no Juizado da Infância e da Juventude de Porto Alegre não receber pedidos específicos de habilitação de adoção, em relação a uma determinada criança, eis que o direito de petição é constitucional, toda decisão administrativa ou judicial deve observar o princípio do contraditório, bem como deve ser garantida a mais ampla defesa e o duplo grau de jurisdição.
Extraiam-se cópias da presente, para no verso, serem coletadas as assinaturas de todos os servidores lotados junto ao 1º e ao 2º juizados da Infância e da Juventude, bem como dos técnicos que junto a eles prestem seus serviços.
Extraiam-se, ainda, cópias para encaminhamento ao 3º Juizado da Infância e da Juventude, Justiça Instantânea e Corregedoria-Geral da Justiça.
Cumpra-se

Porto Alegre, 8 de julho de 1999

Breno Beutler Júnior - Juiz de Direito - 1º JIJ
José Antônio Daltoé Cezar - Juiz de Direito - 2º JIJ

Procedimentos para colocação em família substituta
(arts. 165 a 170)

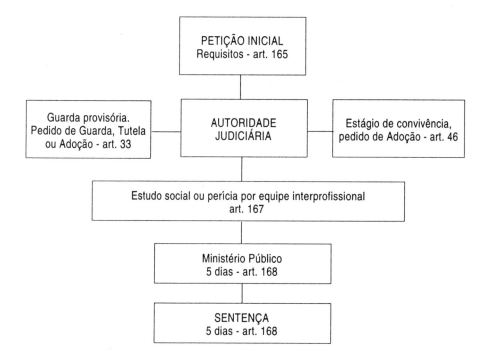

27. Da apuração de infração administrativa

1 - Da apuração de infração administrativa às normas de proteção à criança e ao adolescente pelo JIJ

É regra estatutária que toda a criança ou adolescente têm o direito a informação, cultura, lazer, esportes, diversões, espetáculos e produtos e serviços, desde que seja respeitada sua condição peculiar de pessoa em desenvolvimento.
As obrigações previstas no Estatuto da Criança e do Adolescente não excluem da prevenção especial outras decorrentes dos princípios por ele adotados.
Não sendo observadas as normas previstas no título III da Lei 8.069/90, importará em responsabilidade tanto da pessoa física como jurídica, pois é dever de todos prevenir a ocorrência de ameaça ou violação dos direitos da criança e do adolescente.

O procedimento para imposição de penalidade administrativa por infração às normas de proteção à criança e ao adolescente terá início por representação do Ministério Público, ou do Conselho Tutelar, ou auto de infração elaborado por servidor efetivo ou voluntário credenciado pela autoridade judiciária, devendo o auto ser assinado por duas testemunhas, se possível. No caso de representação pelo Ministério Público ou Conselho Tutelar, deverão ser anexadas as provas que possui (documentos, inquérito, sindicância, etc.), devendo ser especificadas as provas que serão produzidas (testemunhas, etc.) O Juiz, aceitando a representação, determinará diligência fiscalizadora através dos Oficiais de Proteção, onde no decorrer da diligência verificada a denúncia da representação, será lavrado auto de infração, de preferência conforme modelo próprio do JIJ (ver capítulo sobre documentos), onde fiquem caracterizadas natureza e circunstâncias da diligência. A regra manda que testemunhas assinem o auto, somente deixando de fazê-lo se houver impossibilidade. Normalmente assinam como testemunhas os próprios oficiais que acompanham a diligência ou agentes da polícia civil ou militar que dão apoio, já que pessoas que freqüentam estes estabelecimentos negam-se a assinar. No procedimento iniciado com o auto de infração

> Somente o Oficial de Proteção tem competência para a lavratura de Auto de Infração.
>
> "Data vênia, o procedimento para imposição de penalidade administrativa só admite três formas de iniciativa elencadas no art. 194 do ECA, não sendo lícito ao Julgador receber um por outro, sob pena de dar curso ao procedimento nulo, frente à ausência de um dos pressupostos que o tornariam legal e legítimo. Em resumo: membro do Conselho Tutelar não pode, senão com afronta à lei, dar início a procedimento para apuração de infração administrativa por intermédio de auto de infração, cuja legitimidade, para tal autuação, só a tem os Comissários de Menores, sejam concursados ou voluntários credenciados. Por isto, com fundamento no art. 267, § 3º, c/c os arts. 267,IV e VI, 295, I e II, do CPC e 152 do Estatuto da Criança e do Adolescente, desconstitui o processo para que outro seja principiado por quem tiver iniciativa legal. É o voto. Os Des.Paulo Heerdt e Luiz Felipe Azevedo Gomes-De acordo".[29]

2 - Função fiscalizadora do JIJ

Diz o ECA que compete à autoridade judiciária disciplinar, através de portaria, e autorizar, mediante alvará, os locais que possam trazer às crianças e aos adolescentes malefícios morais e físicos (art. 149); ainda, se a medida judicial a ser adotada não corresponder a procedimento previsto nesta ou noutra lei, a autoridade judiciária poderá investigar os fatos e ordenar de ofício as providências necessárias, ouvido o Ministério Público (art. 153). O Juiz da Infância e da Juventude é competente para aplicar penalidades administrativas nos casos de infrações contra norma de proteção às crianças e aos adolescentes (art. 148, VI).

---

[29] Acórdão da 8ª Câmara Cível do TJRS, na Revista de Jurisprudência do TJRS, nº 170, p. 294. Relator Des. Waldemar L. de Freitas Filho.

Trata-se, portanto, de competência concorrente do Juiz da Infância, não tendo o magistrado limitação na aplicação das medidas de proteção à criança e ao adolescente, bem como às respectivas famílias.

A função do Juiz da Infância e da Juventude, esta envolta pelas garantias constitucionais e estatutárias da magistratura, tanto judicial contencioso, como no plano judiciário administrativo, possui uma enorme gama de poderes para a proteção dos "menores".

Esses poderes são variáveis na sua extensão e amplitude, dependendo da situação, competência e jurisdição em que estiver atuando.

Ante essa sempre indeclinável perspectiva, pode e deve o Juiz da Infância e da Juventude adotar medidas prudentes e judiciosas, ao seu inteiro arbítrio, orientado pelo bom-senso e moral social, capazes de cumprir esse princípio soberano, sujeito sempre, logicamente, à apreciação superior mediante recurso.

A estreita relação entre moral social, comportamento público, costumes coletivos e a formação educacional da criança e do adolescente tem revelado a necessidade de o Juizado da Infância e da Juventude e de o Ministério Público dar maior proteção às crianças e aos adolescentes neste setor.

Há de restabelecer um maior controle dos impulsos coletivos, no resguardo da moralidade pública, já que muitos pais que são detentores do pátrio poder dos filhos não se importam onde os mesmos se encontram ou com os locais que freqüentam

Não se trata de, através do Juizado da Infância e da Juventude, reprimir os adultos pelo que eles façam, ou possam assumir, em decorrência de uma responsabilidade penal, mas sim a encenação pública das imoralidades, à vista e aprendizado de crianças e adolescentes, o que efetivamente importa a nós, profissionais da área menorista.

Diz Anísio Garcia Martim, Juiz de Direito: "A fim de poder melhor exercitar sua jurisdição, o Juiz não pode ficar alijado, isolado da comunidade em que vive. Deve conhecer a realidade social e comunitária, cabendo-lhe vivenciá-la e participar ativamente dela".[30] Com o advento do ECA, há correntes que defendem (e são minorias), que o Juiz da Infância deva ficar somente com o julgamento de atos infracionais praticados por adolescentes, deixando os problemas sociais para os Conselhos Tutelares, o que com a devida vênia, este humilde Oficial de Proteção defende que o magistrado deve conhecer a realidade social e comunitária em que jurisdiciona. Só assim

---

[30] Anísio Garcia Martim. *Direito do Menor*. Ed. Leud.

conhecendo de perto os fatos sociais através dos quais deverá aplicar a lei ou regulamentar os ambientes malsãos às crianças e adolescentes, poderá o magistrado, com mais proficiência e autenticidade, proceder a adequação da lei à realidade existente.

Enganam-se aqueles que pontificam que, com o advento da Lei 8.069/90, o Juiz da Infância e da Juventude deva ficar distante dos problemas sociais, simplesmente despachando nos autos ou elaborando sentenças em seu gabinete.

A palpitante matéria social e humana, os grandes problemas menoristas, é a grande oficina de trabalho do magistrado menorista.

Se o Juiz não tiver conhecimento da realidade que o rodeia, não conseguirá solucionar os problemas, na sua palpitante realidade.

Para exercer suas funções com autoridade e eficiência, o magistrado menorista, por atribuição da Lei. 8.069/90, tem o mais amplo instrumento, sempre em função da prevalência dos interesses de crianças e adolescentes.

À autoridade judiciária é atribuída a competência direta da fiscalização, o que será exercida através do Oficial de Proteção da Infância e da Juventude, sobre o cumprimento das decisões judiciais ou determinações administrativas, à assistência, proteção e vigilância de crianças e adolescentes.

O Juiz, através de portarias ou alvará, determinará medidas de ordem geral que forem necessárias, ouvido o Ministério Público, para disciplinar a entrada e permanência de crianças e adolescentes, desacompanhados dos pais ou responsáveis, em locais que possam trazer perigo moral ou físico.

Com base no princípio administrativo, segundo o qual tem competência para regular a matéria, ao Juiz caberá o poder de polícia, nas circunstâncias e situações em que ele pode regular e determinar, em matéria de Estatuto da Criança e do Adolescente.

Assim, como pode o Juiz exercer as atribuições mencionadas nos artigos pertinentes da Lei 8.069/90, sobre essas mesmas atribuições poderá exercer o poder de polícia para fiscalização de locais onde possam haver crianças e adolescentes em riscos moral e físico.

Mas como todo ato administrativo, as decisões do Juiz também se subordinam e se sujeitam ao ordenamento jurídico geral, submetendo-se ao controle da legalidade pelos meios e vias recursais normais, ou por via de mandado de segurança ou *habeas corpus*.[31]

---

[31] Art. 199 (ECA) - Contra as decisões proferidas com base no art. 149 caberá recurso de apelação.

Em se tratando de portaria, a decisão estará por vezes consubstanciada no próprio ato, onde são expostos os fundamentos da medida adotada.[32]

Sendo o recurso cabível o de apelação, subentende-se que não caiba contra decisão interlocutória.[33]

3 - Para preenchimento do auto de infração

Enquadramento dos autuados nos artigos pertinentes da Lei 8.069/90 (ECA), e/ou por Portarias reguladoras, expedidas pela autoridade judiciária.

1) Cinemas e teatros

a) Quando os responsáveis pelas diversões e espetáculos públicos deixarem de afixar em lugar visível e de fácil acesso à entrada do local de exibição, informação destacada sobre a natureza do espetáculo e a faixa etária a que se destina, especificada no certificado de classificação; (Art. 74, parágrafo único - Art. 252)

b) Quando constatada a presença de crianças menores de 10 anos, desacompanhadas dos pais ou responsáveis em locais de diversos e espetáculos públicos. (Art. 75)

2) Videolocadoras e congêneres

Quando as empresas que explorem ou aluguam fitas de vídeo procederem a venda ou locação em desacordo com a classificação atribuída e/ou quando as fitas não exibirem a faixa etária a que se destina. (Art. 77 - art. 256)

3) Bancas de revistas e similares

Quando as revistas e/ou publicações contendo material impróprio ou inadequado a crianças e adolescentes estiverem sendo comercializados sem ser em embalagem opaca e lacrada. (Art. 78 - Art. 81, Inciso V)

4) Bilhares, sinuca ou congêneres

Quando constatada a presença de menores de 18 anos em estabelecimentos que explorem comercialmente bilhar, sinuca e congênere. (Art. 80)

5) Apostas em geral, bingos, casas lotéricas, casas de jogos, etc.

a) Quando constatada a presença de menores de 18 anos em casas de jogos, assim entendidas, as que realizem apostas, ainda que eventualmente. (Art. 80)

---

[32] Art. 198 (ECA) - Nos procedimentos afetos à Justiça da Infância e da Juventude, fica adotado o sistema do CPC, aprovado pela Lei nº 5.869, de 11 de janeiro de 1973, e suas atribuições posteriores com as adaptações: Incisos I a VIII.

[33] Cury, Garrido & Marçura. *Estatuto da Criança e do Adolescente Anotado*. Editora RT.

b) Quando constatada a venda a criança e adolescente de bilhetes lotéricos e equivalentes; (Arts. 80 e 81)

c) Quando constatada a presença de menores de 18 anos, em casas de jogos, assim entendidas as que realizem apostas, ainda que eventualmente (Art. 80).

6) Locais que comercializem bebidas alcoólicas

Quando constatada, em diligências fiscalizadoras, a venda à crianças e adolescentes de bebidas alcoólicas:

a) Art. 81, incisos, II e III;
b) Colocar o número da Portaria expedida pela autoridade judiciária;
c) Lei das Contravenções Penais, art. 63, Inciso I;
d) Art. 243 - No campo de observações do Auto de Infração, colocar que o responsável pelo estabelecimento autuado não exigiu apresentação de documento dos "menores".

7) Hotéis, motéis, pensão e congêneres

Quando constatada a presença de crianças e adolescentes hospedadas em motéis, hotéis, pensão ou estabelecimento congênere, salvos se autorizado ou acompanhado pelos pais ou responsáveis. (Art. 82 - Art. 250)

8) Transporte: aéreo, ferroviário e rodoviário

Quando constatada a viagem de criança, desacompanhada dos pais ou responsáveis e/ou sem autorização expressa da autoridade judiciária. (Art. 83 - Art. 239 - Art. 250).

> É a regra estatutária: nenhuma criança de até 12 anos incompletos poderá viajar para fora da comarca onde reside, desacompanhada dos pais ou responsáveis, sem expressa autorização judicial. I) Não será necessária, também, a autorização judicial para a criança que necessite viajar para comarca contígua à de sua residência: II) Se estiver acompanhada de ascendente ou de colateral maior, até o terceiro grau, comprovado, com documentos, o parentesco: III) De pessoa maior, com autorização escrita pelo pai ou responsável. Tratando-se de viagem ao exterior (art. 84), a autorização é dispensável se a criança ou adolescente viajar na companhia de ambos os pais ou responsáveis. Caso viaje na companhia de um dos cônjuges, deverá solicitar autorização judicial com assinatura de um dos pais. Também não será permitido que criança ou adolescente aqui nascido possa sair do País acompanhado de estrangeiro, sem a prévia autorização judicial (Art. 85).

9) Casas de armas ou comércio de fogos ou congêneres

Quando constatada a venda a criança ou adolescente de armas, munições, explosivos. (Art. 81, Inciso IV - Art. 242 - Art. 244)

10) Comércio

Quando constatada a venda a crianças ou adolescentes de produtos cujos componentes possam causar dependência física ou psíquica, ainda que por utilização indevida. (Art. 81. Incisos II e III - Art. 243)

4 - Respeitados os dizeres do Alvará Judicial (se expedido) ou da Portaria da Autoridade Judiciária, constatando-se a presença de crianças ou adolescentes, desacompanhados dos pais ou responsáveis.

Compete à autoridade judiciária disciplinar, através de portaria, ou autorizar, mediante alvará.

a) Em estádio, ginásio e campo desportivo (Art. 149, I, *a*);
b) Em bailes ou promoções dançantes (Art. 149, I, *b*);
c) Boates ou Congênere (Art. 149, I, *c*);
d) Casa que explore comercialmente diversões eletrônicas (Fliperamas). (Art. 149, I, *d*);
e) Estúdios cinematográficos, estúdios de teatro, estúdios de televisão (Art. 149, I, *e*);
f) Participação de crianças e adolescentes em Espetáculos públicos e seus ensaios. (Art. 149, II, *a*);
g) Certames de beleza (Art. 149, II, *b*).

Não existindo Portaria ou Alvará, é proibida a permanência de menores de 18 anos desacompanhados dos pais ou responsáveis em estabelecimentos que explorem a venda de bebidas alcoólicas ou ambientes não recomendáveis à formação moral do "menor".

Quando o adolescente for apreendido em flagrante de ato infracional, será desde logo encaminhado à autoridade policial competente. (Art. 172)

Anunciar peças teatrais, filmes ou quaisquer representações ou espetáculos, sem indicar os limites de idade a que não se recomendem em anúncios no próprio local de exibição, jornais, *out door*, revistas, postes, painéis, etc. (Art. 253)

Exibir filme, trailer, peça, amostra ou congênere classificado pelo órgão competente como inadequado a crianças e adolescentes admitidos ao espetáculo quando constatada a presença de menores em cinemas e ou teatros com idade inferior à classificação do evento. (Art. 255)

Impedir ou embaraçar a ação de autoridade judiciária, membro do Conselho Tutelar ou representante do Ministério Público no exercício de função prevista no ECA. Dar-se-á "voz de prisão" a quem embaraçou os trabalhos dos oficiais de proteção da infância e da juventude, no estrito cumprimento do dever. (Art. 236)

5 - A quem possa interessar

O procedimento para imposição e penalidade administrativa por infração às normas de proteção à criança e ao adolescente terá início por representação do Ministério Público, ou Conselho Tutelar ou "Auto de Infração" elaborado por "Servidor Público Efetivo" ou "voluntário credenciado", e assinado por duas testemunhas, se possível. (Art. 194, ECA).

Quando do preenchimento do Auto de Infração, em campo próprio para o fundamento legal, não há necessidade de descrição literal da infração cometida, mas apenas a citação dos dispositivos pertinentes (artigos do ECA e/ou do Código Penal), mas se o servidor assim achar necessário, ficará a seu critério o preenchimento do Auto de Infração que deverá ser preenchido com letras de forma legíveis, sem rasuras.

> Conforme acórdão da 8ª Câmara do Tribunal de Justiça do Estado do Rio Grande do Sul somente o Oficial de Proteção tem competência para lavrar Auto de Infração.[34]
> A parte será intimada pelo próprio autuante quando da lavratura do auto, ou por mandado, caso em que receberá cópia do auto ou representação. Se a parte ou seu representante legal não forem encontrados, a intimação será enviada por carta com aviso de recebimento. (Em alguns casos, quando da realização de diligências fiscalizadoras, o proprietário ou gerente não se encontrando no local, o auto é lavrado na presença de funcionário que se encontre no momento (caixa, garçom, etc.), onde o auto é lavrado na sua presença e sendo-lhe entregue uma cópia, devendo o Oficial de Proteção orientar o funcionário a entregar a cópia do auto ao proprietário para conhecimento.
> O requerido terá prazo de 10 dias para a apresentação de defesa, contado da data da intimação, que será feita: a) pelo autuante, no próprio auto, quando este for lavrado na presença do requerido; b) por Oficial de Proteção ou servidor legalmente habilitado, que entregará cópia do auto ou da representação ao requerido, ou a seu representante legal, lavrando certidão; c) por via postal, com aviso de recebimento, se não for encontrado o requerido ou seu representante legal; (d) por edital, com prazo de trinta dias, se incerto ou não sabido o paradeiro do requerido ou de seu representante legal. Não sendo apresentada a defesa no prazo legal, a autoridade judiciária dará vista dos autos ao Ministério Público, por cinco dias, decidindo de igual prazo. Apresentada a defesa, a autoridade judiciária procederá na conformidade do artigo 196, ou, sendo necessário, designará audiência de instrução e julgamento. Colhida a prova oral, manifestar-se-ão sucessivamente o Ministério Público e o procurador do requerido, pelo tempo de vinte minutos para cada um, prorrogável por mais dez, a critério da autoridade judiciária, que em seguida proferirá sentença.

28. Mandados judiciais

Extraímos da obra *Novo Dicionário Aurélio da Língua Portuguesa*, de autoria do mestre Aurélio Buarque de Holanda, Editora Nova Fronteira, obra indispensável na biblioteca de qualquer pessoa que se interessa em escrever corretamente, alguns vocábulos de interesse para as atividades profissionais dos Oficiais de Proteção.

---

[34] Acórdão da 8ª Câmara Cível do TJRS, relator Des.Waldemar L. de Freitas Filho, Revista de Jusrisprudência do RTJRS, volume 170, p. 294.

Mandado - [Part. de mandar] 1) Diz-se daquele a quem mandaram 2) Que se mandou; dirigido, remetido 3) Orientado, comandado 4) Aquele a quem mandaram 5) v. Mandamento 6) Recado - incumbência, mandamento 7) Ordem ou determinação imperativa 8) Ordem escrita que emana de autoridade judicial ou administrativa.

Comarca - [De com + marca] Circunscrição judiciária sob a jurisdição de um ou mais juízes de direito

Certidão - [Do lat. *certitudine*, com mudança de sufixo] 1) Documento passado por funcionário que tem fé pública (Oficial de justiça, Escrivão, Tabelião, etc.), e no qual se reproduzem peças processuais, escritos constantes de suas notas, ou se certificam atos e fatos que eles conheçam em razão do ofício. [C.F. atestação] 2) Atestado.

Certificar - [Do lat. *certificare*] 1) Afirmar a certeza de; atestar: *A prova a que a submeteram certificou a segurança de seu conhecimento*. 2) Passar a certidão de: *certificar um óbito*. 3) Convencer da verdade ou da certeza de algo; tornar ciente: *Certifiquei-o do ocorrido*. 4) Afirmar, asseverar. 5) Ter a certeza de: *quis certificar do ocorrido antes de enviar o...* 6) Convencer-se, persuadir-se.

Certificado - 1) Contido em certidão. 2) Conteúdo de uma certidão. 3) Documento em que se certifica alguma coisa.

Fé - 1) Firmeza na execução de uma promessa ou de um compromisso. 2) Crença, confiança 3) Asseveração de algum fato. 4) Testemunho autêntico que determinados funcionários dão por escrito acerca de certos atos, e que tem força em juízo [Cf. fé]

Fé pública - 1) Presunção legal de autenticidade, verdade ou legitimidade de ato emanado de autoridade ou de funcionário devidamente autorizado, no exercício de suas funções. [Dar fé a...], [Dar fé de...]. 2) Afirmar como verdade 3) Garantir, por encargo legal, a verdade ou a autenticidade do texto.

> A citação e a notificação só poderão ser feitas por intermédio do Oficial de Justiça (*com o advento da Lei Estadual 10.720/96, os Oficiais de Proteção passaram a ter fé pública nos atos pertinentes à justiça menorista*), o mesmo não se exigindo para a intimação, que poderá ser feita pelo escrivão. Para tanto, seus atos têm fé pública (presunção da verdade). O Oficial de Proteção deverá, no cumprimento de mandados, ser previdente e cauteloso, sempre que possível fazer com que suas diligências sejam testemunhadas (embora não seja exigência legal o uso de testemunhas), mas a certidão deverá conter todas as formalidades exigidas e com as devidas cautelas. Todo ato emanado de um Oficial de Proteção (que é um servidor público), deve ser assinado por ele, tornando-se legal e autêntico. Este princípio baseia-se nas atribuições dos Oficiais de Justiça, aos quais os Oficiais de Proteção ficaram equiparados pela Lei 10.720/90 já mencionada.

Da por fé - 1) Afirmar como verdadeiro; certificar. 2) Garantir, por encargo legal, a verdade ou autenticidade do conteúdo de um documento ou relato; portar por fé.

Fazer fé - 1) Ser digno de crédito. 2) Prestar testemunho autêntico. (Certifico e dou fé - "cumpri e disse a verdade")

Na ciência jurídica, aceita-se o princípio já consagrado, de que não há certidão ou ato judicial ou jurídico perfeito (perfeito e acabado), sem assinatura ou subscrição que o autentique, como bem define Wilson Bussada "o que é a assinatura que atesta a existência do ato, da perfeição deste". Portanto, esta é uma formalidade essencial para que o ato torne-se válido. Quando o Oficial de Proteção assina um ato, porta por fé, pois uma diligência por ele efetuada, sem que o documento seja assinado, inexiste, não tem valor jurídico. Devemos atentar que a fé pública, seja do Oficial de Proteção ou do Oficial de Justiça, não é absoluta, pelo motivo que seja permitida prova em contrário, podendo o poder certificante ser anulado. Deverá ser cabal e convincente a contraprova, pois deverá ser demostrada a falsidade ideológica. "Diante de duas certidões que se repelem, não havendo elementos que demostrem *a priori*, qual a exata, a solução criteriosa seria aquela que mais atendesse aos interesses da defesa ou os direitos do réu". (Revista Forense, LXVI/177). A certidão do Oficial de Proteção prevalecerá, se for afirmada que o ato é falso ou que o oficial se enganou, por testemunhas consideradas não idôneas, ficando sempre reservado à parte interessada o direito de apresentar prova em contrário. Já é decisão dos tribunais brasileiros, que a certidão emanada por Oficiais de Justiça merece fé, evidentemente que deverá conter todas as formalidades e cautelas exigíveis; mesmo que o interessado não prove a falsidade (como diz Wilson Bussada, "seria quase impossível fazê-lo, aquela certidão poderá ser anulada, se houver dúvida fundada sobre o valor probante respectivo"[35] (3º C/C do Tribunal de Alçada/SP, ag. de pet. nº 49.790, Revista dos Tribunais, 330/659; que "a certidão do Oficial de Justiça não pode ser ilidida por atestado de particular". Revista Forense, CXX/557; é que "é necessário o depoimento do oficial de justiça sobre a matéria contida em certidão sua pois merece fé pública (5º C/C do TJ/DF(GB), apel. nº 5.450, Revista Forense, CI/519. Afirmando que fé pública não é sinônimo de verdade, o mestre Couture, em sua monografia (*El Concepto de Fé Pública*, p. 24 e 35), leciona que a fé pública é uma atestação qualificada. O funcionário cujos documen-

---

[35] Wilson Bussada. *Manual Teórico e Prático do Oficial de Justiça*. Ed.Liber Juris, p. 22.

tos faz fé assevera o que ocorreu ante ele, representa-o no documento e essa representação é tida por certa dentro dos limites que determina o direito positivo. Dessa forma, a certeza prevalece até prova em contrário. Por conseqüência, fé pública é a qualidade e autoridade de uma contestação.

29. Cumprimento de mandados

Provimento nº 08/97-CM

O Excelentíssimo Desembargador Clarindo Favretto, Vice-Corregedor-Geral da Justiça, no uso de suas atribuições legais,
Considerando o disposto no art. 26 e § 1º da Lei Estadual nº 10.720, de 17 de janeiro de 1996, que transformou o cargo de Comissários de Menores em "Oficial de Proteção da Infância e da Juventude" alterou a síntese dos seus deveres e atribuições (art. 208 da CNCGJ) prevista na Lei nº 7.305/79.
Considerando, precisamente, que é de todo desejável a uniformização e a execução da política de atendimento à criança e ao adolescente por técnicos qualificados para tanto,
Provê:
Art. 1º - Compete aos Oficiais de Proteção da Infância e da Juventude, privativa e exclusivamente, o exercício das atribuições sintetizadas na legislação supra-referida, em especial o cumprimento de todos os mandados oriundos dos feitos afetos ao Juizado da Infância e da Juventude;
Art. 2º - Em seus eventuais impedimentos, por motivo de férias, licenças e causas diversas, serão substituídos por outros Oficiais de Proteção da Infância e da Juventude, e, na ausência destes, pelos Oficiais de Justiça da Comarca (Resolução nº 02/85-CM e art. 206, inc. V, da CNCHJ);
Art. 3º - Este Provimento entrará em vigor na data de sua publicação, revogadas as disposições em contrário.

Corregedoria-Geral da Justiça aos onze dias do mês de março do ano de mil, novecentos noventa e sete.

Publique-se
Cumpra-se

Des. Clarindo Favretto
Vice-Corregedor-Geral da Justiça.

Como vemos, com a publicação do Provimento acima publicado, no Diário da Justiça de 07/04/97, os Oficiais de Proteção da Infância e da Juventude receberam a atribuição de cumprir os mandados relativos aos feitos do Juizado da Infância e da Juventude.
De acordo com o Provimento, no Rio Grande do Sul, todas as diligências relativas aos processos que envolvam crianças e adolescentes, de acordo com o Estatuto da Criança e do Adolescente, Lei 8.069/90, são realizadas pelos Oficiais de Proteção da Infância e da Juventude.

Assim, no Rio Grande do Sul, os Oficiais de Proteção da Infância e da Juventude continuam sendo os auxiliares do Juiz (*longa manus*), encarregados do cumprimento dos atos processuais (mandados de citação, intimação, notificação, busca e apreensão, condução, apresentação, afastamento do lar, penhora, sindicâncias e outras determinações emanadas da autoridade judiciária), sendo suas certidões ditadas de *fé pública*.

1 - Comunicação dos atos processuais

Os atos de comunicação assumem especial relevo dentro do processo em face das garantias constitucionais do contraditório e da publicidade. Tudo o que existe dentro do processo é objeto de comunicação, mesmo porque não se concebe um processo onde suas fases sejam desconhecidas dos seus interessados. Dois são os de comunicação: a *citação* e a *intimação*. A citação tem lugar no início do processo, para completar sua formação válida; é o ato pelo qual o demandado é chamado para defender-se ou cumprir sua obrigação. A citação materializa o conhecimento do processo pela pessoa que irá respondê-lo. A intimação refere-se aos demais atos de ciência dados a alguém no decurso do feito.

2 - Citação

A lei processual prevê citações pelo Oficial de Justiça, pelo correio e ainda por edital. Em todas elas a ordem de citação deverá conter vários requisitos: identificação do juízo, partes e demanda; finalidade da citação, prazo, etc., respeitados os preceitos legais, de modo a deixar inequívoca a ciência do mandado. Nada obsta, ainda, que o próprio Escrivão proceda a citação quando já houver ordem neste sentido e o citando encontrar-se em Cartório.

Com o advento da Lei 10.720, de 18 de janeiro de 1996, que novas atribuições e denominação aos antigos Comissários de Menores, que passaram a chamar-se "Oficiais de Proteção da Infância e da Juventude", estes servidores passaram a ter fé pública, ficando incumbidos do cumprimento de todos os mandados judiciais exarados pela Justiça da Infância e da Juventude.

3 - Mandado

Na Justiça da Infância, os mandados judiciais são cumpridos pelos Oficiais de Proteção, conforme nos reportamos na nota acima. De acordo com os preceitos legais exigidos, conterá os seguintes dados:

a) nome das partes ou indicações que permitam que sejam encontradas (apelidos, etc.);

b) finalidade do mandado (citação, intimação, notificação, apreensão, condução, penhora, averiguação, internação, etc.), para que a parte tenha conhecimento por que está sendo chamada em juízo;

c) dia, hora e lugar do comparecimento, quando for o caso (endereço do Foro ou algum hospital ou clínica, escola, etc.)

d) cópia do despacho inicial do Juiz ou representação do MP;

e) prazo para defesa (não basta consignar o "prazo legal", mas o quantitativo de "tantos dias";

f) assinatura do Juiz ou do Escrivão (a assinatura do Escrivão será necessário seja inserida a declaração que este o faz por ordem do magistrado, caso contrário o mandado será nulo).

O cartório enviará o comando à Central de Mandados, onde será distribuído (dependendo da zona), ao Oficial de Proteção para ser cumprido, onde após o servidor esclarecerá as diligências realizadas, lançando as certidões pertinentes. Se for o caso, poderá fazer uso da "hora certa". Poderá ainda o mandado ser cumprido através do Correio ou por Edital:

1) *Correio* - é realizada com carta registrada com aviso de recebimento "em mão própria" (ARMP), enviada pelo Escrivão e contendo os elementos que permitam ao citando defender-se devidamente;

2) *Edital* - quando o citando não é encontrado ou conhecido, seja por desconhecido seu endereço, bem como ignorado, incerto ou inacessível o lugar onde se encontra. Expedir-se-á edital com o prazo fixado pelo Juiz (entre vinte e sessenta dias), a ser publicado uma vez no Diário Oficial ou órgão da imprensa escrita local, se houver.

4 - Intimações

A lei processual define a intimação como "o ato pelo qual se dá ciência a alguém dos atos ou termos do processo, para que se faça ou deixe de fazer alguma coisa (art. 234 do CPC). Como a movimentação processual é feita por impulso oficial, não dependendo da provocação dos interessados, resulta que as intimações podem ser feitas pelo Escrivão, Oficial de Proteção ou Imprensa. Além destas formas, existe a feita na própria audiência, automaticamente, pelo simples fato de estar presente à mesma o intimado. O escrivão intimará o interessado diretamente, nos autos, ou remeterá comunicação neste sentido, por carta. O Oficial de Proteção deverá portar mandado.

A intimação pela imprensa deve ser reservada somente para os casos onde a pessoa não for encontrada nos endereços fornecidos, expedindo-se edital. Assim como na citação, o Escrivão certificará nos autos, e o Oficial de Proteção, no mandado, a respeito da efetivação da intimação, incluindo nome de testemunhas que tenham assistido ao ato quando o intimado recusar-se a apor sua nota de ciente. A correta documentação do ato tem grande importância em face dos efeitos daí decorrentes (contagens e prazos, etc.).

5 - Disposições do CPC

Art. 234. Intimação é o ato pelo qual se dá ciência a alguém dos atos e termos do processo, para que faça ou deixe de fazer alguma coisa.

Art. 235. As intimações efetuam-se de ofício, em processos pendentes, salvo disposição em contrário.

Art. 236. No Distrito Federal e nas Capitais dos Estados e dos Territórios, consideram-se feitas as intimações só pela publicação no órgão oficial.

§ 1º. É indispensável, sob pena de nulidade, que da publicação constem os nomes das partes e de seus advogados, suficientes para sua identificação.

§ 2º. A intimação do Ministério Público, em qualquer caso, será feita pessoalmente.

Art. 237. Nas demais comarcas aplicar-se-á o disposto no artigo antecedente, se houver órgão de publicação dos atos oficiais, não o havendo, competirá ao escrivão intimar, de todos os atos do processo, os advogados das partes:

I - pessoalmente, tendo domicílio na sede do juízo;

II - por carta registrada, com aviso de recebimento, quando domiciliado fora do juízo.

Art. 238. Não dispondo a lei de outro modo, as intimações serão feitas às partes, aos seus representantes legais e aos advogados pelo correio ou, se presentes em cartório pelo escrivão ou chefe de secretaria.

Art. 239. Far-se-á a intimação por meio de Oficial de Justiça quando frustrada a realizada pelo correio.

Parágrafo único. A certidão de intimação deve conter:

I - a indicação do lugar e a descrição da pessoa intimada, mencionando, quando possível, o número de sua carteira de identidade e o órgão que a expediu;

II - a declaração de entrega da contrafé;

III - a nota de ciente ou certidão de que o interessado não a opôs no mandado.

Art. 240. Salvo disposição em contrário, os prazos para as partes, para a Fazenda Pública e para o Ministério Público contar-se-ão da intimação.

Parágrafo único. As intimações consideram-se realizadas no primeiro dia útil seguinte, se tiverem ocorrido em dia que não tenha havido expediente forense.

Art. 241. Começa a correr o prazo:

I - quando a citação ou intimação for pelo correio, na data de juntada aos autos do aviso de recebimento;

II - quando a citação ou intimação for por Oficial de Justiça, na data da juntada aos autos do mandado cumprido;

III - quando houver vários réus, na data de juntada aos autos do último aviso de recebimento ou mandado citatório cumprido;

IV - quando o ato se realizar em cumprimento a carta de ordem, precatória ou rogatória, na data de sua juntada aos autos devidamente cumprida;

V - quando a citação for por edital, finda a dilação assinada pelo juiz.

Art. 242. O prazo para interposição de recurso conta-se da data, em que os advogados são intimados da decisão, da sentença ou do acórdão.

§ 1º. Reputam-se intimados nas audiências, quando nesta é publicada a decisão ou a sentença;

§ 2º. Havendo antecipação da audiência, o juiz, de ofício ou a requerimento da parte, mandará intimar pessoalmente os advogados para ciência da nova designação.

6 - Condução

A pessoa arrolada como testemunha está obrigada a comparecer em juízo em local e hora designados para depoimento, em qualquer ação penal, salvo na hipótese prevista em lei (CPP e CPC). Se a testemunha regularmente notificada deixar de comparecer sem motivo justificado, o juiz poderá requisitar sua apresentação no JIJ; esta diligência é cumprida por Oficial de Proteção. Autoriza-se assim a condução coercitiva (na linguagem forense, condução abaixo de vara). Nos casos onde não houver comparecimento voluntário de partes, testemunhas, parentes, etc., o Juiz determinará a intimação; caso a parte, mesmo intimada, não comparecer à ordem do magistrado, o mesmo determinará a expedição de "Mandando de Condução", onde será conduzida por Oficiais de Proteção.

7 - Cartas precatórias, rogatórias e de ordem

Se os atos de comunicação tiverem de ser realizados fora dos limites territoriais da comarca do juiz que os determina, deverão ser objeto de pedido deste para o titular da outra comarca, através de carta precatória, ou suas variantes carta de ordem e carta rogatória. O juiz "deprecante" encaminhará pedido ao Juiz "deprecado" através de documentação necessária "instrumento" para que o ato se realize. Se for citação, mandará cópia da petição inicial para que o Juiz (deprecado) providencie sua entrega ao destinatário.

A carta precatória é enviada de Juiz para Juiz; Tribunal para Tribunal; a carta de ordem, de Tribunal para Juiz ou de Tribunal Superior (exemplo); STF para Tribunal; a carta rogatória para o exterior. Todas estas cartas estão sujeitas a determinados requisitos formais: indicação dos Juízes (ou Tribunais) de origem e cumprimento do ato; inteiro teor da petição, despacho e instrumento do mandado conferido ao advogado; menção da diligência a realizar-se; o encerramento com a assinatura do Juiz; o prazo para o cumprimento. As cartas são "itinerantes", ou seja, podem ser apresentadas a outro juízo que não o constante originariamente como deprecado, cabendo a este mesmo fazer a remessa, dando conta ao juízo deprecante. Exemplo:

O Juiz de Porto Alegre manda carta precatória de citação para o Juiz de Santo Ângelo; o Oficial de Proteção, ao cumprir o mandado, descobre que o réu reside na comarca de Caxias do Sul; o Juiz de Santo Ângelo deverá mandar a carta para o Juiz de Caxias do Sul, diretamente, comunicando ao Juiz de Porto Alegre a ocorrência. Em casos de urgência, as cartas poderão ser enviadas através de meios alternativos: telefone, telegrama, fax. Há de se tomar cuidado com a autenticidade, como se vê do artigo 205 do CPC. Uma vez cumprida a carta, será devolvida em dez dias, não permanecendo translado em cartório.

8 - Comarcas integradas

Quando se tratar de comarcas integradas, os atos de comunicação não exigem cartas, mas simples mandados a serem cumpridos pelos Oficiais de Proteção das mesmas (na comarca que não tiver ainda Oficial de Proteção, o ato será cumprido por Oficial de Justiça e vice-versa, mudando um pouco o sistema). O comparecimento das partes é no foro onde ocorre o processo. As testemunhas, porém, têm o direito de prestar depoimentos no seu domicílio.

30. Mandados judiciais na Justiça da Infância e da Juventude

Tudo o que existe dentro do processo é objeto de comunicação, mesmo porque não se concebe um processo onde suas fases sejam desconhecidas dos seus interessados. A lei processual prevê que estas comunicações sejam feitas por Oficial de Justiça (na Justiça da Infância e da Juventude, por Oficiais de Proteção), pelo correio, ou por edital publicado na imprensa. Nada impede que o próprio Escrivão proceda à comunicação (citação, intimação ou notificação), quando houver ordem do juiz neste sentido e o citando (intimando ou notificando).[36]

1 - Fé pública
Presunção de verdade, usualmente com as expressões *certifico* e *dou fé*, presumem-se verdadeiros os atos praticados pelo Oficial de Proteção, Oficial de Justiça, Escrivão e Oficial Escrevente (este quando devidamente autorizado pelo Juiz e *salvo prova em contrário* (esta prova deve ser robusta e evidenciar a prática de ato irregular ou a alusão a fatos que não ocorreram na realidade).

2 - O mandado
Ordem judicial, comunicação, que é confeccionado em Cartório e entregue ao Oficial de Proteção, ou Justiça, deve conter os requisitos exigidos no Art. 225 do CPC, de modo a deixar inequívoca a ciência do mandado.

3 - Quando
Os atos processuais devem ser realizados nos dias úteis, das 6 às 20 horas (Art. 172 do CPC). Fora do horário legal, só se o ato tiver iniciado antes das 20 horas (§ 1º, CPC), ou, se tiver autorização expressa do Juiz.

4 - Onde
Nas comarcas contíguas, de fácil comunicação, e nas que se situem na mesma região metropolitana, o Oficial poderá efetuar citações e intimações em qualquer delas (art. 230. CPC). Nas comarcas onde há Central de Mandados, busca-se o cumprimento de mandados com maior rapidez e eficácia.

---
[36] Ver item 29 - Provimento nº 08/97-CGJ/RS.

A comarca é dividida em zonas, e os Oficiais cumprem os mandados dentro de suas zonas onde são lotados. Dependendo da extensão da zona e densidade de mandados, poderá ser lotado mais de um Oficial.

5 - Como

Nas duas grandes áreas processuais (Civil e Penal), os atos praticados na Justiça da Infância e da Juventude pelo Oficial de Proteção poderão ser:

a) *Atos de simples comunicação* - de algo ocorrido no processo, nestes casos, as diligências são relatadas de uma forma mais simples, apenas um breve relatório, através de uma certidão;

b) *Atos de contrição* - nestes casos, é necessário que as diligências sejam relatadas com maior precisão de detalhes, o que é feito através de um auto, que é uma espécie de relatório (uma narração circunstanciada), do ocorrido durante o cumprimento da ordem judicial, descrevendo em suas características gerais e particulares, bem como o estado em que se encontra a criança ou o adolescente, ou outro motivo a ser diligenciado.

6 - Atos de comunicação

Podemos distinguir três atos de comunicação:

a) *Citação* - ato pelo qual o demandado é chamado para defender-se ou para cumprir sua obrigação, ocorre no início do processo para completar sua formação válida, materializando o conhecimento do processo pela pessoa que irá respondê-lo. Para a validade do processo é indispensável a citação inicial do réu (Art. 214 do CPC).

b) *Intimação* - ato de ciência dado a alguém no decurso do processo. É o ato pelo qual se dá ciência a alguém dos atos e termos do processo, para que faça ou deixe de fazer alguma coisa. As intimações efetuam-se de ofício, em processos pendentes, salvo disposição em contrário. (Arts. 234 e 235 do CPC).

c) *Notificação* - ato de comunicação a alguém, de que deverá comparecer em juízo (audiência), em data e hora determinadas. É empregado para designar todo o ato processual que tem por fim levar ao conhecimento de certa pessoa, seja parte ou interessada no feito, ato judicial ali praticado, a pedido da outra parte ou por ofício do juiz.

7 - Na área civil (CPC)

Incumbe ao Oficial procurar o réu e, onde o encontrar, citá-lo (Art. 226. CPC):

a) lendo-lhe o mandado e entregando-lhe a contrafé;

b) portando por fé se recebeu ou recusou a contrafé;

c) obtendo a nota de ciente, ou certificando que o réu não a apôs no mandado;

A certidão de intimação deve conter (Art. 239, par. único, CPC):

a) a indicação do lugar e a descrição da pessoa intimada, mencionando, quando possível, o números de sua carteira de identidade e o órgão que a expediu;

b) a declaração de entrega da contrafé;

c) a nota de ciente ou certidão de que o interessado não a apôs no mandado.

8 - Na área penal (CPP)

A citação inicial far-se-á por mandado, quando o réu estiver no território sujeito à jurisdição do Juiz que a houver ordenado (Art. 351, CPP). São requisitos da citação por mandado.

a) leitura do mandado ao citando pelo Oficial e entrega da contrafé, na qual se mencionarão o dia e a hora da citação;

b) declaração do oficial, na certidão, de entrega de contrafé, e sua aceitação ou recusa.

Verificando que o réu se oculta para não ser citado, a citação far-se-á por edital, com o prazo de cinco dias (Art. 362 do CPP), verificando-se que o réu se oculta para não ser citado, a citação far-se-á por edital, com prazo de cinco dias. Assim, verifica-se que na área penal não há citação por hora certa. O citando deve ser procurado em todos os endereços constantes dos autos e que devem ser indicados no mandado (residência, local de trabalho, etc.). O oficial deve haver-se com zelo, só lavrando a certidão negativa após esgotar os meios de que dispõe, conforme o mandado citatório, sob pena de nulidade da citação por edital. É pacífica a jurisprudência a respeito dessa nulidade se o citando não foi procurado pelo oficial em todos os endereços constantes no mandado e naqueles que obteve em razão de suas diligências.

A citação por edital é efetuada também quando haja fundada suspeita de que o citando esteja se ocultando para não ser citado pessoalmente. Há casos em que a pessoa a ser citada muda constantemente de endereço, deixa de comparecer no seu local de trabalho ou somente aparece na sua residência em horários preestabelecidos, deixa de comparecer em locais que freqüenta habitualmente, após insistentes diligências do Oficial de Proteção a fim de efetuar a citação pessoal, deve o Oficial lavrar certidão circunstanciada, ou seja, as razões por que acredita que a parte a ser citada está se ocultando.

O Juiz examinará o fato e, caso concorde com a certidão, deve determinar a citação por edital, sendo o prazo de cinco dias. A citação ainda será feita por edital, quando inacessível, em virtude de epidemia, de guerra ou por outro motivo de força maior, o lugar em que estiver o réu. Quando incerta a pessoa que tiver de ser citada (Art. 363 do CPP).

No CPP existe diferença entre intimação e notificação. As intimações (ou notificações) são feitas da mesma forma como são feitas as citações, ou seja, por mandado, por ofício requisitório, por edital, etc. Com o acréscimo de que as intimações também podem ser efetuadas pelo escrivão (que não pode citar, mas pode intimar), por despacho em petição que servirá de mandado (art. 371), por termo nos autos (art. 372) e pela publicação no órgão oficial (art. 370, § 2º, do CPP, na redação da Lei 8.701/93). O Ministério Público é sempre intimado pessoalmente (Lei 8.625/93) (art. 800 do CPP), assim como o membro da Advocacia-Geral da União (Lei 9.028/95) e o defensor nomeado (art. 370, § 4º, do CPP).O defensor público também é sempre intimado pessoalmente, contando-se-lhe em dobro todos os prazos (Lei 1.060/50, art. 5º, § 5º; art. 44, I, da LC 80, de 12.01.94, que organizou a Defensoria Pública da União).

A intimação de sentença tem regras especiais, detalhadas nos arts. 392, 414 e 415 do CPP. A intimação pelo correio não é prevista no CPP.[37]

9 - Certidões

Derivado do latim *certituto*, de *certus*, na técnica jurídica tem sentido próprio, que não se confunde com o genérico e vulgar. Significa o atestado ou ato pelo qual se dá testemunho de um fato. No rigor da técnica jurídica, certidão expressa exatamente toda cópia autêntica feita por pessoa que tenha fé pública, de teor de ato escrito, registrado em autos ou em livro.

Documento passado por funcionário público que tem fé pública (escrivão, tabelião, oficial de justiça, etc.), e no qual se reproduzem peças processuais, escritos constantes de suas notas. Ou se certificam atos e fatos que eles conheçam em razão de seu ofício (atestação-atestado).

De posse do mandado, o Oficial de Proteção diligenciará no seu cumprimento, após a diligência efetuada, esclarecerá certificando os fatos pertinentes. É muito importante que o Oficial de Proteção documente corretamente o ato, pois a certidão correta é muito importante em face dos efeitos decorrentes (contagens de prazo, etc.).

---

[37] Maximiliano Claudio Américo Fuhrer. *Resumo de Processo Penal*. Ed. RT.

O Oficial de Proteção deverá atentar quando lavrar uma certidão ou auto, que no verso do mandado deve haver um espaço da margem direita de no mínimo 8 centímetros, isto facilitará a visão do texto da certidão lavrada, permanecendo visível após a juntada do mandado no processo. Há ocasiões que o endereço indicado no mandado não coincide com o endereço real da parte.

No cumprimento do mandado, tendo o Oficial de Proteção verificado o endereço exato, deverá, após o cumprimento do mandado, reiterar o novo endereço quando lavrar a certidão, colocando em destaque (de preferência cobrir a frase com caneta marca-texto de cor amarela ou verde), destacando na certidão sob forma de observação, isto auxiliará o cartório, para que possa atualizar o endereço acrescentando os detalhes fornecidos pelo oficial, possibilitando a simplificar e agilizar em diligências futuras.

10 - Certificado

Derivado de *certificatio*, de *certificare*, na técnica jurídica, tem a prioridade de indicar o documento onde se assevera ou se atesta a existência de um fato, de que se é testemunha, em razão do ofício.

> CERTIFICADO - [Part. de *certificar*] 1) Contido em certidão. 2) Tido por certo, asseverado. 3) O conteúdo de uma certidão. 4) Documento em que se certifica alguma coisa.

11 - Certificar

Tanto significa dar ou fornecer certidões, como dar ou fornecer certificados. Deste modo, tanto na certidão como no certificado, é costume se iniciar com a expressão: *certifico*.

> CERTIFICAR - [Do latim *certificare*] 1) Afirmar a certeza de; atestar; passar a certidão de; certificar o cumprimento de um mandado. 2) Convencer da verdade ou da certeza de algo. 3) Tornar ciente. 4) Afirmar, asseverar.[38]

31. Procedimento do Oficial de Proteção

O Oficial de Proteção, ao localizar a parte, deverá identificar-se, informando-o do motivo da visita, devendo ler e oferecer-lhe para ler o mandado e/ou cópia da representação ou sentença, etc., que acompanha o mandado. Oferece cópia do mandado (contrafé) e cópias dos demais documentos que acompanham o mandado, solicitando para que a parte dê seu ciente, assinando na parte superior do mandado, onde logo abaixo, o oficial lavrará uma certidão (breve

---

[38] Aurélio Buarque de Holanda. *Novo Dicionário da Língua Portuguesa*. Ed. Nova Fronteira.

relatório) ou se o oficial desejar (relatório circunstanciado) do ocorrido e que deverá conter os requisitos básicos, conforme modelo abaixo.

> CERTIFICO E DOU FÉ que, em cumprimento ao respeitável mandado retro, me dirigi ao endereço indicado Rua..................n°........, bairro e aí, às ...... horas, procedi à citação (ou intimação, notificação) de (Fulano de Tal), onde após ter-lhe lido e dado a ler, que bem ciente ficou de todo o conteúdo, aceitando (ou não aceitando) a contrafé (conjunto de cópias que acompanham o mandado) que lhe ofereci, assinando acima como se vê (ou que se negou a assinar).
> Porto Alegre, ...de..................de 2000.
>
> (assinatura)
> Oficial de Proteção

1 - Mandado por hora certa - CPC

Art. 227. Quando por três vezes, o Oficial de Justiça houver procurado o réu em seu domicílio ou residência, sem o encontrar, deverá, havendo suspeita de ocultação, intimar a qualquer pessoa da família, ou em sua falta a qualquer vizinho que, no dia imediato voltará, a fim de efetuar a citação, na hora que designar.

Art. 228. No dia e hora designados, o oficial de justiça, independentemente de novo despacho, comparecerá ao domicílio ou residência do citando, a fim de realizar a diligência.

§ 1º. Se o citando não estiver presente, o oficial de justiça procurará informar-se das razões da ausência, dando por feita a citação, ainda que o citando se tenha ocultado em outra comarca.

§ 2º. Da certidão da ocorrência, o oficial de justiça deixará contrafé com a pessoa da família ou com qualquer vizinho, conforme o caso, declarando-lhe o nome.

Art. 229. Feita a citação com hora certa, o escrivão enviará ao réu carta, telegrama ou radiograma, dando-lhe de tudo ciência.

Como podemos ver, a lei refere-se à "citação por hora certa", mas, por extensão também poderá ser utilizada também nas "intimações e notificações", observando-se que este procedimento somente poderá ser utilizado em *procedimentos cíveis e nunca em procedimentos penais*. Tendo o Oficial de Proteção absoluta certeza de que a parte está tentando ocultar-se ou evitar encontrar-se com o Oficial, este poderá fazer uso da *hora certa*, no cumprimento do mandado. Quando por três vezes o Oficial houver procurado a parte (o artigo do CPC não refere-se a dias seguidos), mas é de bom-senso que assim o oficial faça, e, tendo o oficial absoluta certeza de que a parte está ocultando-se propositadamente, o oficial deverá comunicar a quem esteja no local, que retornará no dia imediato, e que a pessoa lá deverá ficar aguardando, a fim de que o comando judicial seja cumprido, devendo o oficial retornar no dia e hora aprazado, estando ou não presente a parte, o mandado será considerado cumprido.

O Oficial de Proteção fará um relatório (certidão) a respeito do ocorrido quando da diligência, incluindo o nome e endereço de testemunhas que tenham assistido ao ato (quando o intimando se recusar a assinar o recebimento das cópias que acompanham o mandado e sua ciência).

> Na citação por hora certa, torna-se obrigatória a procura pelo Oficial de Proteção, do citando, por três vezes distintas em seu domicílio ou residência, não o encontrando, poderá falar em suspeita de ocultação por parte do citando.

2 - Das citações e intimações (arts. 18 a 19) da Lei 9.099/95 (CPC)

Art. 18 A *citação* far-se-á:

I - por correspondência. Com aviso de recebimento em mão própria;

II- tratando-se de pessoa jurídica ou firma individual, mediante entrega ao encarregado da recepção, que será obrigatoriamente identificado;

III- sendo necessário, por Oficial de Justiça, idependentemente de mandado ou carta precatória.

§ 1º - A citação conterá cópia do pedido inicial, dia e hora para comparecimento do citando e advertência de que, não comparecendo este, considerar-se-ão verdadeiras as alegações iniciais, e será proferido julgamento, de plano.

§ 2º - Não se fará citação por edital.

§ 3º - O comparecimento espontâneo suprirá a falta ou nulidade da citação.

Art. 19 - As *intimações* serão feitas na forma prevista para citação, ou por qualquer outro meio idôneo de comunicação.

§ 1º - Dos atos praticados na audiência, considerar-se-ão desde logo cientes as partes.

§ 2º - As partes comunicarão ao juízo as mudanças de endereço ocorridas no curso do processo, reputando-se eficazes as intimações enviadas ao local anteriormente indicado, na ausência da comunicação.

32. Outros tipos de Mandados

1 - Mandado de condução

Há casos em que o Oficial de Proteção comparece na residência da parte, testemunhas, vizinhos, parentes, etc., cumprindo mandado de intimação determinado pelo juiz (citação ou notificação), a fim de seu comparecimento em dia e hora aprazado para audiência. Mesmo sendo intimados/notificados não se apresentarem sem justificativa plausível com referência a sua ausência, o magistrado determinará a expedição de "mandado de condução", que será cumprido por Oficial de Proteção. O mandado de condução geralmente é expedido para que a parte seja conduzida em data e horário previamente aprazado pelo juiz. O Oficial deverá previamente procurar a parte a ser conduzida, dando-lhe ciência do conteúdo do mandado, marcando hora em que irá buscá-lo, lavrando uma primeira certidão:

> CERTIFICO E DOU FÉ, que em cumprimento ao respeitável mandado retro, me dirigi ao endereço indicado, à Rua..................nº...., bairro ...., e aí, às........horas, dei ciência a Fulano de Tal, de todo o conteúdo do supramandado e de que retornarei ao local às........horas do dia ..../..../..., a fim de conduzi-lo conforme determinação judicial, aceitando a contrafé (conjunto de cópias que acompanham o mandado) que lhe ofereci, assinando acima como se vê (quando a parte é analfabeta - identificando-se mediante a impressão de seu polegar direito (ou que se negou a assinar). Porto Alegre,.....de........de 2000.
>
> assinatura
> Oficial de Proteção

No dia e horário marcados, o Oficial de Proteção retornará ao local, conduzindo a parte, lavrando a certidão, apresentando no cartório junto com a parte conduzida.

> CERTIFICO E DOU FÉ, que em cumprimento ao respeitável mandado retro, retornei hoje à Rua..........................nº......, bairro..........., e aí, às........horas, procedi à condução determinada, apresentando Fulano de Tal na audiência aprazada que foi entregue (informar a quem foi apresentado o conduzindo (cartório, sala de audiência, sala dos Oficiais de Proteção, etc.). Porto Alegre,.....de..............de 2000.
>
> assinatura
> Oficial de Proteção

Há casos em que a parte a ser conduzida apresenta-se com antecedência diretamente no cartório ou na sala dos Oficiais (caso seja combinado), apresenta-se normalmente a parte na audiência, lavrando-se a certidão conforme modelo acima.

Há casos em que o Oficial, retornando ao endereço para fazer a condução conforme combinado e o mesmo não for encontrado e não se obtiver informação onde o mesmo possa estar, e não tendo se apresentando no Foro, lavra a seguinte certidão:

> CERTIFICO E DOU FÉ, que em cumprimento do respeitável mandado retro, retornei hoje, à Rua....................nº........., bairro........., e aí, às ....horas, fui informado por.................., que a parte a ser conduzida(Fulano de Tal) saiu de sua residência às..........horas sem dizer onde iria, informou ainda desconhecer onde o mesmo possa ser encontrado, assim devolvo o supramandado a Cartório para os devidos fins. Porto Alegre,......de.................de 2000.
>
> assinatura
> Oficial de Proteção

Há situações em que, por se tratar de medida mais forte, a lei autoriza a especificação os casos, que a medida seja cumprida por dois Oficiais de Proteção, isto visa a sua proteção e a dar o apoio necessário ao seu executor da medida, não havendo nulidade se o comando for praticado somente por um oficial.

2 - Mandado de busca e apreensão

Busca: em uso na linguagem forense, serve para indicar a diligência que tem por objetivo a procura de certa coisa ou pessoa, cuja existência se pretende verificar, ou somente para tal ou para apreendê-la, segundo a ordem emanada da autoridade Judiciária. A busca poderá ser: a) *Domiciliar* - indica a diligência determinada pelo Juiz e sob fundadas razões, realizadas em casas de moradias ou em local onde alguém exerce profissão ou atividade, com o objetivo de apreender adolescentes autores de atos infracionais, coisas de natureza suspeita ou crianças e adolescentes vítimas de maus-tratos, etc., além de colher elementos de convicção; b) *Pessoal* - diligência onde o Oficial de Proteção, devidamente autorizado pela autoridade judiciária, diligencia em local determinado a fim de apreender adolescentes autores de atos infracionais ou com ordem de busca. O mandado de busca e apreensão é a diligência judicial que tem por objetivo procurar coisa ou pessoa que se deseja encontrar, a fim de trazê-la na presença da autoridade judiciária que a determinou. No Juizado da Infância e da Juventude, procede-se à diligência para procurar e trazer à presença do juiz, que a ordenou, a criança ou o adolescente, que saiu do poder de seus pais ou tutores, a fim de recolocá-los sob o poder destes.

Em regra, a busca e apreensão na Justiça da Infância é de natureza de ato infracional, mas, por vezes, é medida admitida em juízo cível, para trazer a coisa à custódia do Juízo, onde se discute quanto ao direito sobre elas. Mas, civilmente, a busca e apreensão é medida que deve claramente ser permitida no texto legal, sem o que não procede o pedido que, a esse respeito, se faz (CPC arts. 839 a 843).

Art. 839. O Juiz pode decretar a busca e apreensão de pessoas ou de coisas.

Art. 840. Na petição exporá o requerente as razões justificativas da medida e da ciência de estar a pessoa ou a coisa no lugar designado.

Art. 841. A justificação prévia far-se-á em segredo de justiça, se for indispensável. Provado quanto baste o alegado, expedir-se-á o mandado que conterá:

I - a indicação da casa ou do lugar em que deve efetuar-se a diligência;

II - a descrição da pessoa ou da coisa procurada e o destino a lhe dar;

III - a assinatura do juiz, de quem emanar a ordem.

Art. 842. O mandado será cumprido por dois oficiais de justiça, um dos quais o lerá ao morador, intimando-o a abrir as portas.

§ 1º. Não atendidos, os oficiais de justiça arrombarão as portas externas, bem como as internas e quaisquer móveis onde presuma que esteja oculta a pessoa ou a coisa procurada;

§ 2º. Os oficiais de justiça far-se-ão acompanhar de duas testemunhas;

§ 3º. Tratando-se de direito autoral ou direito conexo do artista, intérprete ou executante, produtores de fotografias e organismos de radiodifusão, o juiz designará para acompanharem os oficiais de justiça, dois (2) peritos, aos quais incumbirá confirmar a ocorrência da violação, antes de ser efetivada a apreensão.

Art. 843. Finda a diligência, lavrarão os oficiais de justiça auto circunstanciado, assinando-o com as testemunhas.

O mandado de busca e apreensão pode ser de crianças, adolescentes ou de bens e objetos, que deverá ser apresentado ao juiz que determinou sua expedição (ou a quem seja determinado pela autoridade judiciária), tão logo seja localizado, devendo, por cautela e segurança, sempre ser cumprido por dois Oficiais de Proteção ou quando autorizado pelo Juiz, pela polícia civil ou militar, num prazo máximo de 120 dias, ao fim do qual o mandado será devolvido devidamente certificado com a informação das diligências realizadas.

3 - Autoridade competente

Em princípio, a busca e apreensão deve ser executada pela autoridade com competência (*ratione loci*). Porém, por ser medida que não admite delongas, dispõe o Código que ela pode ser efetuada pela autoridade de outra circunscrição, que procede a diligência em inquérito, prevendo que deva esta apresentar-se à autoridade local, antes da diligência ou após, conforme a urgência recomende. Dispõe ainda a lei o que considera como seguimento da pessoa ou coisa a ser apreendida e as formalidades exigidas quando houver razões para duvidar da legitimidade das pessoas ou dos mandados que apresentarem.

4 - Mandado de busca, condução e apresentação

Não comparecendo para prestar declarações sem motivo justificado, apesar de intimado, citado ou notificado, poderá a parte, testemunha ou réu, ser conduzido coercitivamente à presença da autoridade judiciária. A pessoa arrolada como testemunha está obrigada a comparecer no local e hora designados para o depoimento, em qualquer ação penal. Salvo nas hipóteses previstas em lei (arts. 207, 220, 221, 252, II, 258 e 564, I do CPP, e 405, § 2º, do CPC), se a testemunha regularmente notificada deixar de comparecer sem motivo justificado, o juiz poderá requisitar através de mandado de condução, sua apresentação (na Justiça da Infância), através de Oficial de Proteção que, se necessário, poderá requisitar auxílio de força policial. Fica, assim, autorizada condução coercitiva (na linguagem forense, condução debaixo de vara). A condução poderá ser realizada pela autoridade policial, pela polícia militar, sendo que na Justiça da Infância e da Juventude é realizada por Oficiais de Proteção. Não se justifica a condução coercitiva se houver justa causa para o não-comparecimento (enfermidades, acidente, etc.). O não-comparecimento sem motivo justificado constitui o crime de desobediência (art. 218 do CP).

33. Penhora de bens

Penhora: derivado de penhorar (apreender ou tomar judicialmente); no sentido jurídico, significa o ato judicial pelo qual se apreende ou se tomam os bens do devedor, para que neles se cumpra o pagamento da dívida ou da obrigação executada.

A penhora é ato sempre determinado pelo juiz, em vista da liquidez do crédito posto em execução. Efetivada a penhora, que será promovida por Oficial de Justiça (na Justiça da Infância o ato é promovido por Oficial de Proteção), autorizada pelo competente mandado judicial, lavrará este o competente auto de penhora, no qual se designará o depositário, em poder de quem, e sob a superintendência do juiz, ficarão os mesmos bens, até que se ultime a execução. Pode este ser o próprio executado. A penhora pode ser realizada em qualquer dia, mesmo domingo e feriados, se autorizada pelo juiz. A penhora deve ser convenientemente inscrita, para que venha a valer contra terceiros.

1 - Art. 649 do CPP
São absolutamente impenhoráveis:

I - os bens inalienáveis e os declarados, por ato voluntário, não sujeitos à execução;

II - as provisões de alimento e de combustível, necessárias à manutenção do devedor e de sua família durante 1(um) mês;

III - o anel nupcial e os retratos de família;

IV - os vencimentos dos magistrados, dos professores e dos funcionários públicos, o soldo e os salários, salvo para pagamento de prestação alimentícia;

V - os equipamentos dos militares;

VI - os livros, as máquinas, os utensílios e os instrumentos, necessários ou úteis ao exercício de qualquer profissão;

VII - as pensões, as tenças ou os montepios, percebidos dos cofres públicos, ou de institutos de previdência, bem como os provenientes de liberalidade de terceiro, quando destinados ao sustento do devedor ou da sua família;

VIII - os materiais necessários para obras em andamento, salvo se estas forem penhoradas;

IX - o seguro de vida;

X - o imóvel rural até um módulo, desde que este seja o único de que disponha o devedor, ressalvada a hipoteca para fins de financiamento agropecuário.

2 - Citação do devedor e da nomeação de bens
O devedor será citado para, no prazo de 24 horas, pagar ou nomear bens à penhora. O Oficial de Proteção certificará, no mandado, a hora da citação. Se não localizar o devedor, o Oficial de Proteção certificará cumpridas as diligências realizadas para encontrá-lo. O Oficial de Proteção, não encontrando o devedor, arrestar-lhe-á tantos bens quantos bastem para garantir a execução. Incumbe ao devedor, ao fazer a nomeação de bens, observar a seguinte ordem:

1) dinheiro; 2) pedras e metais preciosos; 3) títulos da dívida pública da União ou dos Estados; 4) títulos de crédito, que tenham cotação em bolsa; 5) móveis; 6) veículos; 7) semoventes; 8) imóveis; 9) navios e aeronaves; 10) direitos e ações. Incumbe também ao devedor: quanto aos bens imóveis, indicar-lhes as transições aquisitivas, situá-los e mencionar as divisas e confrontações; quanto aos móveis, particularizar-lhes o estado e o lugar em que se encontram; quanto aos semoventes, especificá-los, indicando o número de cabeças e o imóvel em que se acham; quanto aos créditos, identificar o devedor e qualificá-lo, descrevendo a origem da dívida, o título que a representa e a data do vencimento; atribuir valor aos bens nomeados a penhor.

3 - Citação e penhora

Cumprido por Oficial de Proteção na JIJ. No processo de execução, o Oficial de Proteção recebe o mandado de citação e penhora, que será cumprido da seguinte forma:

Inicialmente, procede-se à citação do executado para que pague o valor ou indique bens à penhora num prazo de 24 horas, lavrando a respectiva certidão. Passado o prazo de 24 horas, o Oficial de Proteção verifica em Cartório, sem devolver o mandado, se houve o depósito do valor ou a indicação de bens, e, não tendo ocorrido nenhuma das duas hipóteses, o Oficial de Proteção faz a penhora de bens, tantos quantos bastem para cobrir o valor executado. Como na Busca e Apreensão, ou uma penhora de bem, por exemplo, implicam a entrega do bem/menor apreendido ou no depósito do bem penhorado, cada um destes atos poderá ser documentado através de um auto individual, ou todos poderão ser descritos num mesmo auto.

4 - Auto de penhora e depósito

> Aos .... dias do mês de .... do ano de........., em cumprimento ao respeitável mandado retro, que é extraído dos autos do processo de execução nº............, que .... move contra ...., me dirigi ao endereço indicado, após verificar em cartório que o devedor não pagou nem nomeou bens à penhora e, sendo aí, após as formalidades legais, penhorei o(s) seguinte(s) bem(ns) do devedor .... (descrever minuciosamente os bens penhorados). Em seguida, depositei o(s) bem(ns) em mãos de ...., que prestou compromisso, ficando ciente do encargo, sob as penas da lei.
> De tudo lavrei este auto.
>
> (assinatura do Oficial de Proteção)
> (assinatura do depositário)

5 - Certidão de estimativa (ou de avaliação) de bens penhorados

CERTIFICO E DOU FÉ, que estimei (avaliei) os bens penhorados, conforme auto de penhora lavrado, da seguinte forma:
(DESCREVER OS BENS E OS RESPECTIVOS VALORES.

(data e assinatura do Oficial de Proteção)

6 - Auto de penhora no rosto dos autos

Aos .... dias do mês .... do ano de ...., em cumprimento ao respeitável mandado retro, extraído dos autos do processo nº ...., que .... move contra ...., me dirigi ao .... Cartório da Vara da Infância e, sendo aí, solicitei ao Sr.Escrivão para que efetuasse a exibição dos autos em que é devedor .... No que fui atendido, efetuei a penhora no rosto dos autos para a reserva do crédito mencionado nos autos nº .... Em seguida, entreguei cópia ao Sr. Escrivão do feito, que assinou as duas vias, cientificando-o de todo ocorrido.

(assinatura do Oficial de Proteção)
(assinatura do Escrivão)

Após realizar a penhora, o Oficial de Proteção fará a intimação do devedor para que o mesmo, querendo, ofereça embargos no prazo de lei (10) dez dias em execução comum e (30) trinta dias em execução fiscal.

34. Auto de busca, apreensão e entrega de criança e adolescente

1 - Auto de busca e apreensão e entrega de criança e adolescente

Aos quinze (15) dias do mês de .... do ano de dois mil (2000), nesta Capital do Estado do RS, em cumprimento ao respeitável mandado retro expedido pelo 1º Juizado da Infância e da Juventude desta Comarca, consoante com a Ação de Busca e Apreensão de Menor (o mandado trará indicado qual o tipo de ação), que (Fulano de Tal) move contra (Beltrano de Tal), nós (se forem mais de um Oficial de Proteção), com as formalidades legais, diligenciamos na Rua .... nº......., bairro ...., e aí às .... horas, procedemos à busca e apreensão da criança (Sicrano de Tal). Após cumprida esta medida, nos dirigimos até a rua ....nº. ...., bairro ...., onde às .... horas, procedemos à entrega da criança apreendida ao Sr. (Fulano de Tal), conforme determinado no supramandado. Do que para constar, lavrei (ou lavramos) o presente auto em três (3) vias (o original volta para o processo junto com o mandado, uma das cópias fica com quem estava com a criança e a outra cópia é entregue para quem recebeu a criança) e que segue devidamente assinado.

(assinatura)   (assinatura)
Oficial de Proteção   (Oficial de Proteção)
Testemunhas (se for o caso)

1ª e 2ª - assinaturas com anotação legível de seu nome, endereço e RG

2 - Auto de busca e apreensão de coisas

Aos .... dias do mês de .... do ano de ...., em cumprimento ao respeitável mandado de busca e apreensão, extraído dos autos do processo nº ...., me dirigi ao endereço indicado, acompanhado pelo Oficial de Proteção .... e aí, procedi à apreensão do(s) seguinte(s) objeto(s).
(DESCREVER OS BENS APREENDIDOS E O ESTADO DE CONSERVAÇÃO).
Em seguida, entreguei o(s) bem(ns) a................................, conforme determinado no presente mandado, que o recebeu e assinou abaixo (ou acima). De tudo lavrei este auto.

assinatura dos Oficiais de Justiça
assinatura de quem recebeu o(s) bem(ns)

3 - Auto de recolhimento de bens

Aos .... dias do mês de .... do ano de ...., em cumprimento ao respeitável mandado de recolhimento de bens, que é extraído dos autos do processo nº..............., que .... move contra ...., me dirigi ao endereço indicado, e aí, após as formalidades legais, recolhi o(s) seguinte(s) bem (ns): (RELACIONAR O(S) BEM(NS). Em seguida, depositei o(s) bem(ns) em mãos de ...., que assinou, ficando ciente de todos os bem(ns) que lhe apresentei. De tudo lavrei o presente auto.

(assinatura)
Oficial de Proteção

4 - Auto de busca e apreensão de menor

> Aos .... dias do mês de .... do ano de ...., em cumprimento ao respeitável mandado de busca e apreensão, extraído dos autos do processo nº ...., que .... move contra ...., me dirigi ao endereço indicado, acompanhado pelo Oficial de Proteção .... e aí, procedi à apreensão de .... (nome da criança ou do adolescentes). Em seguida entreguei o menor a ...., conforme determina o presente mandado, que o recebeu e assinou abaixo (ou acima). De tudo lavrei este auto.
>
> (assinatura dos Oficiais de Proteção)
> (assinatura da pessoa que recebeu o menor)

5 - Auto de afastamento do lar

O auto de afastamento do lar é medida que seguidamente os Oficiais de Proteção cumprem no Juizado da Infância e da Juventude. Em regra é expedido mandado de citação e afastamento do lar. Caso o réu retorne ao lar incontinenti ao afastamento, o Oficial de Proteção poderá afastá-lo novamente e, caso haja resistência do réu não obedecendo à ordem judicial, o Oficial de Proteção deverá dar voz de prisão em flagrante por resistência e desobediência, observando os requisitos legais.

> Caso o mandado já tenha sido cumprido e devolvido ao cartório, o Oficial de Proteção não mais poderá retornar à residência diligenciada, sem portar o mandado judicial competente, a fim de proceder a novo afastamento do réu (ou da ré). Deve, se assim ocorrer, a parte-autora procurar a quem de direito: autoridade judiciária, Ministério Público ou o Juiz de Direito que expediu o mandado de afastamento.

> Aos .... dias do mês de .... do ano de ...., em cumprimento ao mandado de afastamento do lar, extraído dos autos do processo nº ...., que..................... move contra ...., me dirigi ao endereço indicado e, aí, procedi, com o apoio do Oficial de Proteção, ... o afastamento do lar (do réu ou ré) ...., o(a) qual levou consigo seus objetos de uso pessoal, deixando o lar. De tudo lavrei este auto.
>
> (assinatura dos Oficiais de Proteção)

35. Resistência

1 - Resistência do réu

Quando no cumprimento de uma diligência, venha o réu ou qualquer outra pessoa tentar impedir o cumprimento do mandado, deve o Oficial de Proteção efetuar a prisão em flagrante e conduzir o preso à delegacia de polícia para a lavrara do *Auto de Prisão em Flagrante*, sem prejuízo da certidão circunstanciada no verso do mandado. O auto de prisão é lavrado pela autoridade policial, e a certidão é lavrada pelo Oficial de Proteção no próprio mandado ou em uma folha separada.

Sugere-se ao Oficial que seja coerente no seu ato, verificando se é ou não cabível a realização da prisão. Deve, primeiramente, advertir a(s) pessoa(s) que resistiu(ram) interfere na sua diligência, mencionando a possibilidade de prendê-las em flagrante. Mesmo alertando e, persistindo a resistência, o Oficial deverá efetuar a prisão.

CERTIFICO E DOU FÉ que, em cumprimento ao mandado retro, me dirigi ao endereço indicado, a fim de (DESCREVER O QUE DETERMINA O MANDADO) e aí sendo, após as formalidades legais, dei ciência a ...., de todo o conteúdo do mandado, lendo e dado-lhe a ler. Todavia, o senhor.................. não acatou a determinação do mandado judicial, resistindo. Imediatamente adverti o senhor .... que seria preso em flagrante caso persistisse na desobediência e resistência. O senhor .... continuou a resistir e a desobedecer à ordem judicial, falando:"(DESCREVER SUCINTAMENTE ENTRE ASPAS, O QUE DISSE A PESSOA)".Assim, não tive outra alternativa senão dar voz de prisão ao senhor .... levando-o à delegacia de polícia, sendo recebido o preso por .... que assina abaixo (ou acima), para a lavratura do auto de prisão competente. É o que me cabia certificar a Vossa Excelência.

(Data e assinatura do Oficial de Proteção)
(Assinatura do policial que recebeu o preso)

A prisão em flagrante deverá ser presenciada por duas testemunhas. Caso não existam testemunhas no momento da prisão em flagrante, quando da entrega do preso na delegacia ser presenciada por duas testemunhas.

2 - Certidão de intimação com endereço corrigido

> CERTIFICO E DOU FÉ, que em cumprimento ao respeitável mandado retro, me dirigi hoje às .... horas, à Rua .... n° ...., bairro ...., e aí, procedi à intimação de .... por todo o conteúdo do presente mandado, que lhe li e dei a ler, que bem ciente ficou, aceitando a contrafé que lhe ofereci, assinando acima como se vê. Porto Alegre, ... de .... de 2000.
>
> (assinatura)
> Oficial de Proteção

Poderá acontecer que o endereço verdadeiro não seja o indicado no mandado, necessitando ser melhor detalhado (nome da rua, beco, travessa, número), ou havendo um ponto de referência (próximo ao colégio tal, armazém, bar, etc.), esta correção é muito importante, deverá ser colocada em destaque (na própria certidão) ou abaixo do corpo da certidão, sob forma de *observação*, e se possível (caso a certidão seja digitada no computador) em letras tamanho 16, em negrito, a fim de chamar a atenção do funcionário do cartório para que atualize o endereço.

> O ENDEREÇO CORRETO É: Rua .... n° .... bairro .... (perto do amazém X), ou beco n° ...., casa com janelas ......, sendo a 5ª casa à direita de quem entra no beco, etc.

3 - Certidão de intimação realizada nas dependências do foro central (sala dos oficiais de proteção)

> CERTIFICO E DOU FÉ, que em cumprimento ao respeitável mandado retro, procedi hoje às .... horas, no Foro Central, Sala dos Oficiais de Proteção, à intimação de .... por todo o conteúdo do presente mandado, que lhe li e dei a ler, que bem ciente ficou, aceitando a contrafé que lhe ofereci, assinando como se vê. Porto Alegre, ... de .... de 2000.
>
> (assinatura)
> Oficial de Proteção

4 - Certidão de intimação de analfabeto, com a impressão digital

CERTIFICO E DOU FÉ, que em cumprimento ao respeitável mandado retro, me dirigi hoje à Rua ...., nº ...., bairro ...., e aí, procedi à intimação de .... por todo o conteúdo do presente mandado, que lhe li e dei a ler e que, por ser analfabeto, solicitei a .... para acompanhar a leitura, que bem ciente ficou, aceitando a contrafé que lhe ofereci, tendo o mesmo se identificado mediante a impressão de seu polegar direito.
Porto Alegre, ... de .... de 2000.

(assinatura)
Oficial de Proteção

5 - Mandado de intimação com dois intimados, quando um é intimado e o outro somente pode ser encontrado em outro local em horário noturno

Sempre que for distribuído um mandado e que conste dois intimados, deverá o Oficial atentar para que o cartório entregue duas contrafés (cópias).O Oficial intimará as partes, colhendo os cientes no mandado original, entregando a cada um dos citados uma contrafé (cópia o mandado).

CERTIFICO E DOU FÉ, que em cumprimento ao respeitável mandado retro, me dirigi às .... horas, à Rua .... nº........... bairro ...., aí procedi à intimação de ...., por todo o conteúdo do presente mandado, que lhe li e dei a ler, que bem ciente ficou, aceitando a contrafé que lhe ofereci, assinando como se vê.
CERTIFICO AINDA QUE deixei intimar a ...., tendo sido informado pelo intimado que somente o mesmo pode ser encontrado no local no período noturno.
Porto Alegre, ... de .... de 2000.

(assinatura)
Oficial de Proteção

6 - Certidão negativa, parte a ser intimada mudou-se sem deixar novo endereço

CERTIFICO E DOU FÉ, que em cumprimento ao respeitável mandado retro, me dirigi hoje às .... horas, à Rua .... nº ...., bairro ...., e aí, fui informado por ...., que .... mudou do local onde residia há .... meses sem deixar o novo endereço ou quem possa indicá-lo, devolvo o presente mandado a Cartório para os devidos fins.
Porto Alegre .... de .... de 2000.

(assinatura)
Oficial de Proteção

7 - Diligência negativa

CERTIFICO E DOU FÉ QUE, em cumprimento ao retromandado, diligenciei na Rua .... constatando que não está descrita a numeração .... em frente de nenhuma residência. Certifico ainda, que tomei informações em diversas casas, como em estabelecimentos comerciais, ou seja, na .... (descrever os locais em que tomou informações e, se possível, o nome das pessoas que as prestaram), constatando que o senhor(a) .... é desconhecido de todas as pessoas consultadas. Sendo assim, após efetuar as diligências pertinentes, dou o senhor(a) .... como em lugar incerto e não sabido atualmente.
Porto Alegre, ... de .... de 2000

(assinatura do oficial de Proteção)

8 - Certidão com informação do novo endereço do intimado, pertencendo a outra zona, o mandado deverá ser devolvido pelo oficial à central de mandados para ser redistribuído

CERTIFICO E DOU FÉ, que em cumprimento ao respeitável mandado retro, me dirigi hoje, às .... horas, à Rua .... nº........, bairro ...., e aí, fui informado pelo senhor ...., residente na mesma rua, que .... mudou, há .... meses, para a Rua .... nº .... bairro ...., e, como o endereço pertence à ZONA........, devolvo o presente mandado à Central de Mandados para fins de rezoneamento. Porto Alegre, ... de................ de 2000.

(assinatura)
Oficial de Proteção

O Oficial de Proteção, quando devolver o mandado para ser rezoneado, deverá observar (DEVE INFORMAR A ZONA CORRETA), o mandado deve ser encaminhado diretamente ao coordenador da Central de Mandados (NUM PRAZO MÁXIMO DE 48 HORAS), contadas após o recebimento do mandado pelo Oficial; se deixar passar o prazo, o Oficial de Proteção deverá cumprir o mandado fora de sua zona.

CERTIFICO E DOU FÉ, que em razão de o endereço constante no presente mandado pertencer à Zona ...., devolvo o presente mandado à coordenadoria da Central de Mandados para fins de rezoneamento. Porto Alegre,....de..............de 2000.

(assinatura)
Oficial de Proteção

9 - Certidão negativa, número inexistente e intimado desconhecido nos locais diligenciados constantes no mandado

CERTIFICO E DOU FÉ, que em cumprimento ao respeitável mandado retro, me dirigi hoje às .... horas, à Rua .... nº .... bairro ...., e aí, após percorrê-la em toda a sua extensão, verifiquei não existir o nº......., a numeração é desorganizada e passa do nº ..... para o nº ...., sendo o intimado .... desconhecido nos diversos locais diligenciados, assim devolvo o presente mandado ao cartório para os devidos fins.
Porto Alegre, ... de................ de 2000.

(assinatura)
Oficial de Proteção

10 - Certidão negativa, onde o intimado poderá ser encontrado no local no período noturno (fora do horário forense), para que possa ser cumprido, o juiz deverá autorizar o cumprimento do mandado fora do horário forense.

CERTIFICO E DOU FÉ, que em cumprimento ao respeitável mandado retro, me dirigi hoje às.......horas, à Rua.....................nº........, bairro........, e aí fui informado por....................., que......................, somente pode ser encontrado no local no período noturno, assim devolvo o presente mandado ao cartório para os devidos fins legais.
Porto Alegre,......de............de 2000.

(assinatura)
Oficial de Proteção

11 - Certidão de citação cível

CERTIFICO E DOU FÉ QUE, em cumprimento ao respeitável mandado retro, me dirigi ao endereço indicado na Rua................... nº.......... bairro.............. às.............horas e aí, procedi a citação de ...., onde após ter-lhe lido e dado a ler, bem ciente ficou de todo o conteúdo, aceitando a contrafé que lhe ofereci, assinando acima (ou abaixo) como se vê.

(Data e assinatura do Oficial de Proteção)

12 - Certidão de intimação cível

> CERTIFICO E DOU FÉ que, em cumprimento ao respeitável mandado retro, me dirigi ao endereço indicado, Rua .... nº .... bairro .... às .... horas e aí, procedi à intimação de ...., que bem ciente ficou após ter-lhe lido e dado a ler o mandado, assinando acima (ou abaixo) como se vê.
>
> (Data e assinatura do Oficial de Proteção)

Como podemos observar, o texto das certidões são parecidos, modificando-se as palavras, no mandado de citação (*procedi a citação*), no mandado de intimação (*procedi a intimação*). Registre-se, que a certidão de citação e intimação cível poderão ser exaradas da mesma forma que a de citação e intimação penal.

13 - Certidão de condução de testemunha, réu ou parte, determinada pela autoridade judiciária

> CERTIFICO E DOU FÉ que, em cumprimento ao respeitável mandado retro, me dirigi ao endereço indicado, Rua .... nº .... bairro .... às .... horas e aí, após as formalidades legais, conduzi ...., levando-a à presença do MM. Dr. Juiz de Direito do............ JIJ (1º, 2º ou 3º).
> Porto Alegre, ... de .... de 2000.
>
> (assinatura do Oficial de Proteção)

Caso haja resistência da parte a ser conduzida, o Oficial de Proteção poderá solicitar apoio de força policial (art. 218 do CPP): Se regularmente intimada, a testemunha deixar de comparecer sem motivo justificado, o juiz poderá requisitar à autoridade policial a sua apresentação ou determinar seja conduzida por Oficial de Justiça, que poderá solicitar o auxílio de força pública. O Oficial de Proteção poderá notificar a parte faltosa do aprazamento da audiência com antecipação de dois dias, solicitando o seu comparecimento espontâneo.
Deverá verificar no cartório da Vara de Menores uma hora antes, se a parte compareceu. Caso verifique que a parte não compareceu por livre vontade, diligenciará no endereço da mesma, onde efetuará sua condução coercitiva.

> CERTIFICO E DOU FÉ, que em razão do endereço constante no presente mandado pertencer à Zona ...., devolvo o presente mandado à coordenadoria da Central de Mandados para fins de rezoneamento.
> Porto Alegre, ... de................ de 2000.
>
> (assinatura do Oficial de Proteção)

14 - Certidão de citação com hora certa

Deve ser no mínimo, caso haja suspeita de ocultação, que o Oficial de Proteção diligencie por três vezes, mas se o mesmo achar necessário, poderá diligenciar por mais vezes. A certidão deverá ser circunstanciada quando efetuar as diligências, bem como os motivos que levaram o Oficial de Proteção a suspeitar da ocultação da parte.

CERTIFICO E DOU FÉ que, em cumprimento ao respeitável mandado retro de citação, me dirigi ao endereço indicado na Rua .... nº .... bairro................, no dia .... às .... horas e aí, não localizei .... em sua casa (ou no seu local de trabalho se for o caso). Novamente diligenciei no dia ...., também não conseguindo a localização de .... Suspeitei que .... se ocultou a fim de não ser citado. Sendo assim, procedi à intimação o Sr. .... informando-o que este Oficial de Proteção retornaria no dia ...., a fim de citar .... às .... horas. Compareci no dia e horário aprazado, constatando que .... ali não se encontrava, reforçando ainda mais a minha suspeita de ocultação. Isto posto, só restou a este Oficial de Proteção citar ...., com hora certa, na pessoa de ...., que recebeu as cópias, ficando bem ciente de tudo, assinando (ou negando-se a assinar).

(Data e assinatura do Oficial de Proteção)

15 - Aviso utilizado pelo oficial de proteção

Sr(a). ....

Comunico-lhe que, na data de hoje, estive neste endereço, em cumprimento à ordem judicial, para o fim de:

( ) CITAÇÃO ( ) INTIMAÇÃO ( ) OUTRA
Não o(a) tendo encontrado(a) solicito seu comparecimento no Foro Central desta comarca. Endereço: .... Telefone ...., no dia ...., das .... h .... min às ...... h .... min.

(Data e assinatura do Oficial de Proteção)

36. Porte de arma

Antigamente, o meirinho tinha o dever de portar escudo e adaga para defender-se quando no cumprimento de ordens do magistrado. Nos tempos atuais, tanto os Oficiais de Justiça como os Oficiais de Proteção realizam diligências, algumas com alto risco de vida. Consoante decisão do magistrado paulista Dr. Manoel Carlos da Costa Lei, mencionado por Gerges Nary (1985, p. 21): "No exercício do mandado, é o Oficial de Justiça agente da autoridade. Principalmente quando executa ordem de prisão, suas funções se identificam com as dos policiais da Vigilância e Capturas". A Lei nº 9.437, de 20 de fevereiro de 1997, que instituiu o Sistema Nacional de Armas, estabelece condições para o registro e para o porte de arma de fogo, define crimes e dá outras providências. Esta Lei Federal e o Decreto nº 2.222, de 8 de maio de 1997, que a regulamenta, nada dispõem acerca do porte de arma do Oficial de Justiça.[39]

Pela Lei 10.720, de 18 de janeiro de 1998, os Oficiais de Proteção passaram a ter as mesmas atribuições dos Oficiais de Justiça, ressaltando-se, que antes, como Comissários de Menores, estes servidores já tinham, em sua carteira funcional, autorização para portar armas, pelas atribuições de alto risco que exercem (e continuam exercendo como Oficiais de Proteção).

> É atribuição, também, do Dr. Juiz de Direito Diretor do Foro, fiscalizar no sentido de que seja mantida arma de fogo em condições de uso, aos Oficiais de Proteção/Justiça em diligências que impliquem situação de risco.
> Oficiais de Proteção/Justiça, como agentes da autoridade judiciária não podem ficar vinculado a critério de "conveniência" de Delegado de polícia.

Passamos a transcrever o Parecer do Exmo. Dr. Juiz de Direito então Juiz-Corregedor, Dr. Tulio de Oliveira Martins, sobre a matéria cujos despachos dos Exmos. Des. Clarindo Favretto, DD. Corregedor da Justiça do RS, e do Des. Adroaldo Furtado Fabrício, DD. Presidente do Tribunal de Justiça do Estado do RS, foram favoráveis à confecção da carteira funcional com porte de arma dos Oficiais de Proteção.

Parecer nº 81/96 - TOM
Senhor Desembargador Vice-Corregedor-Geral.
Cuida a espécie de expediente provocado por manifestação em reunião da CONSIJ acerca dos termos e da forma da nova carteira funcional dos Oficiais de Proteção da Infância e da Juventude.

---

[39] Leonel Baldasso Pires. *O Oficial de Justiça - princípios e prática*. 3ª ed. Porto Alegre: Livraria do Advogado Editora. p. 102.

Tenho que existem três aspectos que merecem análise:

1) Livre ingresso em locais de diversão pública.

Pela natureza do trabalho do Oficial de Proteção é de assegurar-se este trânsito livre, exatamente no interesse de uma maior agilidade no cumprimento de mandados judiciais de busca e apreensão, que no mais das vezes não especificam o local onde estaria o adolescente (casos de tráfico e consumo de drogas, fuga do lar, prostituição infanto-juvenil, etc.).

Todavia, a experiência e o bom-senso demostram que nem sempre esta prerrogativa é utilizada de forma prudente, ocorrendo desvios de finalidade, com maus servidores valendo-se de sua condição funcional para proveito próprio. Contudo, tais infrações administrativas são exceção, e não regra, eis que Oficial de Proteção é qualificado do corpo técnico do Juizado da Infância e da Juventude do Rio Grande do Sul.

Assim, entendo que tal prerrogativa deva ser mantida, acrescentando-se apenas, ao final, com grafia sublinhada, a observação: "quando em serviço e somente no interesse deste".

2) Assinatura do Secretário de Segurança Pública.

Constatou-se quando da reunião da CONSIJ algum melindre quanto ao fato de que um agente político do Poder Executivo venha a firmar a carteira funcional de um servidor do Poder Judiciário. Tenho, porém, que o enfoque é outro. Em verdade, os destinatários da declaração do Sr. Secretário de Segurança Pública são os seus subordinados que no mais das vezes prestam apoio aos Oficiais de Proteção (polícia civil, brigada militar, corpo de bombeiros, etc.); em estando determinado, modo expresso e por quem de direito, que tais serventuários do Executivo trabalhem em conjunto no interesse da Justiça da Infância e da Juventude, é evidente a vantagem a esta carreada, pelo que tenho que neste aspecto nada deva ser alterado.

3) Porte de Arma.

A faculdade de portar arma decorre da natureza da função, eis que muitas vezes os Oficiais de Proteção atuam em locais perigosos e enfrentam severa resistência no cumprimento de medidas. A prerrogativa de armar-se é pois no interesse da sua segurança e dos próprios menores, *e não contra estes*, pelo que entendo plenamente aceitável a idéia; ressalvo, contudo, que, atento ao fato de que está sendo elaborada nova legislação federal regulando a matéria, é de acrescer-se a expressão *"na forma legal"*, provendo-se assim eventuais restrições e evitando-se abusos.

Nestes termos, respeitosamente SUGIRO a Vossa Excelência sejam confeccionadas as carteiras funcionais com as alterações sugeridas.

Foi o parecer, aqui submetido à judiciosa censura de Vossa Excelência.

Porto Alegre, 11 de outubro de 1996
Dr. Túlio de Oliveira Martins
Juiz-Corregedor

Despacho do Des. Clarindo Favretto
Vice-Corregedor-Geral da Justiça.
Processo nº 22520/96-2
Acolho o douto parecer.

Opino ao Excelentíssimo Desembargador Presidente que ordeneou a confecção das carteiras funcionais destinadas aos Oficiais de Proteção da Infância e da Juventude, com as alterações sugeridas no parecer de fls. 3-6. Tanto que fiquem prontos os novos modelos das carteiras funcionais, será editado provimento através do qual se determinará o cancelamento das existentes e o seu recolhimento por cada Juiz da Infância e da Juventude. Opino obedeça o novo modelo à padronização dos Oficiais de Justiça e que a carteira funcional dos Oficiais de Proteção da Infância e da Juventude seja expedida pelo Tribunal de Justiça do Estado e entregue ao seu titular contra recibo. Em 15.10.96.

Des. Clarindo Favretto
Vice-Corregedor-Geral da Justiça

Despacho do Exmo. Des. Adroaldo Furtado Fabrício
Presidente do Tribunal de Justiça do RS

Acolho, em termos, a manifestação do eminente Desembargador Corregedor-Geral da Justiça, à fl. 07. Contudo, para melhor controle e fiscalização, convém que a carteira funcional seja expedida pelo Juiz de Direito da Infância e Juventude ao qual esteja subordinado o servidor.

Apresente-se novo modelo de carteira, com as alterações determinadas

Data supra
Des. Adroaldo Furtado Fabrício - Presidente.

O excelente parecer do MM. Juiz de Direito Corregedor, Dr. Tulio Oliveira Martins, reconheceu o direito do porte de arma do Oficial de Proteção como legal. Este reconhecimento, foi deferido pelos Des. Corregedor e Presidente do Tribunal de Justiça do RS que foi exposto, deixando evidenciado "às claras o direito de uso, caracterizando até mesmo, a excludente de antijuridicidade, exercício regular de um direito", previsto no art. 23, III, parte final do Código Penal; e ainda que se abstraísse essa previsão restariam outras eximentes, até mesmo supralegais, a garantir licitude ao fato.

Ao ser empossado no cargo, o Oficial de Proteção recebe o reconhecimento legal do exercício de uma atividade com "risco de vida" (cumprimento de mandados de apreensão, afastamento do lar, penhora, fiscalizações às normas de proteção de crianças e adolescentes em locais de alto risco) e o direito de portar arma adere a ele.

37. Modelo de carteira funcional utilizada pelo Oficial de Proteção, expedida pela Corregedoria-Geral da Justiça

38. Modelo de colete utilizado pelos Oficiais de Proteção, quando em diligências fiscalizadoras

39. Da lesão corporal

1 - Disposições do Código de Processo Penal
Do exame de corpo de delito, e das perícias em geral.
Art. 158. Quando a infração deixar vestígios, será indispensável o exame de corpo de delito, direto ou indireto, não podendo supri-lo a confissão do acusado.
Nem sempre, porém, é possível o exame de corpo de delito. Neste sentido, dispõe o art. 167 do CPP:"Não sendo possível o exame de corpo de delito, por haverem desaparecido os vestígios, a prova testemunhal poderá suprir-lhe a falta".
Art. 159. Os exames de corpo de delito e as outras perícias serão, em regra, feitos por peritos oficiais.
O STF já decidiu que:"No processo penal é nulo o exame realizado por um só perito, considerando-se impedido o que tiver funcionado, anteriormente, na diligência de apreensão". (Súmula nº 361).
§ 1º. Não havendo peritos oficiais, o exame será feito por duas pessoas idôneas, escolhidas de preferência as que tiverem habilitação técnica.
§ 2º. Os peritos não oficiais prestarão o compromisso de bem e fielmente desempenhar o encargo.
Art. 160. Os peritos descreverão minuciosamente o que examinarem e responderão aos quesitos formulados.
Parágrafo único - Se os peritos não puderem formar logo juízo seguro ou fazer relatório completo do exame, ser-lhes-á concedido prazo de cinco dias. Em casos especiais, esse prazo poderá ser prorrogado, razoalmente, a requerimento dos peritos.
Seguidamente o Oficial de Proteção depara-se com situações de denúncias de maus-tratos, onde efetua por determinação da autoridade judiciária, diligências investigadoras (sindicâncias), para apuração do fato denunciado. Em alguns casos verificam-se ocorrências de maus-tratos (abusos sexuais, agressões, etc.). Nestes casos, registra-se a ocorrência, a criança ou adolescente é encaminhado para exame de lesões corporais. O exame de lesão corporal e outras perícias serão feitos por peritos oficiais. Não havendo na localidade perito oficial, o exame será feito por duas pessoas idôneas, determinada pela autoridade, se possível com habilitação técnica. Os peritos descreverão detalhadamente o que examinarem, respondendo aos quesitos formulados.

2 - Modelo de requisição de exame de corpo de delito

Ao senhor Diretor do Departamento Médico Legal.
Faço apresentar a(criança) e/ou o(a) (adolescente) abaixo qualificado, para que seja submetido a exame de corpo de delito:

Nome ....
Idade ....
Filiação .... e de ....
Cor .... Idade ....
Nacionalidade ....
Naturalidade ....
Natureza do exame: Lesão corporal suspeitta de: ....
....
Solicitamos remeter cópia do exame para o (........) cartório do Juizado da Infância e da Juventude.
Porto Alegre ,...... de .... de 2000.

(assinatura do Oficial de Proteção)

40. Dos crimes contra os costumes

1 - Disposições do Código Penal
Crimes contra a lberdade sexual.
Art. 213. Constrager mulher à conjunção carnal, mediante violência ou grave ameaça:
Pena - reclusão, de três as oito anos.
Art. 263 da Lei 8.069/90 (Estatuto da Criança e do Adolescente):
Crime consistente em constranger mulher, de qualquer idade ou condição, a conjunção carnal, mediante violência ou grave ameaça.
Coito forçado. A violência pode ser física ou moral, incluindo-se também o uso de drogas.
O sujeito passivo do crime de estupro é a mulher, não importando se se trata de virgem ou não, prostituta ou honesta. Até mesmo entre os cônjuges poderá haver o crime de estupro. Também não se descarta o crime de estupro contra menores do sexo masculino. Se a vítima sofrer lesões de natureza grave ou vier a falecer, o agente terá sua pena bastante agravada, pois dessa forma se qualificará o crime.
O Decreto-Lei nº 2.848, de 7 de dezembro de 1940, Código Penal, passa a vigorar com as seguintes alterações:
1) Art. 121.

§ 4º. No homicídio culposo, a pena é aumentada de um terço, se o crime resulta de inobservância de regra técnica de profissão, arte ou ofício, ou se o agente deixa de prestar imediato socorro à vítima, não procura diminuir as conseqüências do seu ato, ou foge para evitar prisão em flagrante. Sendo doloso o homicídio, a pena é aumentada de um terço, se o crime é praticado contra pessoa menor de catorze anos.

2) Art. 129.

§ 7º. Aumenta-se a pena de um terço, se ocorrer qualquer das hipóteses do art. 121, § 4º.

§ 8º. Aplica-se à lesão culposa o disposto no § 5º do art. 121.

3) Art. 136

§ 3º. Aumenta-se a pena de um terço, se o crime é praticado contra pessoa menor de catorze anos.

4) Art. 213

Parágrafo único - Se a ofendida é menor de catorze anos:

Pena - reclusão de quatro a dez anos.

5) Art. 214

Parágrafo único- Se o ofendido é menor de catorze anos:

Pena- reclusão de três a nove anos.

Art. 214. Constranger alguém, mediante violência ou grave ameaça, a praticar ou permitir que com ele se pratique ato libidinoso diverso da conjunção carnal:

Pena - reclusão de dois a sete anos.

Os meios empregados na prática do crime são a violência física, o constrangimento ou grave ameaça.

A vítima fica obrigada a satisfazer os desejos animalescos do agente, submetendo-se a libidinagens diversas da conjunção carnal. Caso sofra a vítima lesões de natureza grave ou mesmo venha a falecer, o causador do delito terá sua pena agravada.

O artigo 263 da Lei 8.069/90 (ECA) acrescentou um parágrafo único ao art. 214 do CP, agravando a pena quando cometido o atentado violento ao pudor contra menor de catorze anos de idade(reclusão, de três a nove anos). Ocorre, porém, que a Lei nº 8.072, de 25 de julho do mesmo ano, ao dispor sobre os crimes hediondos, além de agravar a pena do atentado ao pudor em seu art. 6º, criou uma causa de aumento de pena (art. 9º), exasperando-a de metade quando praticado o delito contra vítima que se encontra nas condições do art. 224 do CP, alcançando a hipótese de vítima que "não é maior de catorze anos" (alínea a). De maneira que o art. 263 do Estatuto da Criança e do Adolescente, na parte que em que alterou a pena do atentado violento ao pudor, deve ser considerado revogado, nesse sentido.

Art. 215. Ter conjunção carnal com mulher honesta, mediante fraude:
Pena - reclusão, de 1(um) a 3(três) anos.
Parágrafo único: Se o crime é praticado contra mulher virgem, menor de 18 (dezoito) e maior de 14(catorze) anos:
Pena - reclusão, de 2(dois) a 6(seis) anos.
Em caso de ser mulher virgem menor de catorze anos, a violência é presumida, e o crime passará a ser de estupro.
1) Conceito de mulher honesta - É a que se conduz dentro dos padrões aceitos pela sociedade onde vive, e que mantém uma conduta regrada, honrada e decente de acordo com os bons costumes.
2) Conceito de mulher desonesta - É a mulher de vida fácil, que se entrega a todos os que a desejam, que desrespeita franca e abertamente as convenções sociais. Ex. a prostituta, mulher de vários homens, de vida desregrada e de costumes dissolutos, que vende seu corpo por interesse de dinheiro ou depravação, sem observar o mínimo de ética sexual exigível.
Art. 216. Induzir mulher honesta, mediante fraude, a praticar ou permitir que com ela se pratique ato libidinoso diverso da conjunção carnal.
Pena- reclusão, de 1(um) a 2(dois) anos.
Parágrafo único- Se a ofendida é menor de 18(dezoito) e maior de 14(catorze) anos:
Pena - reclusão de 2(dois) a 4(quatro) anos.

Objeto jurídico - A liberdade sexual da mulher.
Sujeito ativo - Qualquer pessoa(homem ou mulher).
Sujeito passivo - Só a mulher honesta. Ao contrário do que ocorre no crime de atentado violento ao pudor, o homem não pode ser sujeito passivo, uma vez que este, nos termos do tipo, deve ser mulher.

2 - Sedução e corrupção de menores
Art. 217. Seduzir mulher virgem, menor de 18 (dezoito) e maior de 14(catorze) anos, e ter com ela conjunção carnal, aproveitando-se de sua inexperiência ou justificável confiança.
Pena - reclusão de 2(dois) a 4(quatro) anos.
Crime que consiste em iludir mulher virgem maior de catorze e menor de dezoito anos, aproveitando-se de sua inexperiência ou justificável confiança, para com ela manter conjunção carnal. É crime de ação privada e somente se procede mediante queixa; porém será de ação pública quando a vítima ou seus pais não tiverem condições de pagar as despesas do processo, ou quando o crime for praticado por tutor ou curador.

Objetos jurídicos - Protege-se a honra sexual do menor, sua virgindade, aliada à inexperiência ou justificável confiança. Leva-se em consideração a virgindade física e moral. A virgindade física (ou himenal), embora seja um dos principais indícios de honestidade de uma mulher, não é o único. Às vezes, a virgem poderá ter tamanha experiência nos fatos da vida e prestar-se a outros atos libidinosos que revelem até a inclinação a uma experiência dissoluta, o que a impedirá de receber proteção legal.[40]

3 - Corrupção de menores
Art. 218. Corromper ou facilitar a corrupção de pessoa maior de 14(catorze) e menor de 18(dezoito) anos, com ela praticando ato de libidinagem, ou induzindo-a a praticá-lo ou presenciá-lo:
Pena - reclusão, de 1(um) a 4(quatro) anos.
O crime é consumado mesmo que o criminoso não pratique ato libidinoso com a vítima. A retirada desta do lugar onde se encontra já configura o crime.
Proteção Constitucional do Menor - Art. 227 (CF) parágrafo quarto "A lei punirá severamente o abuso, a violência e a exploração sexual da criança e do adolescente".

Objeto Jurídico - A moral sexual dos menores de dezoito e maiores de catorze anos de idade.
Sujeito Ativo - Qualquer pessoa (homem ou mulher).
Sujeito Passivo - Qualquer menor, maior de catorze e menor de dezoito anos, independente de sexo.

4 - Rapto (rapto violento ou mediante fraude)
Art. 219. Raptar mulher honesta, mediante violência, grave ameaça ou fraude, para fim libidinoso:
Pena - reclusão, de 2 (dois) a 4 (quatro) anos.
O crime é consumado mesmo que o criminoso não pratique ato libidinoso com a vítima. A retirada desta do lugar onde se encontra já configura o crime.

Sujeito Ativo - Pode ser qualquer pessoa, sem distinção de sexo.
Sujeito Passivo - Só pode ser a mulher honesta. Pouco importa se a vítima é ou não virgem, uma vez que a mulher casada também pode ser sujeito passivo, ou a sua idade. Nesse sentido, tratando-se de vítima deflorada.

5. Rapto consensual
Art. 220. Se a raptada é maior de 14 (catorze) e menor de 21 (vinte e um) anos, e o rapto se dá com seu consentimento:

---
[40] Celso Delmanto. *Código Penal*. Ed. Saraiva, p. 670.

Pena - detenção, de 1 (um) a 3 (três) anos.

Proteção na CF - Art. 227, § 4º " A lei punirá severamente o abuso, a violência e a exploração sexual da criança e do adolescente".

Objetos Jurídicos - São o pátrio poder e a autoridade tutelar exercida em relação à mulher maior de catorze e menor de vinte e um anos de idade.

6 - Diminuição da pena
Art. 221. É diminuída de um terço a pena, se o rapto é para fim de casamento, e de metade, se o agente, sem ter praticado com a vítima qualquer ato libidinoso, a restitui à liberdade ou a coloca em lugar seguro, à disposição da família.

Se o agente casar com a vítima, será extinta a sua punibilidade.

A primeira causa da redução da pena (rapto para fim matrimonial) se aplica à conduta violenta ou mediante fraude e à consesual. A segunda, tanto violenta, mediante fraude ou consensual quanto ao rapto para fim de casamento.

7 - Concurso de rapto e outro crime
Art. 222. Se o agente, ao efetuar o rapto, ou em seguida a este, pratica outro crime contra a raptada, aplicam-se cumulativamente a pena correspondente ao rapto e a cominada ao outro crime.

8 - Concurso de rapto e atentado violento ao pudor.
Art. 71 (CP). Quando o agente, mediante mais de uma ação ou omissão, pratica dois ou mais crimes da mesma espécie e, pelas condições de tempo, lugar, maneira de execução e outras semelhantes, devem os subseqüentes ser havidos como continuação do primeiro, aplica-se-lhe a pena de um só dos crimes, se idênticas, ou a mais grave, se diversas, aumentada, em qualquer caso, de um sexto a dois terços.

Parágrafo único. Nos crimes dolosos, contra vítimas diferentes, cometidos com violência ou grave ameaça à pessoa, poderá o juiz, considerando a culpabilidade, os antecedentes, a conduta social e a personalidade do agente, bem como os motivos e as circunstâncias, aumentar a pena de um só dos crimes, se idênticas, ou a mais grave, se diversas, até o triplo, observadas as regras do parágrafo único do art. 70 e do art. 75 deste Código.

9 - Formas qualificadas
Art. 223. Se a violência resulta lesão corporal de natureza grave;
Pena - reclusão, de 8 (oito) a 12 (doze) anos.
Parágrafo único - Se o fato resulta da morte:
Pena - reclusão de 12 (doze) a 25 (vinte e cinco) anos.

Violência e fato - O legislador no *caput* menciona "se da violência resulta...", ao passo que no parágrafo único usa a expressão "se do fato resulta...". O legislador refere-se sempre à violência. A expressão usada no parágrafo único não pode ser interpretada em sentido mais amplo que a expressão utilizada no *caput*. (Celso Delmanto. *Código Penal*, p. 682.)

10 - Presunção de violência

Art. 224. Presume-se a violência, se a vítima:

a) não é maior de 14 (catorze) anos;

b) é alienada ou débil mental, e o agente conhecia esta circunstância;

c) não pode, por qualquer outra causa, oferecer resistência.

Trata-se de violência presumida, ficta ou indutiva. O legislador presume a violência, tendo em vista as circunstâncias concretas dentro das quais a vítima não pode, validamente, dar seu consentimento. O consentimento é nulo. Nesse sentido: RT, 493:386 e JTJ, 165:323

11 - Ação penal

Art. 225. Nos crimes definidos nos capítulos anteriores, somente se procede mediante queixa.

§ 1º. Procede-se, entretanto, mediante ação pública:

I - se a vítima ou seus pais não podem prover às despesas do processo, sem privar-se de recursos indispensáveis à manutenção própria ou da família;

II - se o crime é cometido com abuso do pátrio poder, ou da qualidade de padrasto, tutor ou curador.

§ 2º - No caso do nº I do parágrafo anterior, a ação do Ministério Público depende de representação.

Regra - A ação penal, nos crimes contra os costumes, é, em regra, privada (*caput*)
Exceções à regra - A ação penal é pública condicionada à representação se a vítima ou seus pais não podem prover às despesas do processo sem se privar de recursos indispensáveis à manutenção própria ou da família.

12 - Aumento da pena

Art. 226. A pena é aumentada de quarta parte:

I - se o crime é cometido com o concurso de duas ou mais pessoas;

II - se o agente é ascendente, pai adotivo, padrasto, irmão, tutor ou curador, preceptor ou empregador da vítima ou por qualquer outro título tem autoridade sobre ela;

III - se o agente é casado.

Concurso de Pessoas - Os sujeitos ativos podem ser co-autores ou participantes do crime. A participação pode dar-se em qualquer fase do crime e não somente na de execução do delito.

Relações de Parentesco - Os irmãos desta podem ser unilaterais ou germanos. Preceptor é o mestre. O legislador ainda menciona a circunstância referente ao agente que "por qualquer outro título tem autoridade sobre a vítima". Nesta hipótese, o sujeito ativo tem com a vítima relação de direito (ex. carcereiro com relação à detenta), ou menor abandonado que no agente recolheu à sua casa). Celson Delmanto. *Código Penal*, p. 226.

13 - Lenocínio e tráfico de mulheres

Mediação para servir a lascívia de outrem.

Art. 227. Induzir alguém a satisfazer a lascívia de outrem:

Pena- reclusão, de 1 (um) a 3 (três) anos.

§ 1º. Se a vítima é maior de 14 (catorze) e menor de 18 (dezoito) anos, ou se o agente é seu ascendente, descendente, marido, irmão, tutor ou curador ou pessoa a que esteja confiada para fins de educação, de tratamento ou de guarda;

Pena- reclusão, de 2 (dois) a 5 (cinco) anos.

§ 2º. Se o crime é cometido com emprego de violência, grave ameaça ou fraude:

Pena- reclusão, de 2 (dois) a 8 (oito) anos, além da pena correspondente à violência.

§ 3º. Se o crime é cometido com o fim de lucro, aplica-se também multa.

Lenocíno familiar (§ 1º, 2ª parte).

O fundamento da punição mais severa é a infração, pelo agente, dos deveres familiares. se cometido o crime por enteado ou padastro da vítima não incide a qualificadora. Da mesma forma, não é qualificado o delito praticado pela esposa da vítima, pai adotivo ou empregador, salvo se ela estiver sob a sua guarda.

O crime é qualificado se cometido com o emprego de violência, grave ameaça ou fraude (§ 2º).

Se o agente faz crer à vítima que, submetendo-se à concupiscência, ficará rica, não incide a qualificadora por ausência de fraude.

Lenocínio questuário (§ 3º).

Para que incida a qualificadora não é necessário que o sujeito ativo efetivamente obtenha lucro. Basta que seja levado à prática deletiva com o propósito de auferir vantagem econômica.[41]

14 - Favorecimento da prostituição

Art. 228. Induzir ou atrair alguém à prostituição, facilitá-la ou impedir que alguém a abandone:

Pena - reclusão, de 2(dois) a 5(cinco) anos.

§ 1º. Se ocorre qualquer das hipóteses do § 1º do artigo anterior:

Pena - reclusão, de 3(três) a 8(oito) anos.

---

[41] Celso Delmanto. *Código Penal Anotado*. Editora Saraiva, p. 692.

§ 2º. Se o crime é cometido com emprego de violência, grave ameaça ou fraude:
Pena - reclusão, de 4(quatro) a 10(dez) anos, além da pena correspondente à violência.
§ 3º. Se o crime é cometido com o fim de lucro, aplica-se também a multa.

Requisitos da prostituição: 1º) habitualidade; 2º) número indeterminado de pessoas a quem a vítima se entrega.
Condutas típicas tendentes à prostituição - 1º) induzir; 2º) atrair; 3º) facilitar (mediante ação ou omissão, desde que haja o dever jurídico de impedir o fato); 4º) impedir que alguém a abandone.
Condutas que configuram o crime - Arranjar a localização e a instalação de meretrizes(RT. 483:306 e 623:345); arranjar-lhes fregueses (RT. 546:381); endereçar mulheres à prostituição(RT. 546:345); encaminhar mulheres para outra cidade, com o fim de prostituição(RT. 399:82); encaminhar mulheres para apartamentos, com o fim de promover encontros sexuais[42] (RT. 532:327).

15 - Casa de prostituição
Art. 229. Manter, por conta própria ou de terceiro, casa de prostituição ou lugar destinado a encontros para fim libidinoso, haja ou não, intuito de lucro ou mediação direta do proprietário ou gerente:
Pena- reclusão, de 2 (dois) a 5 (cinco) anos, e multa.

16 - Rufianismo
Art. 230.Tirar proveito da prostituição alheia, participando diretamente de seus lucros ou fazendo-se sustentar, no todo ou em parte, por quem a exerça:
Pena - reclusão, de 1 (um) a 4 (quatro) anos, e multa.
§ 1º. Se ocorre qualquer das hipóteses do § 1º do art. 227:
Pena - reclusão, de 3 (três) a 6 (seis) anos, além de multa.
§ 2º. Se há emprego de violência ou grave ameaça:
Pena - reclusão, de 2 (dois) a 8 (oito) anos, além da multa e sem prejuízo da pena correspondente à violência.

Prostituta que sustenta filhos ou pais - Não há crime.
Tolerância policial - Não exclui o delito (RT. 522:458).
Rufianismo (várias fontes de renda) - Há crime quando o agente tem outras fontes de renda, desde que participe do lucro malferido pela prostituta.
Elementos subjetivos do tipo - É o dolo, vontade de, habitualmente, tirar proveito da prostituição alheia, participando diretamente de seus lucros ou fazendo-se sustentar, no todo ou em parte, por quem a exerça. Nesse sentido: RT. 418:67. (Celso Delmanto. *Código Penal Anotado*, p. 698).

---

[42] Celso Delmanto. *Código Penal Anotado*. Ed. Saraiva, p. 228.

17 - Tráfico de mulheres

Art. 231. Promover ou facilitar a entrada, no território nacional, de mulher que nele venha exercer a prostituição, ou a saída de mulher que vá exercê-la no estrangeiro:

Pena - reclusão, de 4(quatro) a 8(oito) anos.

§ 1º. Se ocorre qualquer das hipóteses do § 1º do art. 227;

§ 2º. Se há emprego de violência, grave ameaça ou fraude, a pena é de reclusão, de 5(cinco) a 12(doze) anos, além da pena correspondente à violência.

§ 3º. Se o crime é cometido com o fim de lucro, aplica-se também a multa.

Art. 232 - Nos crimes de que trata este Capítulo, é aplicável o disposto nos arts. 223 a 224.

Sujeito ativo - pode ser qualquer pessoa independentemente de sexo.
Sujeito passivo - é a mulher. Pode ser honesta ou meretriz. O tipo fala em mulher, no singular.

41. Do ultraje público ao pudor

1 - Ato obsceno

Art. 233. Praticar ato obsceno em lugar público, ou aberto ou exposto ao público:

Pena - detenção, de 3(três) meses a 1(um) ano, ou multa.

Lugar público - É acessível a pessoa, ainda que nele só possam penetrar mediante determinadas condições (ingresso, convite, etc. - RT. 330:480.)

Lugar exposto ao público - É o local que pode ser visto pelo público (RT 546:392 e 689:364). Depende das condições e circunstâncias.

Requisitos do ato obsceno - Deve ser praticado: 1º) em lugar público - 2º) ou em lugar aberto ao público - 3º) ou em lugar exposto ao público.

Janela aberta de apartamento ou casa - É lugar exposto ao público, desde que o ato possa ser visto por pessoas que se encontrem em outro prédio ou passando na via pública possam visualizar o ato. Interior de garagem - Caso o ato seja visível, há crime. (Ver Celso Delmanto. *Código Penal Anotado*, p. 702-705.)

2 - Escrito ou objeto obsceno

Art. 234 - Fazer, importar, exportar, adquirir ou ter sob sua guarda, para fim de comércio, de distribuição ou de exposição pública, escrito, desenho, pintura, estampa ou qualquer objeto obsceno:

Pena - detenção, de 6(seis) meses a 2(dois) anos, ou multa.
Parágrafo único. Incorre na mesma pena quem:
I - vende, distribui ou expõe à venda ou ao público qualquer dos objetos referidos neste artigo;
II - realiza, em lugar público ou acessível ao público, representação teatral, ou exibição cinematográfica de caráter obsceno, ou qualquer outro espetáculo, que tenha o mesmo caráter; III- realiza, em lugar público ou acessível ao público, ou pelo rádio, audição ou recitação de caráter obsceno.

> Lei 8.069/90 - Estatuto da Criança e do Adolescente pune no seu art. 240 como crimes: produzir ou dirigir representação teatral, televisiva ou película cinematográfica, utilizando-se de criança ou adolescente em cena de sexo explícito ou pornografia: Pena de um a quatro anos e multa. No parágrafo único, incorre na mesma pena quem, nas condições referidas neste artigo, contracena com criança ou adolescente. No artigo 241 diz: fotografar ou publicar cena de sexo explícito ou pornografia envolvendo criança ou adolescente; pena de reclusão de um a quatro anos.

42. Dos crimes contra a assistência familiar

1 - Abandono material
Art. 244. Deixar, sem justa causa, de prover à subsistência do cônjuge, ou de filho menor de 18 (dezoito) anos ou inapto para o trabalho, ou de ascendente inválido ou valetudinário, não lhes proporcionando os recursos necessários ou faltando ao pagamento de pensão alimentícia judicialmente acordada, fixada ou majorada; deixar, sem justa causa, de socorrer descendente ou ascendente, gravemente enfermo:
Pena - detenção, de 1 (um) a 4 (quatro) anos, e multa, de uma a dez vezes o maior salário mínimo vigente no País.
Parágrafo único - Nas mesmas penas incide quem, sendo solvente, frustra ou ilude, de qualquer modo, inclusive por abandono injustificado de emprego ou função, o pagamento de pensão alimentícia judicialmente acordada, fixada ou majorada.
Art. 229 da CF. Os pais têm o dever de assistir, criar e educar os filhos menores, e os filhos maiores têm o dever de ajudar e amparar os pais na velhice, carência ou enfermidade.

2 - Entrega de filho menor a pessoa inidônea
Art. 245. Entregar filho menor de 18 (dezoito) anos a pessoa em cuja companhia saiba ou deva saber que o menor fica moral ou materialmente em perigo:
Pena - detenção, de 1 (um) a 2 (dois) anos.

§ 1º. A pena é de 1(um) a 4(quatro) anos de reclusão, se o agente pratica delito para obter lucro, ou se o menor é enviado para o exterior.

§ 2º. Incorre, também, na pena do parágrafo anterior quem, embora excluído o perigo moral ou material, auxilia a efetivação de ato destinado ao envio de menor para o exterior, com o fito de obter lucro.

Ver art. 229 da CF.

Art. 246. Deixar, sem justa causa, de prover à instrução primária de filho em idade escolar:

Pena - detenção de 15(quinze) dias a 1(um) mês, ou multa.

Ver arts. 227 e 229 da CF.

Art. 247. Permitir alguém que menor de 18(dezoito) anos, sujeito a seu poder ou confiado à sua guarda ou vigilância:

I - freqüente casa de jogo ou mal-afamada, ou conviva com pessoa viciosa ou de má vida;

II - freqüente espetáculo capaz de pervertê-lo ou de ofender-lhe o pudor, ou participe de representação deigual natureza;

III - resida ou trabalhe em casa de prostituição;

IV - mendigue ou sirva a mendigo para excitar a comiseração pública:

Pena - detenção, de 1(um) a 3(três) meses, ou multa.

Ver art. 229 da CF.

Artigos do ECA, que definem crimes assemelhados aos do art. 247 do CP.

Art. 240, Lei 8.069/90 (ECA). Produzir ou dirigir representação teatral, televisiva ou película cinematográfica, utilizando-se de criança ou adolescente em cena de sexo explícito ou pornográfica:

Pena - reclusão de um a quatro anos, e multa.

Parágrafo único. Incorre na mesma pena quem, nas condições referidas neste artigo, contracena com criança ou adolescente.

Art. 241, Lei 8.069/90 (ECA). Fotografar ou publicar cena de sexo explícito ou pornográfica envolvendo criança ou adolescente, arma, munição ou explosivo:

Pena - detenção de seis meses a dois anos, e multa.

3 - Dos crimes contra o pátrio poder, tutela ou curatela

Induzimento, fuga, entrega arbitrária ou sonegação de incapazes.

Art. 248. Induzir menor de 18(dezoito) anos, ou interdito, a fugir do lugar em que se acha por determinação de quem sobre ele exerce autoridade, em virtude de lei ou de ordem judicial; confiar a outrem sem ordem do pai, do tutor ou do curador algum menor de

18 (dezoito) anos ou interdito, ou deixar, sem justa causa, de entregá-lo a quem legitimamente o reclame:
Pena - detenção, de 1(um) mês a 1(um) ano, ou multa.

Objetos jurídicos - O pátrio poder, a tutela e a curatela
Menor e interdito - O menor não sujeito ao pátrio poder e à tutela, bem como o interdito não assim declarado judicialmente, não são sujeitos passivos, uma vez ausente o objeto jurídico, que é a tutela, ou o pátrio poder ou a curatela.

4 - Induzimento à fuga
A fuga deve representar um real afastamento no espaço e ter certa duração. É também elemento objetivo do tipo o dissenso dos pais, tutor ou curador. Se o agente induz o menor a acompanhá-lo, o crime não é o de induzimento à fuga, mas sim o de subtração de incapazes, previsto no artigo 249 do CP.[43]

Art. 249. Subtrair menor de 18 (dezoito) anos ou interdito ao poder de quem o tem sob sua guarda em virtude de lei ou de ordem judicial:
Pena - detenção, de 2(dois) meses a 2 (dois) anos, se o fato não constitui elementos de outro crime.
§ 1º. O fato de ser agente pai ou tutor do menor ou curador do interdito não o exime de pena, se destituído ou temporariamente privado do pátrio poder, tutela, curatela ou guarda.
§ 2º. No caso de restituição do menor ou do interdito, se este não sofreu maus-tratos ou privações, o juiz pode deixar de aplicar pena.

Objeto jurídico - É a guarda de menor de dezoito anos e de interdito.
Sujeito ativo - Pode ser qualquer pessoa, inclusive o pai ou tutor do menor ou o curador do interdito, se destituídos ou temporariamente privados do pátrio poder, da tutela, da curatela ou da guarda (§ 1º).
Sujeitos passivos - São os pais, os tutores ou os curadores, enquanto no exercício do pátrio poder, da tutela ou da curatela, a pessoa sob cuja guarda se encontrar o menor ou o interdito, em virtude de lei ou decisão judicial, os menores de dezoito anos e os interditos, ainda que estes consintam na subtração, uma vez que o consentimento é irrelevante.

---

[43] Celso Delmanto. *Código Penal Anotado*. Ed. Saraiva, p. 735.

Procedimento de apuração de Ato Infracional atribuído a adolescente - arts. 171 a 190

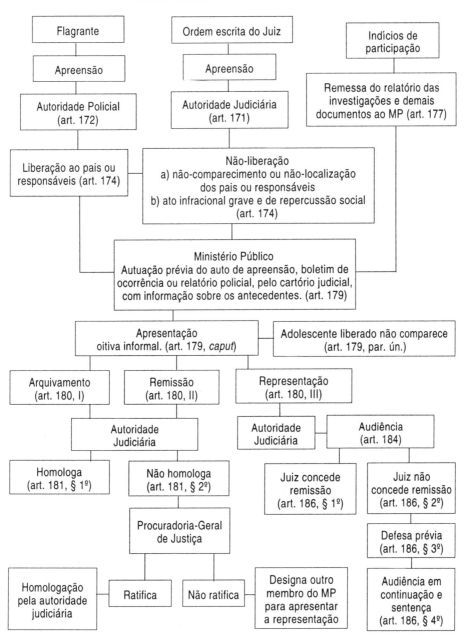

43. Redação oficial

1. Introdução
Redigir - escrever com ordem e método.

Este capítulo certamente virá aprimorar os conhecimentos do Oficial de Proteção que trata das coisas públicas, objetivando conferir-lhe um suprimento de real valor, reforçando-lhe a experiência no desempenho de suas atribuições. Em sua forma e conteúdo, é um significativo instrumento de comunicação, de modo especial para o Oficial de Proteção, que muitas vezes, não consegue transmitir adequadamente suas mensagens oficiais, com clareza, objetividade e unidade, necessárias a uma eficaz execução das rotinas dos Juizados da Infância e da Juventude.

Um ofício difere de um auto, bem como uma circular de uma informação, pela forma e finalidade. Assim, este capítulo em muito auxiliará o Oficial de Proteção a utilizar e selecionar com propriedade os documentos básicos de sua atividade.

<small>Adalberto Kaspary. *Redação Oficial, normas e modelos*, Ed.Fundação dos Recursos Humanos, Porto Alegre.
Normas Sobre Correspondência e Atos Oficiais (DASP), 1968 e *das Normas Sobre Correspondência*, Comunicação e Ato do Oficiais (MEC,1972).</small>

2 - Formas de tratamento

Vossa Excelência - Emprega-se na correspondência dirigida aos seguintes destinatários:
- Presidente da República (não se admite forma abreviada).
- Vice-Presidente da República.
- Presidente, Vice-Presidente, Secretários de Mesas Diretoras e membros do Senado Federal e da Câmara dos Deputados.
- Ministros de Estado.
- Chefe do Estado Maior das Forças Armadas.
- Governador do Distrito Federal.
- Chefe do Gabinete Militar da Presidência da República.
- Consultor-Geral da República.
- Oficiais-Generais das Forças Armadas.
- Governadores de Estados e Territórios Federais.
- Presidente e membros das Assembléias Legislativas estaduais.
- Secretários de Estado dos Governos Estaduais.
- Prefeitos Municipais.
- Presidente e membros do Supremo Tribunal Federal.
- Presidente e membros do Superior Tribunal de Justiça.

- Presidente e membros do Superior Tribunal Eleitoral.
- Presidente e membros do Superior Tribunal do Trabalho.
- Presidente e membros dos Tribunais de Justiça.
- Presidente e membros dos Tribunais de Contas.
- Presidente e membros dos Tribunais Regionais Eleitorais e Auditores da Justiça Militar.
- Promotores de Justiça Estaduais e Federal.
- Procuradores da Justiça Estadual e Federal.
- Procurador-Geral da Justiça Federal.
- Procurador-Geral da Justiça Estadual.
- Juízes Federais

Vossa Senhoria - Emprega-se em correspondência dirigida a destinatários não contemplados com tratamento específico e aos particulares em geral. Correspondem-lhe, em atos cerimoniosos, no vocativo e no endereçamento, as formas Ilustríssimo e Mui(to) Digno.

Vossa Magnificência - Emprega-se nas correspondências dirigidas aos Reitores de Universidades. Corresponde-lhe, em atos cerimoniosos, a forma Magnífico.

Vossa Santidade - Emprega-se na correspondência dirigida ao Papa. Corresponde-lhe a forma Santíssimo (Padre).

Vossa Eminência Reverendíssima - Emprega-se nas correspondências dirigidas aos Arcebispos e Bispos. Correspondem-lhe, em atos cerimoniosos as formas Excelentíssimo e Reverendíssimo.

Vossa Senhoria Reverendíssima (ou Vossa Reverendíssima) - Emprega-se em correspondência dirigida aos Monsenhores, Párocos, Cônegos e superiores religiosos. Corresponde-lhe, em atos cerimoniosos, a forma Reverendíssimo.

Vossa Reverência - Emprega-se na correspondência dirigida a simples sacerdotes, clérigos e religiosos.

3 - Documentos básicos

Auto - Auto é a narração circunstanciada e autenticada de ato ou diligência, administrativa ou judiciária. Há vários tipos de autos, de acordo com os fatos ou ocorrências que neles se registram: auto de penhora, auto de infração, de busca e apreensão de coisas, de busca e apreensão de menor, de flagrante, etc. "Um auto é uma exposição fiel, quase transcrição, feita por pessoa qualificada, de alguma ocorrência, sem discutir conclusões ou emitir opiniões" (Angelo Domingos Salvador, *Métodos e Técnicas de Pesquisa*).

AUTO DE INFRAÇÃO

Aos..........dias do mês de........................ do ano de.........., às...........horas, no interior do prédio nº.........., sito na rua ...., nesta Cidade, onde se encontra instalado (nome da casa autuada e tipo de comércio que explora) de propriedade do senhor ...., residente e domiciliado na rua ....nº............, bairro........................., quando me encontrava, no exercício de minhas atribuições de Oficial de Proteção da Infância e da Juventude, e na presença do responsável pelo estabelecimento, Sr. ...., residente e domiciliado na rua ....nº............bairro ...., constatei a infração da Portaria nº .... do Juizado da Infância e da Juventude, com a presença do adolescente, ..., com .... de idade, de cor ...., nascido em .... de .... de........, filho .... e de..................................., residente na rua .... nº ...., bairro .... e, para constar, lavrei o presente Auto de Infração, que assino com o(s) autuado(s) e as testemunhas abaixo. Certifico que intimei o(s) autuado(s) para apresentar(em) defesa, em juízo, no prazo de 10(dez) dias, a contar desta data, dando-lhe(s) cópia deste Auto.

Porto Alegre, ... de.................... de ....

assinatura
Oficial de Proteção

assinatura
autuado c/CPF ou RG

assinatura
(1ª testemunha) endereço residencial
(2ª testemunha)   "   "

OBSERVAÇÕES: ....
....

Nas observações, o Oficial de Proteção descriminará fatos que ocorreram durante fiscalização como: encontrar o(s) adolescente(s) ingerindo bebidas alcoólicas (Lei das Contravenções Penais, Corrupção de Menores,etc)..
....
(O auto de infração deve ser lavrado em (3) três vias, ficando uma via com o autuado e as demais encaminhadas ao órgão autuante.)

> AUTO DE AFASTAMENTO DO LAR
>
> Aos ....dias do mês de...........................do ano de ...., nesta cidade de Porto Alegre, RS, cumprindo o respeitável mandado do MM. Dr. Juiz de Direito do 1º Juizado da Infância e da Juventude, desta Comarca, tudo consoante AÇÃO DE AFASTAMENTO DO LAR, que o Ministério Público move contra o senhor .... nós Oficiais de Proteção com as formalidades legais, às..............horas e............minutos, fomos até a Rua............................ nº.........bairro................ e aí estando, procedemos o afastamento do lar do senhor......................................., na presença de sua esposa (ou companheira se for o caso) senhora.. No momento em que chegamos ao referido endereço, o senhor .... mostrou-se inconformado com a situação, auxiliamos na retirada de seus bens pessoais, procedemos a citação de todo o teor do MANDADO nº................., que lhe foi lido e dado a ler, bem como cópia da inicial que seguiu anexo, aceitando a contrafé que lhe oferecemos, *ficando bem ciente do prazo de 10 (dez) dias para contestar a presente ação* e de que não deve retornar ao local sob pena de desobediência. Do que para constar, lavramos este auto em duas vias e que segue devidamente assinado.
>
> Assinatura   Assinatura
> Oficiais de Proteção

Veja Autos de apreensão (menores e coisas), penhora, prisão, em capítulo anterior.

Atestado
Atestado é o documento através do qual a autoridade comprova um fato ou situação de que tenha conhecimento em razão do cargo que ocupa ou da função que exerce.

"Atestados administrativos são atos pelos quais a Administração comprova um fato ou uma situação de que tenha conhecimento por seus órgãos competentes"[44]

O atestado comprova fatos ou situações não necessariamente constantes de livros, papéis ou documentos em poder da Administração. Difere da certidão, pois esta é uma transcrição, enquanto o atestado é mera declaração, ou melhor, a afirmação oficial de um fato.

---
[44] Hely Lopes Meirelles. *Direito Administrativo Brasileiro*. Resvista dos Tribunais.

> ATESTADO
>
> Atesto a idoneidade moral de Fulano de Tal, Oficial de Proteção da Infância e da Juventude, lotado na Comarca de Porto Alegre, filho de..........................e de.............................., casado, natural de São Francisco de Paula/RS, residente e domiciliado na Rua..........
> ....nº.........
> Porto Alegre,.......de...........................de 2000.
>
> assinatura
> Chefe da Central de Mandados do JIJ.

Ata

Ata é o documento em que se registram, de forma exata e metódica, as ocorrências, resoluções, reuniões, decisões das assembléias, sessões realizadas por comissões, congregações, corporações ou outras entidades semelhantes.

> Ata [Do lat. *acata* 'coisas feitas'] 1) Registro escrito no qual se relata o que se passou numa sessão, convenção, congresso, etc. (Após a reunião, o secretário lavrou a ata) 2) Registro escrito de uma obrigação contraída por alguém (o escrivão leu a ata da venda do apartamento).

Elaboração da ata:

I) A ata é documento jurídico. Por essa razão, deve ser lavrada de tal maneira que se lhe não possam introduzir modificações posteriores. Na ata não se fazem parágrafos nem alíneas; escreve-se tudo seguidamente, para evitar que, nos espaços em branco, se façam acréscimos.

II) Na ata não se admitem rasuras. Para ressalvar erro constatado durante a redação usa-se a palavra "DIGO".

III) Quando se constata erro ou omissão após a redação usa-se a expressão "EM TEMPO" que é colocada após o escrito, fazendo-se, então a emenda ou acréscimo. Ex: "EM TEMPO" na linha onde se lê "AMARGO" leia-se DO. A ata é redigida por um secretário efetivo do órgão, ou, na falta deste, por um secretário, *ad hoc*, isto é, eventual, designado na ocasião ou somente para ela.

Como a ata deve ser um registro fiel dos fatos ocorridos em determinadas reuniões, sua linguagem deve ser simples e despretensiosa, clara, precisa e concisa, não se prestando, por isso mesmo, a demonstração ou extravasamento de prováveis ou supostos dotes literários do redator.

IV) Assinam a ata, geralmente, todas as pessoas presentes à reunião. Todavia pode ser assinada somente pelas pessoas que presidiram à sessão (presidente e secretário).

V) As partes de uma ata variam segundo a natureza das reuniões cujos eventos se registram:
- dia, mês, ano e hora da reunião (por extenso);
- local da reunião;
- pessoas presentes, devidamente qualificadas;
- presidente e secretário dos trabalhos;
- ordem do dia (discussões, votações, deliberações, etc.);
- fecho.

Certidão

[Do lat. *certitudine*, com mudança de sufixo.] - 1.Documento passado por funcionário que tem fé pública(Escrivão, Oficial de Justiça, Tabelião, etc.) e no qual se reproduzem peças processuais, escritos constantes de suas notas, ou se certificam atos e fatos que eles conheçam em razão do ofício. (*Novo Dicionário Aurélio da Língua Portuguesa*, Ed. Nova Fronteira.)

Características da certidão.

1) Pode ser de inteiro teor ou resumida, contanto que exprima fielmente o que se contém no original donde foi extraída. Quando a certidão consiste de transcrição *verbum ad verbum*, isto é, integral, também recebe o nome de translado.

2) Deve ser escrita em linhas corridas, sem emendas ou rasuras. Qualquer erro de escrita pode ser ressalvado com a palavra"DIGO" ou a expressão "EM TEMPO", formas cuja oportunidade e técnica de emprego foram explicadas no item sobre a ata.

3) Deve ser datada e assinada pelo servidor que a lavrou.

4) A certidão deve obedecer à seguinte ordem:
a) TÍTULO: nome do documento;
b) PREÂMBULO: alusão ao ato que determinou a expedição do documento;
c) TEXTO: teor do que se certifica;
d) FECHO: termo de encerramento e assinatura do(s) servidor(es) que interviu(ram) no ato;
e) LOCAL e DATA da expedição do ato;

CERTIDÃO DE CITAÇÃO CÍVEL

Certifico e dou fé que, em cumprimento ao respeitável mandado retro, extraído dos autos do processo nº........., que............move contra ...., me dirigi ao endereço indicado e, sendo aí, citei............................, que ficou ciente de todo o conteúdo, aceitando a contrafé que lhe ofereci, assinando como se vê.

Data e assinatura do Oficial de Proteção.

Circular

A circular é correspondência multidirecional, pois, embora seja de redação única, é dirigida a vários destinatários. Pode ser impressa, datilografada, ou mesmo transmitida através de fax, telegrama e fonograma.

> Circulares são ordens escritas, de caráter uniforme, expedidas a determinados funcionários ou agentes administrativos incumbidos de certo serviço, ou do desempenho de certas atribuições em circunstâncias especiais (Hely Lopes Meirelles, *Direito Administrativo Brasileiro*, RT).

Elaboração da circular:
a) NUMERAÇÃO: número do ato de expedição;
b) EMENTA: resumo do assunto da circular;
c) VOCATIVO: tratamento e cargo das autoridades destinatárias da circular;
d) TEXTO: desenvolvimento do assunto a ser tratado;
e) FECHO: fórmula de cortesia;
f) ASSINATURA: nome da autoridade, seguido do cargo ou função que exerce.

CIRCULAR

CIRCULAR Nº........., de .... de .... 2000.

Plantão Noturno

.... Chefe da Central dos Oficiais de Proteção, no uso de suas atribuições legais, resolve designar o Oficial de Proteção,..............................., para o plantão do dia .... de .... de 2000......, a fim de realizar, com a equipe titular do plantão, fiscalização em boates localizadas nas ruas ....

Atenciosamente

assinatura do Chefe da Central dos Oficiais de Proteção

Informação

Para o Oficial de Proteção é muito importante saber como redigir esse documento, pois muitas vezes o Chefe da Central ou o próprio Juiz da Infância solicita informações sobre estabelecimentos freqüentados por crianças e adolescentes, ou mesmo denúncia de maus-tratos ou fatos que o Oficial venha a tomar conhecimento contra a criança ou adolescente.

> "Informação é o ato de servidor subalterno incumbido do estudo do processo, instrumento ou qualquer documento e consta do esclarecimento que se fizer necessário, a fim de que o chefe imediato possa formar juízo exato sobre o assunto a deliberar ou encaminhar o caso em tela à autoridade superior" (Gessner P.P. de Barros, *A Redação na Administração Pública*).

INFORMAÇÃO

Senhor Juiz:

Em cumprimento ao respeitável despacho exarado, encaminho a Vossa Excelência informação com referência a denúncia de maus-tratos contra a criança..........................por parte do senhor...........
................................:

1) Comparecemos na residência do Sr.........................e aí, fomos recebidos pela esposa do denunciado; após as formalidades legais, indagamos da referida senhora sobre a denúncia feita diretamente ao JIJ por telefone contra seu esposo, onde nos disse, que não carecem de fundamentos as acusações sobre seu esposo.
2) Solicitamos a presença da criança.......................... com .... anos, filho do casal, examinamos a criança, não constatando nenhuma marca ou sinal que configurasse mau-trato, a criança apresentava excelente aspecto físico, muito alegre e vivaz.
3) Nos retiramos da residência e conversamos com alguns vizinhos do denunciado, que confirmaram as declarações da esposa, de que o mesmo é um bom pai e excelente chefe de família.
4) Dado o exposto
A elevada consideração de Vossa Excelência.

data e assinatura do Oficial de Proteção.

Memorando

Memorando é correspondência interna entre diretores e chefes de serviço. Presta-se à comunicação sobre assuntos rotineiros. Por isso mesmo deve caracterizar-se pela simplicidade, rapidez e clareza. O memorando é uma forma de correspondência oficial bastante aproximada do ofício. Se atentarmos para a morfologia da palavra, veremos que, originariamente, deveria ele ser utilizado simplesmente para lembrar alguma coisa (*memória*).

[Do lat. *Memorandu*] [Adapt. do lat. *memorandum*, "que deve ser lembrado"] 1) V. *memento*. 2) Participação ou aviso por escrito. 3) Impresso comercial, de formato menor que o de carta, usado para comunicações breves. 4) Nota diplomática de uma nação para outra sobre o estado de uma questão. [Este aport. do lat. *memorandum* é, pode-se dizer, recente; por volta da década de trinta, usava-se o voc. lat.] (Aurélio Buarque de Holanda. *Novo Dicionário da Língua Portuguesa*)
Todavia em nossos dias, o memorando não é mais do que um ofício em tamanho pequeno (Irajá Andara Rodrigues, *Português para Concursos*).

MEMORANDO Nº..............

Porto Alegre,............de....................de 2000.

De............................

Para........................

Assunto: Solicitação de informação.

Solicitamos informar, com a possível urgência, a data em que assumiu suas funções, nesta Vara, o Escrevente...

Atenciosamente.
Chefe da Central dos Oficiais de Proteção

Ofício

O ofício é o tipo mais comum de correspondência oficial, e exatamente por ser documento de correspondência oficial só pode ser expedido por órgão público, em objeto do serviço. Seu destinatário, no entanto, além de outro órgão público, pode ser também um particular.

Ofícios são comunicações escritas que as autoridades fazem entre si, entre subalternos e superiores, e entre a Administração e particulares, em caráter oficial. (Hely Lopes Meirelles, *Direito Administrativo Brasileiro*, RT)

OFÍCIO nº..........

Porto Alegre,..........de....................de 2000.
Senhor Juiz:

Levamos ao conhecimento de Vossa Excelência que, por iniciativa do Clube ...., foi realizada uma festa, com a participação de adolescentes na faixa etária de 14 a 17 anos de idade, sem a prévia solicitação de Alvará do Juizado da Infância e da Juventude.

Na referida festa foram constatadas a venda de bebidas alcoólicas e outras irregularidades que ferem a legislação. O expediente contém elementos que oferecem subsídios à apreciação da matéria.

Na oportunidade, reafirmo a Vossa Excelência minha consideração.

assinatura do Oficial de Proteção

Relatório
Existem diversos tipos de relatórios, classificáveis sob vários pontos de vista.

Relatório é uma descrição de fatos passados, analisados com o objetivo de orientar o servidor interessado ou o superior imediato, para determinada ação (G. Bousquié. *Como Redigir Um Relatório*).

Relatório, do ponto de vista da administração pública, é um documento oficial no qual uma autoridade expõe a atividade de uma repartição ou presta conta de seus atos a uma outra autoridade, de nível superior (*Revista de Serviço Público*, abril/1944).

1) Narração ou descrição verbal ou escrita, ordenada e mais ou menos minuciosa, daquilo que se viu, ouviu ou observou: o relatório de uma testemunha, de um médico.
2) Exposição das atividades de uma administração ou duma sociedade.
3) Exposição e relação dos principais fatos colhidos por comissão ou pessoa encarregada de estudar determinado assunto.
4) Exposição dos fundamentos de um voto ou de uma opinião. [Cf. parecer (12).]
5) Exposição prévia dos fundamentos de uma lei, decreto, decisão, etc. (Aurélio Buarque de Holanda. *Novo Dicionário da Língua Portuguesa*).

RELATÓRIO

Senhor Juiz:
Consoante sua determinação, encaminhada a esta Central em despacho exarado de.......de........................do corrente ano, passamos a relatar os acontecimentos ocorridos no dia..........de........................ último, nesta Central.

1 - Encontrávamo-nos cumprindo nossas atribuições funcionais quando entrou na Central o cidadão Fulano de Tal, residente nesta cidade, o qual apenas conhecíamos de vista e que a nós se dirigiu solicitando informações sobre um adolescente que havia sido apresentado através da Justiça Instantânea.
2 - Como ele não se identificou, não lhe oferecemos a informação solicitada, argumentando que os processos sobre crianças e adolescentes no JIJ são segredos de justiça.
3 - Com isso não se conformou o referido cidadão, que passou a ofender-nos com palavras de baixo calão, motivo pelo qual tivemos de dar-lhe voz de prisão, conduzindo-o à área judiciária para o auto de prisão em flagrante.

4 - Procuramos, durante os acontecimentos, manter atitude compatível com o nosso cargo e nos abstivemos de qualquer comportamento agressivo em relação ao agressor, o que aliás foi seguido pelos demais Oficiais de Proteção presentes na Central.
Sendo o que nos competia relatar, atendendo à determinação de Vossa Excelência, aguardamos com confiança o julgamento imparcial dos fatos.
Porto Alegre,........de............................de......2000.

Assinatura do Oficial de Proteção

Requerimento

O requerimento pode ser usado por qualquer pessoa que tenha interesse no serviço público, seja ou não servidor público. Deve ser dirigido à autoridade competente para conhecer, analisar e solucionar o caso, podendo ser manuscrito ou datilografado.

Ato ou efeito de requerer. 1) Petição redigida dentro das formalidades legais. 2) Pedido, solicitação. (Aurélio Buarque de Holanda. *Novo Dicionário da Língua Portuguesa*)
"Requerimento é o instrumento através do qual o signatário pede, a um autoridade pública, algo que lhe pareça justo e legal" (Adalberto Kaspary, *Redação Oficial*).

REQUERIMENTO

Excelentíssimo Senhor Doutor Juiz de Direito Diretor do Foro Central.

Fulano de Tal, Oficial de Proteção da Infância e da Juventude, lotado no Juizado da Infância e da Juventude, matrícula nº................, requer a Vossa Excelência que lhe seja expedida certidão de seu tempo de serviço nesse Juizado, a fim de anexá-la ao seu pedido de aposentadoria, já em andamento no Tribunal de Justiça do Estado.

N.T.
P.D.

Porto Alegre,........de......................de 2000.

assinatura - Oficial de Proteção

Vocativo- abaixo 7 a 10 espaços duplos; preâmbulos-20 toques; fecho- dois espaços duplos; local e data- três espaços duplos; assinatura- dois espaços duplos.

44. Tóxicos

Verbete tóxico - [Do lat. *toxicum*, i.] veneno, tóxico: toxicomania, toxicóforo [Equiv.: toxiqu(e): toxiquemia.]
Verbete-droga - Medicamento ou substância entorpecente, alucinógena, excitante, etc. (como, p. ex., a maconha, a cocaína), ingeridos, em geral, com o fito de alterar transitoriamente a personalidade: (*Novo Dicionário Aurélio da Língua Portuguesa*).

É dever de todo o cidadão depor a respeito de fato que interessa à coletividade. Esse dever assume proporções gigantescas, quando se trata do próprio destino da juventude. Nestes dezoito anos na Vara de Menores, temos acompanhado o drama de pais desesperados, lutando para que seus filhos libertem-se da famigerada "droga". Para tentar ajudar a minimizar e oferecer subsídios aos meus superiores, procurei participar de cursos e palestras sobre drogas e a ler tudo o que se escrevia sobre o assunto. De centenas de obras sobre o tema, uma tornou-se a minha bíblia, linguagem simples, didática e objetiva, sintetizando na sua mensagem, o que todos devem saber sobre esta matéria. Esta obra a que me refiro entre tantas, é de autoria do eminente médico Dr. José Elias Murad, estudioso dos fenômenos psíquico-farmacológicos, dedica-se a programas terapêuticos de prevenção e recuperação de drogados e a outros dirigidos especificamente aos familiares dos pacientes, no Centro em que leva o seu nome em Belo Horizonte/MG.

Motivo pelo qual na figura desse excepcional médico, homenageio nesta capítulo, a todos aqueles que diuturnamente dedicam-se na orientação de crianças e adolescentes e pessoas dependentes de drogas.

1 - Toxicologismo e seus efeitos criminógenos

Considera-se toxicologismo o uso indiscriminado de drogas: toxicomania (Mania de intoxicar-se com entorpecentes).

Considera-se como um estado de intoxicação periódica ou crônica, prejudicial ao indivíduo e à sociedade, produzido pelo consumo repetido de uma droga. Mas este conceito só se completa com os seguintes efeitos que a droga provoca no paciente, segundo Nilson Santana (*O Problema Social da Maconha*, Rio de Janeiro, 1966):

I) Um desejo invencível ou necessidade de consumir a droga e de procurá-la por todos os meios;

II) Uma tendência de aumentar a dose;

III) Uma dependência de ordem psíquica, psicológica e, às vezes, física, em relação aos efeitos da droga, isto é, quando sua administração é interrompida abruptamente, desenvolvendo-se a chamada "síndrome da abstinência" ou "crise de privação". É a urgência compulsiva da droga.

No dizer de Euzébio Gomes; "a toxicomania embota a inteligência, arruina o cérebro, embrutece a alma, degrada o caráter, reduz as suas presas a míseros farrapos humanos".

Genericamente, tóxico é a substância que, ingerida, inalada ou consumida, intoxica, envenena e é entorpecente, isto é, além de intoxicar, entorpece, age sobre o córtex cerebral, promovendo ebriedade, torpor ou inibição dos centros nervosos, de que resulta um estado de inércia, física ou moral.

Os efeitos do uso de tóxicos resultam:
a) dependência
b) destruição da saúde
c) o desgosto que causa à família
d) reflexos da criminalidade

2 - Iniciação nas drogas por crianças e adolescentes

A criança e o adolescente normalmente iniciam o uso de drogas, a partir daquelas mais baratas: cola de sapateiro (loló) ou maconha.

Depois de se iniciar em qualquer dessas drogas entorpecentes, a criança ou o adolescente sente o desejo invencível de continuar no seu uso, a necessidade de aumentar a dose, de passar para drogas mais pesadas, a se tornar um dependente, a sentir a urgência compulsiva da droga, a se degradar, a se arruinar, até se tornar um farrapo humano, ou até morrer em decorrência do uso excessivo de drogas, podendo transformar-se num traficante, num assaltante e fazer parte de quadrilhas e ser preso ou morto pela polícia ou por traficantes.

Há de reprimir o uso indiscriminado de drogas, na prevenção pelas autoridades competentes, através de projetos sérios.

3 - Educação e prevenção no abuso de drogas

A OMS - Organização Mundial da Saúde - definiu o abuso de drogas, na atualidade, como uma doença social epidêmica, isto é, uma verdadeira epidemia social. Como toda a epidemia, a droga apresenta três fatores fundamentais:

O agente (a droga), o hospedeiro (o jovem) e o ambiente favorável (a família, o grupo, o meio ambiente).

Essas três áreas envolvidas na epidemia do uso abusivo de drogas podem ser caracterizadas na força e na maturidade do jovem, nas mensagens e no sistema de suporte do meio onde vive, e na disponibilidade e atratividade das drogas para ele.

4 - Como ajudar na escola

Toda escola deve estar preparada para interferir na eventualidade do aparecimento de usuários de drogas entre seus alunos. Professores que percebem entre seus alunos aqueles que ficam indiferentes e distantes nas aulas, sonolentos ou, ao contrário, inquietos e exitados e com mudanças bruscas no comportamento, devem saber como enfrentar tal tipo de problema; a causa de tais comportamentos pode ser o uso de drogas.

A mudança brusca de comportamento é um dos sinais característicos de um provável uso de drogas pelo adolescente.

5 - O mito do traficante na porta da escola

De modo geral, o indivíduo que comercializa drogas é um marginal experimentado, que não iria se expor às claras nas portas de um estabelecimento de ensino, arriscando-se, por exemplo, a abordar alguém que, por certo, o denunciaria. O traficante é uma fonte abastecedora de drogas, que as fornece, geralmente, ao indivíduo já dependente, que tem interesse em manter o anonimato daquele, a fim de não interromper o fornecimento.

Os viciados nunca afirmam que foram levados às drogas pelos traficantes, e sim por seus próprios companheiros, colegas, amigos ou conhecidos. Há ainda o perigo de traficantes infiltrarem os chamados aviões, mulas, robôs, nomes dados aos passadores de drogas. Estes elementos muitas vezes matriculam-se como alunos para poderem desenvolver o mercado de drogas dentro de escolas e faculdades.

6 - A família

[Do lat. *Familia*.] 1) Pessoas aparentadas, que vivem, em geral, na mesma casa, particularmente o pai, a mãe e os filhos. 2) Pessoas do mesmo sangue. 3) Ascendência, linhagem, estirpe. (Aurélio Buarque de Holanda. *Novo Dicionário da Língua Portuguesa*).

A família é muito importante na problemática do abuso de drogas. Na verdade, as grandes mudanças sofridas pela família, nas últimas décadas, são consideradas por vários especialistas como um dos fatores fundamentais do uso indiscriminado de drogas pelos jovens. Hoje, as pessoas têm enormes facilidades de movimento e mudanças; os membros da família geralmente vivem separados, esquecendo suas tradições e suas raízes. Alguns jovens buscam nas drogas a mãe ou o pai que nunca tiveram. Levando-se em conta a influência que a família exerce no comportamento do ser humano, relacionamos abaixo algumas atitudes que devem ser tomadas pelos pais em relação aos seus filhos:

1) dar-lhes amor e afeição em todas as fases do seu crescimento;
2) ensiná-los a dizer não;
3) proporcionar abertura de canais de diálogo;
4) falar de adultos em que se possam mirar;
5) dar informações oportunas e corretas sobre drogas;
6) manter uma atmosfera familiar estável.

É necessário também oferecer-lhes alternativas válidas. Se os pais não sabem o que os filhos preferem, devem tomar seu tempo e tentar descobrir. Em vez de falar "de seus filhos", seria melhor que muitos pais passassem a falar "com seus filhos". Os pais têm quatro armas poderosas para combater o abuso de drogas: amor, carinho, compreensão e diálogo. No Brasil, somente nos últimos anos algumas associações, como a de pais e mestres e as escolas de pais, têm-se preocupado com a gravidade do problema. Instituições com esse propósito devem ser estimuladas e apoiadas.

> Os pais que os filhos querem e que precisam não é os que os deixam fazer tudo, que falam palavrões. Os pais que os filhos querem são os que conversam com os filhos, orientam, respeitam, mas que também ensinam seus deveres e direitos. Na defesa de nossos filhos, constitui ato de nacionalidade resgatar com vida, para dentro de uma sociedade livre que estamos edificando, todos aqueles cidadãos vitimados pela dependência das drogas. Constitui também ato de nacionalidade neutralizar a qualquer preço a proliferação evasiva do consumo de tóxicos na infância e na adolescência. Constitui ato maior de nacionalidade impedir que a ação dos tóxicos desestabilize a unidade familiar, comprometendo conseqüentemente, e de forma cruel, o destino das atuais e futuras gerações. (Dr. Flávio Rotman-médico)

7 - A pressão do grupo

Testando novos comportamentos ou procurando estabelecer a sua identidade, o adolescente tem grande desejo de se relacionar e de ser aceito por pessoas de sua idade. A pressão do *grupo* ou da *turma* no campo do abuso de drogas tem sido encarada como uma força negativa. Se fumar ou beber são vícios vistos como indulgência e de maneira aceitável no amigo de um adolescente, ele está em risco. Um fato simples para avaliar se um adolescente está usando drogas é saber se seu melhor amigo as usa. Para um resultado satisfatório na prevenção ao abuso de drogas, deve-se levar em conta todos esses fatores, até que o menor atinja a maturidade.

> Aos 15 anos eu tinha vergonha da ignorância de meu pai. Quando cheguei aos 20, fiquei surpreso do quanto ele havia aprendido em apenas 5 anos. (Mark Twain)

8 - A juventude e as drogas

Citamos abaixo alguns fatores que levam adolescentes ao uso de entorpecentes:

I) *A busca de uma insensibilidade* geral do organismo, isto é, a fuga através da droga. É, por exemplo, o caso do indivíduo que, não suportando as pressões, a tensão, enfim, os problemas que o afligem e, às vezes, até o esmagam, procura refugiar-se nas drogas. Neste grupo temos, principalmente, os usuários dos narcóticos ou entorpecentes (morfina, heroina, etc.), dos sedativos e tranqüilizantes, dos hipnóticos e da própria maconha ou marijuana, que é, sem dúvida, uma droga de desligamento.

II) *A busca do prazer*. Muitos adolescentes usam drogas à procura das sensações iniciais de prazer que elas podem provocar. A adolescência coloca o jovem em situação de risco diante das drogas.

III) *A desagregação da família* é uma das causas mais importantes do uso de drogas pelos adolescentes. A falta de apoio familiar, a ausência do diálogo, a incompreensão, a intolerância, o desamor, a violência dentro do próprio lar são fatores que colaboram para o aumento do consumo de drogas entre os jovens.

IV) *A disponibilidade* de certas drogas, para nós, é um problema social crucial. Calcula-se que existam, no comércio farmacêutico brasileiro, cerca de trinta mil especialidades farmacêuticas à disposição do consumidor.

9 - Sinais gerais do uso de qualquer droga

São características das pessoas que fazem uso de drogas:

I - mudanças bruscas de temperamento;

II - síndrome amotivacional, isto é, falta de motivação para as atividades comuns;

III - queda do rendimento escolar ou abandono dos estudos;

IV - inquietação, irritabilidade, insônia, ou, ao contrário, depressão e sonolência;

V - atitudes furtivas ou impulsivas, uso de óculos escuros mesmo sem excesso de luz, camisas de mangas longas até no calor;

VI - desaparecimento de objetos de valor, presença de comprimidos estranhos ou embalagens de comprimidos, frascos de colírio ou frascos de xaropes;

VII - hábito de ouvir som em alto volume;

VIII - troca o dia pela noite.

10 - Jovens aconselhadores

Enquanto a pressão do grupo ou turma permanece como fator muito importante na experimentação e no abuso de drogas, a imaturidade, a curiosidade, o espírito de aventura, o modismo e outros fatores permanecem como causas principais do elevado nível de dependência a elas, por isso, estes adolescentes correm mais risco do que os adultos. A adolescência coloca o jovem em situação de risco no abuso de drogas, principalmente inserida em uma sociedade como a de hoje. Aqueles que têm distúrbios comportamentais, ou aos quais faltam aptidões adequadas, são ainda mais suscetíveis. Esforços feitos no sentido de desenvolver aptidões, a fim de estimular as qualidades inatas do adolescente, onde os tornará mais resistente à pressão do grupo ou turma no uso de drogas. Nem toda a criança ou adolescente deve ser visto como partidário do prazer imediato, procurando a todo momento prazer e aventura. Muitos adolescentes são idealistas e cheios de entusiasmo em defesa de uma boa causa. Para haver sucesso na prevenção ao abuso de drogas, deve-se levar em conta todos os fatores. A melhor abordagem consiste em construir e empregar bem as forças inatas do adolescente, fornecendo-lhe suporte adulto e encorajamento. Até que a maturidade seja atingida, o "menor" necessita de proteção. Há mais de dez anos, venho defendendo a idéia de formar nas comunidades eclesiásticas, centros comunitários, escolas, clubes sociais, etc., grupos de jovens devidamente treinados, para que sejam capazes de abordar outros jovens, aconselhando-os a discutir assuntos de interesse da juventude, principalmente sobre o problema "droga".

Por que não estabelecer este programa a toda a comunidade, não só no Rio Grande do Sul como aos demais Estados do país? Programas visitas em comunidade do interior, através de jovens devidamente treinados por profissionais da área, seria um avanço no combate a este flagelo.

É muito mais fácil para um jovem abordar outro jovem, onde se discutirá um assunto tão sensível como o uso de drogas do que um adulto. Estes jovens que seriam chamados de "aconselhadores" devem contudo receber treinamento de especialistas e supervisionados. Um estudo realizado na Áustria entre adolescentes distingui três tipos de liderança:

a) O líder soberano - mais freqüente grupo de 13 a 14 anos, que procura impor aos outros seus pontos de vista.

b) O líder pedagogo - No grupo de 14 a 16 anos, que utiliza a persuasão, a argumentação lógica.

c) O líder apóstolo - entre adolescentes de 16 a 18 anos, que anseia por reformar a vida social, movido por idéias religiosas, éticas, etc. A qualidade de liderança é inata, ou se desenvolve através de educação recebida adequadamente nas faixas etárias entre 12 e 18 anos, com tendências e aptidões inatas, para serem treinados como "aconselhadores". Devemos lembrar que a maneira mais correta de construir e empregar bem as forças inatas do adolescente é fornecendo-lhe suportes adultos e encorajamento. Há famílias desestruturadas cujos pais supõem que a aparente demonstração de ajuste possa enganar a interpretação dos filhos. Nesses casos é muito comum que esses venham buscar apoio e compreensão junto a outras pessoas.

11 - Resumo
Motivos que podem levar alguém a provar ou usar ocasionalmente as drogas:
I - curiosidade;
II - infuência dos amigos;
III - fácil acesso e obtenção;
IV - desejo ou impressão de que elas podem resolver todos os problemas ou aliviar as ansiedades.

a) Características e sintomas
Existem algumas características comuns àqueles que fazem uso de drogas:
I - mudança de humor e de personalidade;
II - menos responsabilidade;
III - mudança de amigos, passatempos, interesses, solicitação de maior privacidade, dificuldade de comunicação;
IV - deterioração física e mental;
V - odores e objetos estranhos.

b) Como evitar
I - aprender tudo sobre o assunto; quanto mais se souber, mais se entenderá o quanto podem fazer mal à saúde;
II - procurar resistir à influência negativa dos colegas (grupo), trocando de amigos, mudando o círculo de amizades;
III - conversar de forma construtiva, e não crítica, com os pais, filhos, amigos e professores;
IV - passar um tempo, durante a semana, em família, procurando aproveitá-lo de maneira mais agradável.

O conceito principal que se deve ter é o de não começar a usar drogas. Muitos fatores fazem-nos correr riscos que nos conduzem à dependência; o ideal é evitar a primeira dose.

Texto extraído do informativo distribuído pela Faculdade de Ciências Médicas (UFRGS).

45. As drogas mais usadas: informações médicas sobre abuso de drogas[45]

Maconha
Variedade de cânhamo (*Cannabis sativa var.* indica), cujas folhas e flores se usam como narcótico e produzem sensações semelhantes às provocadas pelo ópio [Sin., vários deles pop. ou de gír.: liamba, aliamba, diamba, riamba, bagulho, bengue, birra, dirígio ou dirijo, erva, fuminho, fumo, fumo-de-angola, cânhamo, haxixe, mato, pango, soruma, manga-rosa, massa, tabanagira. Cf. haxixe.] *Novo Dicionário Aurélio da Língua Portuguesa.*

A maconha, ao contrário do que é difundido, não é inofensiva ao organismo, e seu consumo tem efeitos nocivos para o corpo e a mente. A maconha vem da planta *Cannabis sativa*, de origem asiática, cujo ingrediente ativo que causa alteração das sensações é um produto químico conhecido por THC.

Classificação - Perturbador da percepção.

Formas de intoxicação - Ingestão, fumo (cigarros, haxixe), (ganja) Verbete: ganja - Resina extraída de uma espécie de cânhamo (*Cannabis indica*), e que é a base do haxixe. Charas), (charas) Verbete: chara1. Entre os orientais, costume, modo.

Modo de ação - O princípio ativo, delta-9-tetraidrocanabinol (THC), pode ter ação estimulante, sedativa ou alucinógena, dependendo da dose e do tempo após o consumo. Age em receptores específicos CB1 e no SNC.

Manifestações clínicas

Agudas - Alucinações, delírios e idéias paranóides, confusão mental. Letargia, comprometimento da memória a curto prazo. Distorção sensorial, prejuízo ao desempenho motor, sensação de lentificação do tempo. Euforia que pode progredir para ansiedade. O uso intravenoso pode causar dispnéia, dor abdominal, febre, sintomas até 2 horas após o uso: conjuntivas hiperemiadas, apetite aumentado, boca seca, taquicardia.

Crônicas - Tosse crônica, sinusite, faringite, bronquite, enfisema e displasia pulmonar. Síndrome amotivacional(embotamento, apatia, distúrbio do juízo crítico, de concentração e memória, perda do interesse pela aparência pessoal).Imunossupressão. Provoca concentrações reduzidas de testosterona e inibição reversível da espermatogênese. Pode ocorrer supressão de LH durante a fase látea do

---
[45] Faculdade de Ciência Médicas da UFRGS.
Fundação Faculdade Federal de Ciências Médicas de Porto Alegre.
Serviço de Informação Psicoativas - SISP (51) 227-3745.

ciclo menstrual. Uso na gravidez: fetos com baixo peso, prematuros e malformados.

Sinais clínicos - Aumento da freqüência cardíaca, da pressão arterial sistólica, hipotensão ortostática, hiperemia na conjuntiva ocular. Coagulação intravascular dissimada, falência renal e morte.

Cocaína
Alcalóide cristalino, incolor, tóxico, encontrado na coca.

A cocaína é um pó químico branco derivado das folhas secas da planta da coca, que cresce em países da América do Sul. É consumida sob forma de pó que é aspirado, mas também pode ser fumada(crack) ou ainda injetado diretamente na corrente sangüínea.

Classificação - Estimulante do SNC.

Formas de intoxicação - Mascada ou ingerida(folha), fumada(pasta de coca, crack) cheirado ou injetado(cloridrato).

Modo de ação - Patente inibidor da recaptação da noradrenalina e da dopamina das junções nervosas, com aumento da atividade simpática, associada à estimulação central.

Manifestações clínicas

Agudas - Euforia, desinibição, aumento da atividade motora, alucinações, diminuição do cansaço, alterações do pensamento, sensação de maior competência e habilidade, hipervigília.

Crônicas - Convulsões, cefaléia, hemorragia cerebral, impotência, perda de peso, congestão nasal, epistaxe, diminuição do olfato, perfuração do septo nasal, dependência e síndrome de abstinência, depressão, ansiedade, irratibilidade, insônia ou hipersonia, cansaço, agitação psicomotora. Distúrbios psiquiátricos: alucinações, paranóia, depressão.

Sinais clínicos - Aumento da temperatura, aumento da pressão arterial(com posterior hipertensão), taquicardia, arritmias cardíacas, midríase.

Crack

O crack é uma mistura de cloridrato de cocaína com outros produtos químicos, como solventes e substâncias alcalinas. Dessa mistura, resultam pequenos grãos que são fumados em cachimbinhos. É seis vezes mais potente que a cocaína. O nome Crack deriva do fato de, ao ser fumado, provocar um som estalado às substâncias que compõem a droga.

Álcool

Composto orgânico que contém pelo menos uma hidroxila ligada diretamente a um átomo de carbono. 2. Quím. Líquido incolor, volátil, com cheiro e sabor característicos, obtido por fermentação de substâncias açucaradas ou amiláceas, ou mediante processos sintéticos, utilizado com larga faixa de propósitos; etanol, álcool, etílico. [Fórm.: C2H5OH.] *Novo Dicionário da Língua Portuguesa.*

Classificação - Depressor do SNC.
Formas de intoxicação - Via oral.
Modo de ação - Aumento da inibição sinóptica mediada pelo neurotransmissor GABA, com influxo de cloro; inibição da entrada de cálcio nas células e inibição da função dos receptores glutâmicos.

Manifestações clínicas

Agudas - Diminuição do nível de consciência, estupor, coma, morte, maior risco de acidentes, incoordenação motora, impulsividade.

Crônicas - Dependência, síndrome de abstinência (distúrbio do sono, tremores, náuseas, taquicardia, sudorese. Verbete: sudorese (Secreção de suor; transpiração), convulsão e *delirium tremens*). SNC: neuropatia, demência. TGI: hepatite alcoólica, cirrose, panreatite aguda, esofagite. Lesão cardíaca, impotência e hipovitaminoses. Teratogênico.

Sinais clínicos - Ataxia (Incapacidade de coordenação dos movimentos musculares voluntários e que pode fazer parte do quadro clínico de numerosas doenças do sistema nervoso), hipertensão, sudorese, tremores, palpitações, hipotermia. *Delirium tremens*: Confusão, desorientação, alucinações, agitação, febre, tremores, insônia.

O álcool é depressivo do sistema nervoso, e não estimulante, como muitos supõem.O álcool, sob as suas mais diversas formas(cerveja, vinho, uísque, cachaça, etc.), é a droga de mais amplo uso e abuso no mundo. Ele pode viciar, e crianças ou adolescentes podem tornar-se alcoólatras com facilidade.

Inalantes

Cola de sapateiro - loló - Verbete: inalante [Do lat. inhalante.] Adj. 2 g.1. Que é absorvido por inalação (2).S. m.2. Med. Substância própria para inalação. *Novo Dic. da Língua Portuguesa.*

Os assim chamados inalantes são substâncias voláteis, vendidas legalmente e utilizadas como drogas, ao serem inaladas.
Classificação - Depressores do SNC. Tipos: hidrocarbonetos, tolueno, éter, acetona, gasolina, querosene, clorofórmio, n-hexano, tintas.
Formas de intoxicação - Via oral ou inalação dos gases.

Modo de ação - Atua nos receptores do *gaba* e nos receptores de glutamato, causando bloqueio de canais de cálcio. Devido à alta solubilidade lipídica, são armazenadas no tecido adiposo do SNC.

Manifestações clínicas

Agudas - Manifestações bifásicas, iniciando com excitação seguida de inibição. Euforia, excitação, tontura, perturbações auditivas e visuais, náuseas, espirros, tosse, salivação, fotofobia, eritema facial, confusão, desorientação, perda do autocontrole, visão embaralhada, displopia, cólicas abdominais, cefaléia, sonhos bizarros, convulsões.

Crônicas - Fadiga, atrofia cerebral, perda da memória, dificuldade de pensamentos claros e lógicos, tremor, perda de peso, depressão.

Sinais clínicos - Palidez, cheiro característico, incoordenação ocular e motora, ataxia, fala arrastada, reflexos deprimidos, nistagmo (nistagmo: Movimento rápido e involuntário de globo ocular, que pode ser em um só sentido (horizontal, vertical, rotatório), ou em dois), inconsciência, edema pulmonar, comprometimento renal e hepático, anemia aplásica, neuropatia periférica, irritação das mucosas da via aérea, arritmias e morte súbita.

LSD (ácido lisérgico)

O LSD é uma substância alucinógena, que altera a forma de ver, ouvir e sentir as coisas. É um produto químico produzido pelo homem em laboratório, e é conhecido como ácido. A mescalina e a psilocibina são também drogas com efeitos alucinógenos.

Classificação - Psicomimético- Alucinógeno.

Formas de Intoxicação - Via oral.

Ação -Tem ação em múltiplos locais do SNC, do córtex à medula espinhal. Age como agonistas dos receptores, serotoninérgicos, mas suprime a atividade elétrica nos neurônios serotonienérgicos dos núcleos da rafe, o que parece ser a causa da atividade psicomimética.

Manifestações clínicas

Agudas - Distorção de perempção(percepção dos objetos de forma intensa na cor, forma e tamanho), distorção da própria imagem, alucinações táteis, gustativas e olfatórias, pensamentos mágicos paranóicos, alteração afetiva (desde depressão até extrema excitação), despersonalização, hiperacusia, náuseas, vômitos.

Crônicas - *Flashbacks* de experiências alucinatórias até meses após o uso, tolerância, esquizofrenia paranóide, exacerbação de síndromes psicóticas.Teratogenia.

Sinais clínicos - Dilatação pupilar, hipertensão arterial, taquicardia, hiper-reflexia, tremor, piloereção, fraqueza muscular e elevação da temperatura corporal, taquipnéia, ataxia, midríase, diaforese, náuseas e vômitos.

Tranqüilizantes e anfetaminas

Verbete: tranqüilizante Adj. 2 g.1. Tranqüilizador (1).2. Diz-se de medicamento que exerce a sua ação, predominantemente, sobre a ansiedade e a tensão nervosa, sem ter ação hipnótica direta, podendo, contudo, quando em dose alta, induzir o sono; ansiolítico, tensiolítico.S. m.3. Medicamento tranqüilizante (2); ansiolítico, tensiolítico.
Verbete: anfetamina S. f. Quím.1. Líquido incolor, com ação marcada sobre o organismo humano, e utilizado como vasoconstritor, e como estimulante. *Novo Dicionário da Língua Portuguesa*.

São substâncias vendidas sob prescrição médica, com objetivos terapêuticos, que se tornam drogas devido ao seu mau uso. São conhecidas como bolinhas ou boletas. Servem para reduzir o apetite, suprimir o sono, combater a fadiga e resolver problemas de asma. São geralmente ingeridas como pílulas ou injetáveis.

Classificação - Estimulantes do SNC, inibidores do apetite.

Tipos: dietilpropiona ou anfepramona, fenproporex, mazindol, fenfluramina.

Formas de intoxicação - Via oral endovenosa.

Modo de ação - Estimulante sobre o SNC, além de ações alfa e beta adrenérgicas periféricas. Tem ação primariamente sobre o sistema nervoso simpático, ativando a liberação de catecolaminas, inibindo sua recaptação e inibindo a enzima catalítica MAO.

Manifestações clínicas:

Agudas - Hipervigília, euforia, aumento da atividade motora e fala, ansiedade, agitação, menor sensação de cansaço, autoconfiança, maior concentração e humor, convulsões e coma.

Crônicas - Depressão mental e fadiga, cefaléia, vertigem, agitação, confusão, disforia, apreensão, delírio, irritabilidade, insônia, febre, agressividade, perda de peso, alucinações, ansiedade, distúrbios psiquiátricos, comportamento estereotipado.

Sinais clínicos - Hipertensão, taquicardia, hipertermia, arritmias, tremores, fasciculações e rigidez muscular. SCV: Isquemia miocárdica. Vasoespasmomperiférico, gangrena, hemorragia intracraniana.

Tabaco

Verbete: tabaco [Do taino tabaco, que designava o instrumento em forma de Y com que os índios fumavam.] Grande erva, molemente tomentosa, da família das solanáceas (*Nicotina tabacum*), de origem sul-americana, de folhas amplas, oblongas, acuminadas e macias, flores vistosas, tubulosas e róseas, e que possui nicotina, razão por que a infusão das folhas serve para matar parasitos. Dessecadas, as folhas constituem o fumo ou tabaco. (*Novo Dicionário da Língua Portuguesa*)

Classificação - Estimulante do SNC (Nicotina).
Formas de intoxicação - Fumado, via oral ou acidentalmente via transdérmica.
Modo de ação - As propriedades parecem envolver tanto receptores específicos para nicotina como vias dopaminérgicas. Pode causar estimulações de células de Renshaw na medula espinhal, com inibição dos reflexos espinhais.

Manifestações clínicas
Agudas - Relaxamento da musculatura esquelética, aumento do estado de alerta, taquicardia, hipertensão, sudorese, náuseas, vômitos, aumento da concentração e memória, aumenta motibilidade do TGS, diminui apetite, ansiedade, irritabilidade, tensão, salivação, dor abdominal, diarréia, cefaléia, tontura, fraqueza, tremor e palpitação.
Crônicas - Tolerância e dependência, câncer de pulmão, esôfago, pâncreas e rim, cardiopatia coronariana, bronquite crônica, hipertensão arterial, infarto do miocárdio, hipersecreção gástrica.
Sinais clínicos - em caso de intoxicação: náuseas, vômitos, dor abdominal, salivação, diarréia, confusão, agitação, letargia, convulsões, depressão respiratória, hipotensão ou hipertensão.

Êxtase
Classificação - Estimulante do SNC, semelhante aos anfetamínicos.
Formas de intoxicação - Via oral por comprimidos, cápsulas ou pó misturados aos líquidos.
Modo de ação - Os efeitos do êxtase (3,4- metilenodioximetafetamina - MDMA) invadem as vias neurais da serotonina (5-HT), dopamina e noradrenalina. A 5-HT tem papel fundamental. Os neurônios serotoninérgicos são mais susceptíveis à neurotoxicidade da êxtase.

Manifestações clínicas
Agudas - Taquicardia, hipertensão, diminuição do apetite, tremor, trismo (Alteração motora dos nervos trigêmeos, que impossibilita a abertura da boca, constituindo sinal característico e precoce do tétano), bruxismo, náusea, insônia, cefaléia, sudorese (Secreção de suor; transpiração). Na overdose: alucinações visuais, arritmia, taquicardia, palpitação, hipertensão inicial seguida de hipotensão(Diminuição, abaixo do normal, da pressão, no interior de um órgão ou de um sistema. [Antôn.: hipertensão. Cf. Normotensão. Hipotensão arterial. Med.Diminuição, abaixo do normal, da pressão sangüínea dentro de rede arterial. Hipotensão venosa. Med. Diminuição, abaixo do normal, da pressão sangüínea dentro de rede venosa.), hipertemia (Excessiva elevação de temperatura no organismo).

Crônicas - Vômitos, ataxia(Incapacidade de coordenação dos movimentos musculares voluntários e que pode fazer parte do quadro clínico de numerosas doenças do sistema nervoso), nistagmo(Movimento rápido e involuntário de globo ocular, que pode ser em um só sentido (horizontal, vertical, rotatório), ou em doi(s), visão barrosa, aumento para acuidade de cores e luminescência de objetos, delírio, alucinações visual, dormência e formigamento nas extremidades, gritos, hepatite tóxica, sensação de frio.

Sinais clínicos - Taquicardia, hipertensão, hipotensão, arritmias, hipertermia, tremor, trismo, hipertonia muscular, coagulação intravascular desanimada, insuficiência renal aguda e convulsão.

46. AIDS

Das iniciais de Acquired Immunological Deficiency Syndrome. 1. V. Síndrome de Deficiência Imunológica Adquirida. (*Novo Dicionário da Língua Portuguesa*)

Quem sabe a mais terrível epidemia deste século, chega ao Brasil alarmando a todos com números bastante significativos, atingindo sobretudo as médias e grandes cidades brasileiras. A OMS (Organização Mundial da Saúde) vem insistindo a todos os governos do mundo, no sentido de organizar campanhas de esclarecimentos e prevenção à população sobre a AIDS. Os governos Federal e Estaduais, juntos com os órgãos de comunicação, têm procurado alertar a população sobre os perigos que esta doença vem espalhando pelo mundo. Não entraremos em considerações morais sobre o comportamento sexual, e sim reflexões de caráter ético sobre a sexualidade, que permitirão estabelecer um debate ou aprofundamento sobre o tema. Cabe aos pais, professores, Oficiais de Proteção (Comissários de Menores), policiais, líderes comunitários, psicólogos, pedagogos, enfim, todos aqueles que diuturnamente compartilham na defesa da comunidade estarem atentos para o problema. Somente com uma ação conjunta de todos, poder-se-á efetivamente tentar minimizar o alastramento não só desta terrível doença(AIDS), mas também das (drogas). Ainda não foi descoberto um remédio que efetivamente garanta a cura da AIDS, motivo pelo qual os médicos dão ênfase à prevenção, orientando e esclarecendo pelos seus conhecimentos científicos, as campanhas apresentadas nos meios de comunicação. Uma destas campanhas excelentemente bem-elaboradas pelo Ministério da Saúde, através da Secretaria de Assistência e Saúde "Programa Nacional de DST/AIDS e do Centro de Comunicação do Exército Brasileiro".

1 - AIDS pode ser evitada

Franqueza e diálogo são pontos fundamentais quando a gente decide abordar um tema tão grave e mortal como a AIDS. O número de pacientes com AIDS está crescendo rapidamente em todo o mundo. Segundo os especialistas, ainda não existe uma vacina nem há prazo certo para a descoberta de um tratamento efetivo contra a AIDS. É preciso haver uma conversa *aberta e franca* entre todos. Existem campanhas governamentais e programas de prevenção(como já nos reportamos anteriormente),mas, muitas pessoas não dão atenção a essas campanhas e orientações, desconhecendo certas expressões utilizadas. Ou seja, a maioria ainda ignora algumas palavras que envolvem a questão sexual, assim como também desconhecem os riscos da contaminação da AIDS. E o pior, muitos por ignorância não se preocupam em aprender. É o que estamos propondo neste capítulo, ao inserir as orientações do Ministério da Saúde e do Exército Brasileiro.

2 - Informações e esclarecimentos

O que são as DST? São doenças que se transmitem de uma pessoa para outra através das relações sexuais(tanto homossexuais como heterossexuais). *Gonorréia* e *sífilis* são as DST mais freqüentes. São sinais suspeitos de DST: corrimento, pus, feridas ou verrugas nos órgãos genitais. Se não forem tratadas adequadamente, as DST podem causar danos irreversíveis a órgãos importantes como o cérebro e o coração. As DST aumentam também a ocorrência de câncer nos órgãos genitais e podem provocar incapacidade de ter filhos; na mulher, se estiver grávida, poderá ocorrer aborto ou graves problemas para o feto. Na suspeita de um DST, não se trate por conta própria(orientado por amigos), procure imediatamente auxílio médico, suspenda suas relações sexuais temporariamente e comunique o fato ao seu(sua) parceiro(a).

3 - O que é "AIDS"?

A AIDS é a mais grave das DST. É causada por um vírus chamado "HIV", que destrói as defesas do organismo. Como já nos reportamos, ainda não foi descoberta uma vacina que cure esta doença.

4 - Como se manifesta a AIDS?

Os sintomas mais comuns são: cansaço, febre por várias semanas, ínguas em diversas partes do corpo, perda de peso, diarréia constante.

a) *a célula* - O corpo humano é formado por células agrupadas para funções determinadas. Um importante grupo delas, chamadas linfócitos, existe para defesa do corpo contra ataques de vírus e outros "bichos" que venham de fora.

b) *o vírus* - É um organismo vivo, muito pequeno, muito menor que a célula, que se multiplica a grande velocidade

c) *o ataque* - O vírus ataca a célula e tenta entrar no seu interior, penetrando através de membrana protetora. Alguns conseguem e outros não; são destruídos por células especiais de defesa que os devoram. Mas o vírus da AIDS é especial; ele ataca justamente as nossas células de defesa e as destrói.

Reação normal.

1) Algumas células notam a entrada do vírus e avisam.

2) As células (linfócitos T) dão o alarme e ordem para atacar o inimigo.

3) Outras células (linfócitos B) se encarregam de destruir o inimigo (vírus).

Reação AIDS.

No caso da AIDS, tanto as células que dão o alarme como as que têm que atacar o vírus são destruídas. E, por enquanto, não há nenhum mecanismo contra isso, nem vacinas. (O vírus da AIDS destrói as defesas do corpo, que fica à mercê da doença; sem defesa, o nosso corpo pega tudo quanto é doença).

5 - Como pode se contrair AIDS?

Pega-se AIDS com certeza, por três líquidos do corpo humano: *sangue, esperma e líquidos vaginais*. Não se sabe ao certo se outros líquidos (ou sólidos) que saem do corpo transmitem o vírus da AIDS, mas já se sabe que o vírus está lá, só que em muito pequena quantidade. Além do mais, todos esses líquidos podem carregar um pouco de sangue (como no catarro e na saliva) que deve estar contaminado. É também certo que o leite materno transmite a doença. Por isso, a mulher que tenha AIDS não deve amamentar seu filho, nem doar seu leite, sem a devida orientação médica.

6 - Por isso não se contrai AIDS assim tão fácil

Não se contrai AIDS como a gripe e o resfriado. A AIDS não é transmitida pelo ar, pela tosse, espirro, comendo ou bebendo em vasilhas comuns (pratos, copos, talheres, etc.). Também a AIDS não é transmitida através de vasos sanitários, piscinas, assento de ônibus e outros tipos de transportes coletivos. Assim, um aperto de mão, um beijo simples, dividir a casa, apartamentos ou local de trabalho com uma pessoa com AIDS são práticas absolutamente seguras.

7 - Pelo esperma e líquidos vaginais

A forma mais comum de se contrair AIDS é manter relações sexuais com uma pessoa contaminada. Isso ocorre por que a pessoa contaminada pode aparentar muita saúde, e mesmo assim ter o vírus no esperma ou nos líquidos vaginais. O vírus pode passar para outras pessoas através da vagina, do pênis, do ânus e da boca. No caso de prática de sexo anal (sexo pelo ânus), o risco é ainda maior, pois o ânus é bastante sujeito a ferimentos, sem contar que a região é facilmente infectada pelo vírus que é encontrado nas suas mucosas (paredes finas e delicadas). O sexo oral (estimulação do pênis ou da vagina pela boca) também é arriscado. O vírus entra através da mucosa da boca, do pênis ou da vagina ou mesmo através de pequenos ferimentos.

8 - Por uso de droga na veia

Hoje uma das formas mais comuns de se pegar AIDS pelo sangue é compartilhando seringas e agulhas no uso de drogas injetáveis. Grande parte das pessoas que hoje têm AIDS adquiriu o vírus através de uso de drogas na veia. Este é um comportamento de grande risco, e tem uma conseqüência importante (Os que participam dessas rodas de pico) e se contaminam, podem transmitir o vírus para seus parceiros ou suas parceiras através do contato sexual.

9 - Transfusões e injeções

Hoje em dia é um pouco mais difícil pegar AIDS através de transfusões de sangue. O controle está sendo muito rígido. Todo o sangue doado deve ser tratado (em todo caso, fique atento e exija que o sangue que você ou seus parentes e amigos vão receber tenha sido testado). Também o uso de produtos derivados de sangue, como os utilizados pelos hemofílicos, não oferecem perigo, porque são preparados depois que o *sangue* foi testado. *E lembre-se, doar sangue não oferece perigo e é um ato de solidariedade.* Usar seringas e agulhas de injeção que não estejam devidamente esterilizadas é tremendamente perigoso. Você pode pegar inúmeras doenças além de AIDS. Por isso exija sempre material descartável e se não for possível, tenha certeza de que a seringa e a agulha foram fervidas pelo menos por 30 (trinta) minutos.

10 - Evite pegar AIDS

1) Sempre que tiver relações sexuais, use camisinha.
2) Caso tenha que fazer uma transfusão de sangue, procure um doador conhecido e sadio.

3) Em primeiro lugar, não tenha relações sexuais com pessoas que façam uso de drogas injetáveis e, jamais use seringas ou agulhas usadas por outras pessoas(seringas e agulhas devem ser descartáveis). O uso de aparelhos de barbear, alicates de unhas, deve ser como a escova de dentes, pessoal.

4) Se você se ferir, mesmo que levemente, cubra o ferimento, principalmente nas mãos.

5) Se você suspeitar que pode estar contaminada com o vírus da AIDS, não engravide antes de fazer o teste anti-HIV. O bebê gerado por uma mulher contaminada tem grandes chances de nascer com o vírus da AIDS.

11 - Como usar a camisinha?

O preservativo, ou camisinha como é mais conhecido, é uma forma de prevenir-se contra a AIDS quando do ato sexual. No entanto a camisinha não é totalmente segura, pois ela pode se romper; neste caso, use somente camisinha feita de látex (borracha) e de preferência as que já são lubrificadas. Não utilize óleo, vaselina ou outro produto oleoso, pois podem enfraquecer a borracha e causar o rompimento da camisinha.

Como usar - Verifique se a borracha se adaptou corretamente ao pênis ereto (duro). Faça compressão ao desenrolar e colocar a camisinha para expelir o ar e deixe um espaço na ponta para permitir que estique durante a relação sexual e possa armazenar o esperma. *Não desenrole* a camisinha para depois colocá-la no pênis. Para retirá-la, faça-o antes de o pênis perder a ereção e com cuidado para não rompê-la.

12 - Os quatro estágios da AIDS

Estágio 1 - O vírus entra no corpo e se esconde. Tempo aproximado de semanas até seis meses. Você parece sadio. O teste da AIDS pode dar negativo. Mas mesmo parecendo sadio e com o teste negativo você já pode transmitir o vírus a outra pessoa.

Estágio 2 - Você mantém a aparência saudável, mas o teste da AIDS já dá positivo. Você é um portador do HIV. Geralmente pode levar de um ano a cinco anos(ou mais).

Estágio 3 - Não tem tempo determinado, pode aparecer em meses ou anos. Neste estágio alguns sinais e sintomas podem sugerir a contaminação pelo HIV:

1) Cansaço e fraqueza anormais para desenvolver as atividades habituais;

2) Emagrecimento sem causa aparente;

3) Febre contínua, suores noturnos;
4) Ínguas que duram mais de três meses;
5) Tosse seca, prolongada, sem ter bronquite ou ser fumante;
6) Sapinhos (feridas) na boca;
7) Diarréia prolongada.

Estágio 4 - Por ter queda na defesa do corpo, a pessoa contaminada com o vírus da AIDS facilmente pega outras doenças graves, que poderão levá-lo à morte. As mais comuns são pneumonia, câncer, diversos tipos de infecções e problemas no cérebro. Nesta fase é que se diz geralmente que a pessoa já está com AIDS. Entre uma complicação e outra, o portador de AIDS pode apresentar aparência de saúde razoável, pelo menos no começo.

13 - Como conviver com o doente de AIDS?

As pessoas que têm AIDS precisam de apoio e de cuidados. Veja algumas formas de como apoiar um amigo, colega ou alguém da família que tenha AIDS. É importante saber conviver com pessoas que tenham AIDS e observar algumas regras simples, mais importantes.

47. Pequeno vocabulário jurídico de interesse do Oficial de Proteção

ABANDONO DE INCAPAZ - segundo o Código Penal, é crime daquele que, tendo sob sua guarda, cuidado, vigilância ou autoridade pessoa incapaz, se omite ao cumprimento do seu dever, deixando-a sujeita a todas as conseqüências resultantes do abandono.

ABANDONO INTELECTUAL - Delito contra a assistência familiar. Consiste em deixar de prover a instrução primária do filho em idade escolar, sem justa causa.

ABANDONO MATERIAL - Delito contra a assistência familiar, que se resume em deixar, sem justa causa, de prover a subsistência do cônjuge ou do filho menor de 18 anos, não lhe fornecendo os recursos necessários para tal, ou faltando ao pagamento de pensão alimentícia judicialmente fixada.

ABANDONO MORAL - Delito que consiste em permitir que menor de 18 anos, sujeito ao pátrio poder, sob guarda ou vigilância: a) freqüente casa de jogo ou mal-afamada, que possa proporcionar-lhe a convivência com pessoas de vida duvidosa; b) freqüente casas de espetáculos onde valores morais inexistem, que possam pervertê-lo ou ofender sua moral, ou que participe de espetáculos atentatórios aos bons costumes; c) resida ou trabalhe em casa de prostituição; d) mendigue ou sirva de objeto à comiseração pública.

ABORTO - É a interrupção da gravidez, com expulsão ou não do feto, e da qual resulta a morte do nascituro.

ABSOLVER - Julgar improcedente a ação movida contra o réu.

ABSOLVIÇÃO - Decisão judicial ou do júri, em processo-crime, em que o réu é declarado isento de pena, por não ter sido provado o fato pelo qual fora denunciado.

ABSTENÇÃO DO JUIZ - Ato pelo qual o magistrado se declara suspeito para funcionar em determinada causa, alegando quaisquer motivos estabelecidos em lei.

ABUSO DE AUTORIDADE- Uso imoderado ou exorbitante do poder público, por parte de um de seus agentes, quando no exercício regular das funções próprias de seu cargo.

ABUSO DO PÁTRIO PODER - Violação, por parte do progenitor, do dever que tem sobre filho menor, de cuja pessoa e interesses não cuida, como lhe incumbe, ou cujos bens dilapida.

AÇÃO DE ALIMENTOS - É a ação especial que os parentes podem propor para exigir, uns dos outros, por direito de sangue, os alimentos de que careçam para a sua própria manutenção, e que serão fixados na proporção das suas necessidades.

AÇÃO DE ALIMENTOS PROVISIONAIS - É o processo acessório e preventivo que a mulher, na ação de separação judicial ou de nulidade de casamento, promove contra o marido para pedir-lhe as provisões necessárias a sua manutenção ou dos filhos.

ADOÇÃO - Ato ou efeito de alguém aceitar e adotar, legalmente, como filho, uma criança.

ADOLESCÊNCIA - O período da vida humana que sucede à infância, começa com a puberdade, e se caracteriza por uma série de mudanças corporais e psicológicas (estende-se aproximadamente dos 12 aos 20 anos). Psicol. Período que se estende da terceira infância até a idade adulta, marcado por intensos processos conflituosos e persistentes esforços de auto-afirmação.

ADOTADO - Aquele que foi tomado ou aceito como filho por outro. Filho adotivo.

ADOTANDO - Indivíduo que vai ser adotado ou perfilhado por outrem.

ADOTAR - Tomar, assumir, receber como filho.

AGENTES DA AUTORIDADE - 1) São as pessoas que representam qualquer órgão do poder constituído. 2) Pessoa que pratica a ação.

ALICIAR - 1) Convidar, induzir, incitar com promessas enganosas, quase sempre para fins desonestos. 2) Atrair a si; seduzir, atrair. 3) Peitar, subornar: Aliciou testemunhas para deporem a seu favor. 4) Atrair, angariar: "enquanto se aliciavam adeptos". 5) Seduzir, atrair: Foi preso por aliciar menores para a prostituição.

ALIENAÇÃO MENTAL- É um distúrbio ou anormalidade, permanente ou temporária, das funções cerebrais do indivíduo.

ANTI-SOCIAL - Contrário à ordem social, aos interesses ou costumes da sociedade.

ARBITRARIEDADE - Procedimento determinado pela vontade livre do agente, contrário à ordem jurídica e aos princípios da moral social.

AUTO - 1) Ato público; solenidade. 2) Registro escrito e autenticado de qualquer ato.

AUTOS - Conjunto das peças coordenadas que constituem um processo.

AUTUADO - Aquele que foi objeto de autuação, chamado a processo; entidade contra a qual se lavrou um auto de infração.

AUTUAR - Lavrar um auto contra alguém. Reunir em forma de processo (a petição e documentos apresentados em juízo); processar.

CAPACIDADE CRIMINAL- É a condição ou aptidão psicojurídica para ser sujeito passivo da imputabilidade de um delito.

CAPACIDADE PROCESSUAL - É a capacidade legal para estar e agir em juízo, por si ou como representante de outrem.

CARTEIRA DE TRABALHO - Documento necessário para que o menor possa ser registrado numa indústria, em estabelecimento comercial; expedida pelo Ministério do Trabalho.

CASA DE PROSTITUIÇÃO - Toda aquela onde se acolhem pessoas de um outro sexo para fins libidinosos, haja ou não intuito de lucro.

CO-DELINQÜÊNCIA - Participação voluntária, de dois ou mais indivíduos, na consumação de um mesmo crime.

CO-DELINQÜENTE - Aquele que colabora com outro ou outros indivíduos na execução de um mesmo delito.

CORRUPÇÃO ATIVA - Delito que consiste em oferecer ou promover vantagens indevidas a funcionário público, para determiná-lo a praticar, omitir ou retardar ato de ofício.

CORRUPÇÃO DE MENORES - Crime contra os costumes. Consiste em corromper ou facilitar a corrupção de menor (criança) e adolescentes de 12 e menos de 18 anos, com ele praticando ato de libidinagem ou induzindo-o a praticá-lo ou presenciá-lo.

CORRUPTO - Autor de crime de corrupção, subornador, depravado, pervertido, devasso, prevaricador, venal.

CRIANÇA - Ser humano de pouca idade, menino ou menina; párvulo. Pessoa ingênua, infantil: Não desconfia de nada, é uma criança.

CURADOR - Pessoa que tem, por incumbência legal ou judicial, a função de zelar pelos bens e pelos interesses dos que por si não o possam fazer (de órfãos, de loucos, de toxicômanos, etc.); aquele que exerce curadoria. Membro do Ministério Público que, por efeito de lei, exerce, junto às varas cíveis e especializadas, funções específicas na defesa de incapazes, ou de certas instituições e pessoas.

DENÚNCIA - Em sentido estrito, na técnica do Direito Penal, diz -se denúncia o ato mediante o qual o representante do Ministério Público formula sua acusação perante o juiz competente a fim de que se inicie a ação penal contra a pessoa, a quem se imputa a autoria de um crime ou de uma contravenção.(Consiste numa representação que se faz a respeito de fato delituoso).

DILIGÊNCIA - Derivado do latim *diligentia* (cuidado empenho, exatidão), quer, pois, significar toda atenção ou cuidado que deve ser aplicado pelo agente, ou pessoa que executa um ato ou procede num negócio, para que tudo se cumpra com a necessária regularidade.

DILIGENCIAR - Esforçar-se por; empregar os meios para; empenhar-se por: Em tão ilustre presença, diligenciou expressar-se com apuro de linguagem. Esforçar-se, forcejar, empenhar-se.

DROGA - Qualquer substância ou ingrediente que se usa em farmácia, em tinturaria, etc. Medicamento. Medicamento ou substância entorpecente, alucinógena, excitante, etc. (ex: maconha, LSD, haxixe, cocaína, anfetaminas, crack, cola de sapateiro "loló",), ingeridos, em geral, com o fito de alterar transitoriamente a personalidade: Tabaco, bebidas alcoólicas.

ESTATUTO -[Do lat. *statutu*, 'estatuído'.]1. Lei orgânica de um Estado, sociedade ou associação; constituição, ordenação, regra; regulamento.2. Conjunto de leis, de regras; código.

ESTATUTO DA CRIANÇA E DO ADOLESCENTE - corpo orgânico e metodicamente articulado de preceitos legais que regulam as infrações, o processo, o julgamento e as penalidades relativas à criança e ao adolescente, de ambos os sexos, de zero a dezoito anos de idade.(Em casos excepcionais até 21 anos).

GUARDA - Ato ou efeito de guardar. Amparo, vigilância, custódia, guarda de menores. Denominação da tutela do antigo direito português.

HABEAS CORPUS - Garantia constitucional outorgada em favor de quem sofre ou está na iminência de sofrer coação ou violência na sua liberdade de locomoção por ilegalidade ou abuso de poder.

HOMOSSEXUAL - Relativo à afinidade, atração e/ou comportamento sexuais entre indivíduos do mesmo sexo. Que tem essa afinidade e esse comportamento. Invertido sexual(ambos os sexos).

HOMOSSEXUALISMO - Prática do comportamento homossexual. V. homossexualidade.

IMORAL - Contrário à moral; desonesto; libertino. Contrário à ética, o que é ilícito ou violador dos bons costumes.

IMPUTAR - 1) Atribuir (a alguém) a responsabilidade de algo. 2) Qualificar de erro ou crime.

IMPUTABILIDADE - estado do indivíduo a que, por motivo particular ou legal, não se pode atribuir responsabilidade criminal por certa infração (a menoridade, a incapacidade mental, etc.).

INIMPUTÁVEL - Não imputável; irresponsável.

INIMPUTABILIDADE - Qualidade de inimputável.

INFÂNCIA - 1) Período de crescimento, no ser humano, que vai do nascimento até a puberdade; meninice, puerícia. 2) O primeiro período de existência duma instituição, sociedade, arte, etc. 3) Período de vida que vai do nascimento à adolescência, extremamente dinâmico e rico, no qual o crescimento se faz, concomitantemente, em todos os domínios, e que, segundo os caracteres anatômicos, fisiológicos e psíquicos, se divide em três estágios: primeira infância, de zero a três anos; segunda infância, de três a sete anos; e terceira infância, de sete anos até a puberdade.

INFRAÇÃO - Ato ou efeito de infringir; violação de uma lei, ordem, tratado, etc.

INQUÉRITO - [Do lat. *quaeritare*, 'andar sempre em busca'.] 1. Ato ou efeito de inquirir. 2. Conjunto de atos e diligências com que se visa a apurar alguma coisa; sindicância. Inquérito administrativo. 1. O que se realiza por ordem de autoridade administrativa, para apurar irregularidade no serviço público. Inquérito judicial. 2. Processo sumário pelo qual a autoridade militar investiga a procedência ou não de uma transgressão disciplinar ou de um crime.(IPM)

INQUÉRITO ADMINISTRATIVO - Série de atos por meio dos quais a autoridade competente procura apurar a responsabilidade funcional de alguém, ou a procedência ou veracidade de fatos que atentem contra as normas da Administração.

JUDICATURA - Poder de julgar. Estado, função, cargo ou dignidade de juiz; magistratura.

JUDICIÁRIO - Relativo à jurisdição, praticado em juízo ou por autoridade da justiça; que pertence ou concerne à justiça, ao foro; ato judiciário. Poder Judiciário. Relativo ao direito processual ou à organização da justiça; judicial.

JUIZADO - Cargo de juiz. O local onde o juiz exerce suas funções. Juizado de menores. Jur. Juízo de menores.(Juizado da Infância e da Juventude). Verbete: juizado.

JUIZADO DA INFÂNCIA E DA JUVENTUDE - Órgão pertencente ao Poder Judiciário que tem o encargo de suspender e tomar conhecimento de todas as questões referentes a crianças e adolescentes, resolvendo-as conforme determinação legal e tomando as deliberações e providências indispensáveis à proteção de crianças e adolescentes e à solução dos problemas que a eles dizem respeito.

JUIZ - Magistrado que tem a seu cargo a administração da justiça. Membro de um tribunal judiciário (desembargador, ministro). Magistrado judicial que, em cada comarca, julga segundo a prova dos autos e segundo o direito. [Por oposição a juiz de fato ou jurado (membro do tribunal do júri), que julga segundo a sua consciência, sem fundamentar a sua decisão.] Magistrado da primeira instância, em oposição a desembargador, que é magistrado da instância superior; juiz togado.

JUVENTUDE - Idade moça; mocidade, adolescência, A gente moça; mocidade.

LIBERTINAGEM - Devassidão, desregramento, licenciosidade, crápula. Vida desregrada daquele que, moralmente depravado, se entrega habitualmente à prática de atos atentatórios da moral e dos bons costumes.

LIBERTINO - Livre de qualquer peia moral; devasso, dissoluto, depravado, licencioso.

MANDADO - Ordem escrita do juiz ao Oficial de Justiça ou Proteção, para que pratique certo ato ou realize determinada diligência. Recado, incumbência, mandamento. Ordem ou determinação imperativa. Ordem escrita que emana de autoridade judicial ou administrativa. Mandado de segurança. Garantia constitucional para proteção de direito individual líquido e certo, não amparado por *habeas corpus*, contra ilegalidade ou abusos de poder, seja qual for a autoridade que os comete. Diz-se daquele a quem mandaram. 2. Que se mandou; dirigido, remetido; enviado: cartas mandadas. 3. Orientado, comandado. 4. Aquele a quem mandaram.

MENOR AUTOR DE ATO INFRACIONAL - Aquele que praticou um delito, uma infração penal.

MENOR DE RUA - Diz-se de criança ou adolescente que perambula pelas vias públicas, sem ocupação, abrigo e abrigo dos pais, muitos desconhecidos, falecidos ou marginais.

MENOR EMANCIPADO - Diz-se do menor de 21 anos que, de acordo com a lei vigente, obtém sua emancipação, adquirindo capacidade civil antes do tempo legal, tornando-se apto para a prática de qualquer ato e para o exercício de qualquer profissão.

MENORIDADE - Período da vida em que a pessoa não goza de capacidade civil antes do tempo legal, tornando-se apto para a prática de qualquer ato e para o exercício de qualquer profissão.

MENOR IMPÚBERE - O que ainda não chegou à idade núbil, quando então a lei lhe permite contrair matrimônio; a mulher menor de 16 anos e o homem menor de 18 anos.

MENOR PÚBERE - Aquele que alcançou a puberdade legal, podendo contrair matrimônio; a mulher de 16 anos e o homem maior de 18 anos.

MINISTÉRIO PÚBLICO - Órgão dos Estados, União, do Distrito Federal, cuja função, autônoma e independente é defender os interesses da justiça e da sociedade.

NEGLIGÊNCIA - [Do lat. *negligentia*.] Omissão voluntária de diligência ou cuidado, falta ou demora no prevenir ou obstar um dano. É uma forma de culpa, que impõe penalidade ao agente. Desleixo, descuido, incúria. Desatenção, menoscabo, menosprezo. Preguiça, indolência.

OBRIGATORIEDADE - Princípio segundo o qual a lei é imposta à obediência de todos, depois de findo o prazo determinado para a sua publicação, ou a contar da data em que entra em vigor.

PÁTRIO PODER - Conjunto dos direitos e deveres que têm os pais, exercendo-os o marido, com a colaboração da mulher, nos interesses da pessoa e bens dos filhos menores, legítimos, legitimados, reconhecidos ou adotivos. Na falta ou impedimento de um dos cônjuges, passará o outro a exercer plenamente o pátrio poder. Relativo ou pertencente aos pais; paterno.

PEDERASTA - Aquele que é dado à pederastia. Pessoa do sexo masculino dada à prática da inversão das relações sexuais.

PEDERASTIA - Contato sexual entre um homem e rapaz bem jovem. Homossexualismo masculino.

PERÍCIA - [Do lat. *peritia*.] 1. Qualidade de perito. 2. Vistoria ou exame de caráter técnico e especializado. 3. Conjunto de peritos (ou um só) que faz essa vistoria: A perícia está fazendo investigações sobre o crime. 4. Conhecimento, ciência.

PERÍCIA SOBRE A PESSOA - Sua finalidade é determinar a identidade das pessoas, diagnosticar doenças de qualquer natureza, gravidez, lesão física, etc.; afirmar ou negar conjunção carnal.

PERICULOSIDADE - Condição do indivíduo que, por sua índole perversa, revelada por antecedentes criminais, põe em permanente risco ou ameaça a ordem e a segurança pública, pela possibilidade de praticar novas infrações graves.

PREVARICAR - Faltar, dolosamente, ao cumprimento do dever do cargo, ofício ou mandato que exerce, praticando ou se abstendo de praticar atos de que resulte lesão do direito ou interesse de outrem. 1) Faltar ao dever; 2) Faltar, por interesse ou por má-fé, aos deveres do seu cargo, do seu ministério; 3) Torcer a justiça: Razões pessoais não podem levar um magistrado a prevaricar. 4) Agir ou proceder mal; incorrer em falta; errar; 5) Cometer o crime de prevaricação (a): Será punido o servidor público que prevaricar.

REMISSÃO - Ação ou efeito de remitir(-se); remitência. Misericórdia, clemência, indulgência; perdão: uma falta sem remissão. Perdão total ou parcial de algum ato. Falta ou diminuição de rigor.

SEDUÇÃO - Delito considerado contra os costumes e que consiste na conjunção sexual, completa ou incompleta, de um homem com uma mulher virgem, maior de 14 e menor de 18 anos, resultando ou não na ruptura do hímen. Bras. Jur. Crime consistente em iludir mulher virgem, maior de 14 e menor de 18 anos, valendo-se da sua inexperiência ou justificável confiança para manter com ela conjunção carnal.

SEPARAÇÃO JUDICIAL - A separação judicial foi introduzida no direito brasileiro pela Lei nº 6.515, de 26 de dezembro de 1977 - popularmente conhecida por Lei do Divórcio, em substituição ao desquite (fórmula de dissolução do casamento, sem quebra do vínculo matrimonial). Há a separação consensual e a litigiosa.

SERVENTUÁRIO - [De servente + -u - + -ário.] 1. Aquele que serve num ofício; ministrante. 2. Funcionário auxiliar da justiça, que ocupa cargo criado em lei.

SERVENTUÁRIO DA JUSTIÇA - É o auxiliar imediato do juiz com provimento por concurso. Aquele que serve num ofício; ministrante. Funcionário auxiliar da justiça, que ocupa cargo criado em lei, com denominação própria, pago pelos cofres públicos ou remunerado mediante o pagamento de custas ou emolumentos (tabeliães, escrivães, oficiais de registros públicos, etc.).

SINDICAR - 1. Fazer sindicância em; inquirir. 2. Colher informações a respeito de (algo), por ordem superior. 3. Realizar sindicâncias; tomar informações.

SINDICÂNCIA - [De sindicar + ância] 1. Inquérito; sindicação. 2.O exercício dessa função.

TOXICOLOGIA FORENSE - Ramo da medicina, aplicado ao direito, que estuda a ação de substância venenosa ou tóxica no organismo humano, investigando a causa de sua aplicação e seus efeitos, para assim apurar, em dada ocorrência, se se trata de suicídio ou acidente.

TÓXICO - 1. Que envenena. 2. Que tem a propriedade de envenenar. 3. Veneno, peçonha.

TOXICOLOGIA - Ciência ou tratado dos tóxicos.

TOXICÔMANO - É o indivíduo dado ao vício de tóxicos.

TRIBUNAL DE JUSTIÇA - Tribunal, do latim *tribunal* (assento dos juízes); de *tribunus*, nome dado ao magistrado romano, que defendia o povo, ou a *atribus*, no Senado Romano, em sentido lato, entende-se todo o magistrado, ou colégio de magistrados, a que se defere uma jurisdição. "Tribunal, no conceito do Direito Processual brasileiro, é somente o órgão judicante coletivo, isto é, o grupo ou colégio de juízes, a que se comete jurisdição para administrar a Justiça, em determinado território, assim se distinguindo dos órgãos judiciários singulares, constituídos pelos juízes" (Plácito e Silva, *Vocabulário Jurídico*).

TUTELA - Encargo civil que a lei confere a alguém, juridicamente capaz, para governar e proteger a pessoa do menor que se acha fora do pátrio poder, administrar o seu patrimônio e representá-lo nos atos da vida civil(dádiva; legal ou legítima e testamentária).

TUTELANDO -1. Que deve ser tutelado. 2. O menor a quem se vai dar tutor em juízo.

TUTELADO - Pessoa sujeita à tutela.

TUTELA JURÍDICA - Instituto jurídico que só é deferido mediante preenchimento de requisito legal e através do devido procedimento perante o juiz competente, normalmente o Juiz da Infância e da Juventude.

TUTOR - Pessoa idônea que exerce a tutela por disposição de lei, nomeação em testamento, ou determinação judicial, segundo a vocação estabelecida.

USO ABUSIVO DO DIREITO - É o exercício irregular de um direito legítimo, por emolução, malícia ou má-fé de alguém com o fim de causar dano, vexação ou prejuízo a outrem.

47. Bibliografia

ALDAS, Gilberto. *Novo Código de Menores Anotado*. São Paulo: LEUD, 1980.
ALMEIDA JR. Hélio Gomes. *Medicina Legal*. Rio de Janeiro: Freitas Bastos.
ASSOCIAÇÃO BRASILEIRA DE JUÍZES DE MENORES (coord.) *Notas interpretativas ao Código de Menores*. Rio de Janeiro: Forense, 1980.
BARREIRA, Wilson; BRASIL, Paulo Roberto Grava. *O Direito do Menor*. São Paulo: Atlas.
BASTOS, Celso Ribeiro; MARTINS, Ives Gandra. *Comentários à Constituição do Brasil*. São Paulo: Saraiva.
BITTAR, Carlos Alberto(coord.). *O Direito de Família e a Constituição de 1988*. São Paulo: Saraiva
BRITO, Azenildo G. *O Desafio das Drogas*. Ed. Casa Publicadora.
BURIN, Ruy Luiz. *Temas de Direito de Família e a Constituição de 1988*. Estudos MO - AMPRGS.
CAMPANHOLE, Adriano. *C.L.T.*, São Paulo: Atlas.
CARVALHO, Francisco Pereira de Bulhões. *Programa da Cadeira do Direito do Menor*. Rio de Janeiro: Forense.
CAVALLIERI, Alyrio. *1.000 Perguntas de Direito do Menor*. Rio de Janeiro: Ed. Rio, 1983.
CHEIB, Ronaldo Maurílio. *Inovações Constitucionais no Direito do Trabalho*. Rio de Janeiro: AIDE.
COLLEN, Paulo. *Vivo ou Vegeto?* São Paulo: Cortez.
DEPARTAMENTO DE JUSTIÇA DOS EEUU - *Abuso de Drogas*.
DINIZ, Maria Helena. *Curso de Direito Civil Brasileiro (Dto. de família)*. São Paulo: Saraiva, 1985.
FARIAS JR., João. *Manual de Criminologia*. Ed. Universitária.
FÜHRER, Maximiliano Cláudio Américo. *Resumo de Direito Civil*. São Paulo: RT, 1984.
GRECCO, Vicente. *Tóxicos*. São Paulo: Saraiva.
HOPPE, Marcel Esquivel (org.). *Projeto justiça instantânea*.
KALINA, Eduardo. *Psicologia dos Fumantes*. São Paulo: Ed. Francisco Alves.
KASPARY, J. Adalberto. *Redação Oficial(normas e modelos)*. Ed. FDRH.
LEVENHAGEM, Antônio José de Souza. *Comentários ao Código Civil*. São Paulo: Atlas, 1985.
MANSUR, Jandira. *O Que é Toxicologia*. São Paulo: Ed. Brasiliense.
——. *O Que é Alcoolismo*. São Paulo: Ed. Brasiliense.
MARCELINO, George Waschington. *O menor e os Divertimentos Eletrônicos*. Ed.Cardoso.
MARREY, Adriano (coord.) Menores. *Associação Paulista de Magistrados*, Estudo realizado pela Corregedoria-Geral da Justiça do Estado de São Paulo, 1980.
MAUREVERT, L. C. Paranaguá. *O Menor Infrator*. Ed. Mercúrio. 1981.
MURAD, José Elias. *Como Enfrentar o Abuso de Drogas*. Ed. Belo Horizonte. 1985.
——. *O Que Você Deve Saber Sobre Psicotrópicos (a viagem sem bilhete de volta)* Editora Guanabara, 1930.

NEGRÃO, Theotonio. *Código Civil e Legislação Civil em Vigor*. São Paulo: RT, 1999.

——. *Código de Processo Civil e Legislação Processual Civil em Vigor*. São Paulo: RT, 1999.

NETO, Manoel Augusto Vieira.(org.) *Código Civil Brasileiro*. São Paulo: Saraiva, 1998.

NOGUEIRA, Paulo Lúcio. *Comentários ao Código de Menores*. São Paulo: Saraiva, 1980.

OLIVEIRA, Juarez (org.) *Casamento, separação, divórcio e alimentos*. São Paulo: Saraiva.

ORGANIZAÇÃO MUNDIAL DA SAÚDE (OMS). *Manual Sobre Dependência de Drogas*.

PEREIRA, Áurea Pimentel. *A Nova Constituição e o Direito de Família*. São Paulo: Ronovar.

PIRES, Leonel Baldasso. *O Oficial de Justiça - princípios e prática*. 3ª ed. Porto Alegre: Livraria do Advogado Editora, 1998.

PLÁCIDO E SILVA. *Vocabulário Jurídico*. Rio de Janeiro: Forense.

QUINTANILHA, Waldner J. *Registro Civil das Pessoas Naturais*. Rio de janeiro: Forense.

RESPUESTAS a los Problemas de las Drogas y de alcohol en la Comunidad (Manual para los agentes de atención primária de salud, con orientaciones para los instrutrores) OMS - Genebra. Editado Pró Grant y R. Hodgson.

ROCHA, Paulo. *Os Agentes da Morte*. Ed. Metrópole.

ROTMAN, Flávio. *A Prevenção do Infarto Para Jovens*. São Paulo: Record.

——. *Salvar o Filho Drogado*. São Paulo: Record.

SABINO, Vicente. *O Menor, sua Guarda e seus Direitos*. Ed. BED.

SAMPAIO, Pedro. *Alterações Constitucionais nos Direitos de Família e Sucessões*. Rio de Janeiro: Forense.

SANTOS, Osmar. *Um Grito de Alerta*. Ed. Livraria Eu & Você.

SARAIVA, João Batista Costa. *Adolescente e ato infracional*. Porto Alegre: Livraria do Advogado, 2000.

SILVA, Felisbelo. *Conheça Nossas Leis*. São Paulo: Livraria Nobel.

U.S. DEPTO. OF. Justice Drug. *Abuso de Drogas*. Entorpecent Administration EEUU.

VALENTE, Luiz Ismaelino. *Aspectos Processuais do Direito do Menor*. CEJUP.

VITALE, Afonso & OLIVEIRA, Dulce Eugência. *O Menor e Seus Direitos (audiências interprofissionais)*. Ed. Lex.